曾天山 主编

老年财经素养学习指南

新时代中国老年人财经素养必备手册

中国财经出版传媒集团
中国财政经济出版社
· 北京 ·

图书在版编目(CIP)数据

老年财经素养学习指南 / 曾天山主编. -- 北京：中国财政经济出版社，2023.10

ISBN 978-7-5223-2260-5

Ⅰ.①老… Ⅱ.①曾… Ⅲ.①老年人－财政经济－素质教育－指南 Ⅳ.①F812-62

中国国家版本馆CIP数据核字(2023)第094342号

责任编辑：张怡然　　责任印制：张　健

封面设计：仙境设计　　责任校对：徐艳丽

老年财经素养学习指南

LAONIAN CAIJING SUYANG XUEXI ZHINAN

中国财政经济出版社 出版

URL：http：//www. cfeph. cn

E-mail：cfeph@cfeph. cn

社址：北京市海淀区阜成路甲28号　邮政编码：100142

营销中心电话：010-88191522

天猫网店：中国财政经济出版社旗舰店

网址：https：//zgczjjcbs. tmall. com

北京鑫海金澳胶印有限公司印刷　　各地新华书店经销

成品尺寸：170mm×240mm　16开　26.75印张　372 000字

2023年10月第1版　2023年10月北京第1次印刷

定价：88.00元

ISBN 978-7-5223-2260-5

(图书出现印装问题，本社负责调换，电话：010-88190548)

本社图书质量投诉电话：010-88190744

打击盗版举报热线：010-88191661　QQ：2242791300

前言

PREFACE

人是社会发展的主体，人是发展的目的而非手段。党和国家深入贯彻以人民为中心的发展思想，在老有所养上持续发力，健全社会保障体系，基本养老保险覆盖10.4亿人，养老机构4万个。党的二十大报告指出，实施积极应对人口老龄化国家战略，发展养老事业和养老产业，推动实现全体老年人享有基本养老服务。

“十四五”时期，中国将进入中度老年龄化社会。2021年，我国人口平均年龄为38.8岁，人口红利仍然存在。我国从1999年进入人口老龄化社会（60岁及以上人口占全部人口的比重在10%~20%为轻度老龄化，比重在20%~30%为中度老龄化，超过30%为重度老龄化，目前我国处在轻度老龄化阶段），“十四五”时期为中度老龄化阶段，2035年左右进入深度老龄化阶段。2030年人均预期寿命达到79岁，老年人口占总人口的比重将达到25%左右。到2050年将有4.87亿老年人，老龄化将达到顶峰，每3个人当中就有1个老年人。在60岁及以上人口中，60~69岁的低龄老年人口占55.83%。这些低龄老年人大多具有知识、经验、技能的优势，身体状况还可以，发挥余热和作用的潜力较大，因此可以开发老年人力资本，延迟退休年龄，实行弹性退休或根据个人意愿继续从事力所能及的工作。在“少子化”和“老龄化”（2022年人口自1961年以来首次出现负增长，人口比上年净减少85万人；同时，老龄化比例进一步拉高，18~59岁劳动人口占比明显减少，目前为8.7556亿人，总人口占比62%，60岁及以上老龄人口增加到2.8亿人，占全国人口19.8%，养老负担增加到31.98%）的双重趋势叠加下，老年抚养系数已经由2000年的9.9（平均9.9个劳动力供养一个老人）下跌至2020年的5.8，分省来看，全国除西藏外，65岁及以上老年人口比重均超过7%，其中，12个省份65岁及以上老年人口比重超过14%。2020年60岁以上失能老人已超4200万，占同年龄段老年人口比重约为16.6%。中国人均预期寿命77岁（男性平均寿命为73.64岁，女性平均寿命为79.43岁；大城市的人均寿命比农村高12年），明显高于世界平均水平，还超过了中上收入国家，反映出中国人口素质良好的发展态势，也表明了人民医疗水平和生活水平的改善；上海、北京均已超过80岁，遥遥领先其他省份；预期超过70岁的有26省（直辖市、自治区），青海、云南、西藏三地预期寿命处于68~70岁区间；人均预期寿命与发达国家差距不大，但60~70岁老年人口的劳动参与率只有4%左右，与发达国家存在明显差距，应对有工作意愿和能力的老年人设置弹性退休制度，既可以提高老年人收入，也可以使他们保持社交活动。

养老已成为社会关注度最高的议题之一。人口学家萨缪尔·普勒斯顿研究，经济收入和人均预期寿命之间存在着强相关关系。通过对全世界各个国家进行经验研究发现，出生在富裕国家的个体要比生活在贫穷国家的个体活得更长久，这一发现被称为经典的“普勒斯顿曲线”。研究揭示了一个现象，当人均GDP累积到一定程度时，人均预期寿命的增长曲线变得极其平缓，即早期人均GDP的增长会极大程度上提高民众的预期寿命；但收入到中等偏上后，必须在食品安全、医疗、教育、公共安全、疾控工作等多方面提高才能有效地提升国民的预期寿命。全球人口预期寿命和健康寿命继续增加，2000—2019年，全球出生时预期寿命由2000年的66.8岁增加到2019年的73.3岁，预期健康寿命由58.3岁增加到63.7岁。日本长期以来都是全球人均预期寿命最高的国家，为83.7

岁，其中女性86.8岁，男性80.5岁。2035年，我国人均寿命预期也将达到80岁以上。重大疾病，如艾滋病、癌症、心脏病等恶性疾病，成为制约一国国民提高预期寿命的重要因素。养老是社会关注度最高的议题之一，如何破除“未富先老”困局，加强对失能老人的社会化照护，从国际经验来看，金融和技术是积极应对人口老龄化的重要方式，从政府养老到全民养老，创新开发养老金融产品和服务，满足一站式养老金融服务需求。在年轻人从出生到进入市场的20年的缓冲期内，思考如何在自己年轻的时候为养老做好规划，不要只寄希望于“未来的年轻人”。日本从2000年启动护理保险制度，满40岁的成年人要交保险费，65岁以上有身体上或者精神上的问题，需要护理和帮助的老年人，可以享受护理福利。但是北欧有些国家的高福利导致有些人过度依赖社会福利、透支他人财富，这种做法不可持续。我国应该吸取相应教训，设置保底的安全网，想要过上更好的生活，还要加持个人努力。

破除“未富先老”和“未备先老”窘境困局要提高财经素养。1999年，世界卫生组织提出“积极老龄化”的倡议，将其界定为“尽可能增加健康、参与和保障机会的过程，以提高人们老年时的生活质量”。2002年，联合国颁布的《马德里老龄问题国际行动计划》中，把“独立、参与、照顾、自我实现、尊严”确定为21世纪老龄问题行动计划的基本原则。

我国是在经济上“未富先老”、制度上“未备先老”的状态下进入老龄化社会的，老龄化水平超前于经济发展，社会保障体系还没有建立完善。目前，基本养老保险覆盖10.4亿人，群众在养老方面面临不少难题。庞大的老年人口数量，将会给中国的社会治理、社会保障和养老服务带来巨大压力。退休待遇在体制内外、区域、城乡之间差距不小。党的二十大报告指出要“完善基本养老保险全国统筹制度，发展多层次、多支柱养老保险体系。实施渐进式延迟法定退休年龄。扩大社会保险覆盖面，健全基本养老机制”，指明了社会养老发展方向，国家会加快出台政策，逐步缩小退休养老待遇上的差距。

中国人历来的金钱观是“喜欢钱，能赚钱，爱攒钱”，“恭喜发财”是过年见面时人们常说的一句问候语。人一生中，不仅要会花钱，还要学会赚钱，更要学会存钱，这是好的修行，有钱可以维护尊严，显得更从容，更优雅，更得体，更舒适。一方面，政府和社会要加强老年人金融知识普及的工作力度和成效，关心老人就是关心自己，要开展老年人财经素养教育，有针对性地帮助老年人补足财经知识，开展帮助老年人“看得懂，能辨别，能使用”的数字金融服务，更加聚焦老年人金融服务的便利性和多样化；另一方面，老年人退休后，收入减少花费增多，要提前规划养老，规划好个人以及家庭的财富，掌握必要的财经素养（知识、技能、能力，当省不用，当用不省），提高驾驭金钱的能力，关注“钱袋子”安全，降低被骗风险，让老有钱养，病有钱治。有学问未必会理财，学历高难保不受骗。“富口袋来自富脑袋”，这不仅是一种生活时尚，更是一种健康科学的生活态度，有利于弥补社保养老金的不足，有利于保值、增值财富与资产价值，有利于营造和谐的家庭生活，让晚年生活过得更好。

曾天山

2023年10月

目录

CONTENTS

第一章 安度晚年

案例导入

夕阳无限好，人间重晚晴。尊老敬老，是中华民族的传统美德。多年来，习近平总书记身体力行，为全社会作出表率，党的十八大以来，他多次就“尊老”发表重要讲话，对国家老龄事业发展和养老体系建设提出一系列重要论述和设计规划。

习近平总书记在党的十九大报告中提出要在“老有所养”上不断取得新进展，要“积极应对人口老龄化，构建养老、孝老、敬老政策体系和社会环境，推进医养结合，加快老龄事业和产业发展”。党的二十大报告提出“完善基本养老保险全国统筹制度，发展多层次、多支柱养老保险体系”。

一、老有所养

（一）“老有所养”是什么？

1.“老有所养”是社会文明的重要标志

老有所养，就是指人们进入老年后，在不能自己解决生活问题的情况下，能够得到家庭、社会的赡养。在人们进入老龄阶段、丧失劳动能力或者超过退休年龄而无法工作的人们顺利度过晚年。

养老，是每个人都会面临的问题。“十四五”时期，我国将进入中度老龄化社会。到2025年，我国60岁以上老年人口将突破3亿。

知识窗

“老有所养”的基本含义

现阶段“老有所养”的基本含义主要包括两个方面：（1）老年人所需要的经济、物质生活条件基本得到保证；（2）老年人在日趋衰老或因病痛，其生活不能自理时，应得到社会或家庭的帮助和照顾。在不少发达国家，一般都普及了老年社会保险制度，养老费用及对老年人的照顾主要由社会承担，因而“老有所养”主要是通过社会来实现。

2.“老有所养”困难重重

2022年热播的电视剧《人世间》，再现了1969年至改革开放后，以周家三代人为代表的普通百姓生活。尤其剧中周秉昆、郑娟夫妇二人，由于家里其他人都去“上山下乡”，“留守”在家的夫妇二人承担起家庭的重任，一边为生活奔波忙碌，一边照顾年迈瘫痪在床的母亲，让观众感受到中华儿女的善良和坚韧。

时至今日，改革开放已有45个年头，尽管基础养老体系已经变得更加健全，但随着我国人口老龄化趋势日益明显，养老难题依旧困扰着社会各个阶层。根据2020年第七次人口普查数据，全国60岁及以上人口2.6亿，占总人口的18.7%，与2010年相比，上升5.44个百分点；65岁及以上人口1.91亿，占总人口的13.5%，接近深度老龄化水平14%，与2010年相比，该比重上升4.63个百分点。

一个非常现实的问题是，社保缴纳人数不断减少，而领取养老金的人数在不断上升。即便未来国家延迟退休计划实施，养老难的问题依然不能从根本上得到解决。特别是对于作为当前社保主力的“80后”“90后”而言，缴纳社保的年限延长、赡养老人的压力很大；而当未来这一代老去，却很可能迎来超老龄化社会，又需要跟更多的老人共享养老资源。

2022年两会的政府工作报告对于养老工作着墨甚多，为保持社会和谐稳定、持续增进民生福祉、扎实推动共同富裕，政府在养老工作方面作出了巨大的努力。在过去养老工作取得一定成果的基础上，未来我国政府将继续在养老方面解民忧、纾民困，为老龄人带来福音。因此，养老服务业既是涉及亿万群众福祉的民生事业，也是具有巨大发展潜力的朝阳产业；养老既是国家亟待解决的问题，也是亿万群众自身需要考虑的问题。

（二）“老有所养”国家在行动

我国“十四五”规划纲要提出，实施积极应对人口老龄化国家战略。2023年7月国务院就机构改革方案中，将国家卫生健康委员会的组织拟订并协调落实应对人口老龄化政策措施、承担全国老龄工作委员会的具体工作等职责划入民政部。全国老龄工作委员会办公室改设在民政部。此次，政府机构的变化是根据我国老年人口结构变化和养老需求变化而来。在过去70年里，我人口老龄化发生了几次重大转变，第一次是1999年前后，60岁及以上老年人口超过10%，进入了传统意义的人口老龄化社会；第二次发生在2014年前后，60岁及以上老年人口比例超过少儿人口比例；预计第三次将发生在2024年前后，65岁及以上老年人口比例超过少儿人口比例。[①]全国老龄工作委员会设于国家卫生健康委员会主要考虑到涉老工作的核心要素是健康，而改设在民政部，是强化其综合协调、督促指导、组织推进老龄事业发展职责。

我国“十四五”规划纲要还明确提出，“大力发展普惠型养老服务，构建居家社区机构相协调、医养康养相结合的养老服务体系”。

---

① 王广州. 新中国70年：人口年龄结构变化与老龄化发展趋势［J］.中国人口科学，2019：3.

除了国家在政策、规划层面及国资背景养老机构方面给予更大支持，养老产业也离不开民间资本的参与和建设，尤其是跟养老需求有天然连接的保险企业迅速成为主力军，在未来有非常大的潜力形成商业化养老支柱产业，为政府分担巨大的社会养老压力。

1. 养老模式的多样选择

我国的老龄化程度正不断加深，养老是社会必须面对和解决的问题。长期以来，居家养老是国人最普遍的养老方式。国家卫生健康委员会调查数据显示，目前，我国多数老年人都在居家和社区养老，形成“9073”的格局，即90%左右的老年人选择居家养老，7%左右的老年人依托社区支持养老，3%的老年人入住机构养老。

但随着独生子女家庭面临的养老困境日益凸显，空巢老人和独居老人总量大，家庭养老支持功能明显弱化。为此，我国正在探索建立多层次的养老模式。“十四五”期间，我国将积极开展应对人口老龄化行动，建设以居家为基础、社区为依托、机构为补充的多层次养老服务体系。

2. 适老化改造迫在眉睫

树高千尺，叶落归根。调查显示，我国九成以上的老人倾向于居家养老，传统的家庭养老模式在中国根深蒂固，居家养老更符合国民安土重迁的心理诉求，而目前布局养老产业的保险企业多聚焦中端养老社区。公开数据显示，已有10家保险机构投资了47个养老社区项目，床位数超过8.4万个，用户参与的保费门槛大多在100万元至300万元之间。

随着年龄增长，我们的身体能力逐渐衰弱，对居住环境的安全性、便利性要求也不断提高，居家适老化改造迫在眉睫。“十四五”时期，民政部计划支持200万户特殊困难家庭适老化改造。民政部还将引导有条件的地方将改造对象扩大到其他有需要的老年人家庭，不断提升老年人居家养老的安全性、便利性和舒适性。居家适老化改造将采取施工改造、设施配备、老年用品配置等方式，着力改善老年人的居家生活和照护条件。民政部将配合有关部门，以满足老年人社区养老、日常出行等需求为目标，大力推进公共设施适老化改造。

3. 关注困难群体，保障老年人权益

目前养老服务业正加快发展，《老年人权益保障法》2018年修订实施。“十四五”国家老龄事业发展和养老体系建设规划等一系列法规政策出台，高龄老人、生活困难的老年人、失能老年人等补贴制度在全国逐步推广。截至2022年底，全国注册登记的养老机构达到4.1万家，养老床位829万张，社区居家养老服务设施辐射所有的城镇社区和半数以上的农村社区。

“十四五”时期民政部门还将从三个方面入手完善老年人福利津补贴制度。一是鼓励有条件的地区对老年人福利津补贴提标扩面。二是推进对象精准化，更加聚焦经济困难的失能、高龄老年人。三是提升规范化、便捷性，解决智能化技术应用给老年人福利津补贴申领带来的困难。

（三）要“养老”更要“高品质养老”

三毛曾说过：“我来不及认真地年轻，待明白过来时，只能选择认真地老去。”老年并不是生命的终点，而是生命的高点，更是另一种高品质生活的起点，我们虽然无法阻挡变老，但却可以让自己在享受中优雅地老去。

“老有所养”并不只是单单地“养”就可以，“老有所养”既是养身体，也是养精神，将乐活的生活状态高品质延续终生。老人可以自理，居家养老便是更适合的养老方式，儿女随叫随到的服务也足以“老有所养”，但是当子女尤其是独生子女的生活完全被“照顾老人起居”“吃喝拉撒”“对话散步”……这些年复一年的日常占据，每天需要投入大量时间，没有一点个人的生活时，这样的照料总是有些力不从心。或许子女并不觉得这是一种负担，也愿意为父母撑起一片天空，但不可否认的是，这会让他们在经济、精神上都承受着巨大的压力，也会让老人产生一种

“很麻烦”的心理压力，这算不上高品质养老。

在此背景下，许多机构都推出了一站式“居家养老”服务。在政府推动社区养老的基础上构建全方位养老服务体系，满足长者不同维度的养老需要，并提出了“老人舒心，子女放心，管家专心”的口号。

二、老有所医

案例导入

人到老年，最关心的可能就是身心健康了。截至2021年底，我国60周岁以上的老年人口大约2.67亿，占总人口的18.9%。我国老年人慢性病患病率高、失能率高，患有慢性病的老年人接近1.8亿，失能和部分失能的老年人口超过4000万。而老年人的医疗费用是正常人的2倍，终极三年的医疗花费可能占一生的1/4。健康养老成为老年人乃至整个社会的刚性需求。

（一）何谓“老有所医”？

“老有所医”是根据老年人的身体特点，积极发展医疗保健事业，使老年人有病能得到治疗，以达到延年益寿、安享晚年的一项对策，是解决人口老龄化的一项基本途径。

要解决好“老有所医”的问题，从根本上说涉及整个社会的经济和科学技术发展水平，涉及老年人的经济收入。在中国，农村经济发展水平低，农民的经济收入普遍偏低，老年人的医疗保健问题尚未得到妥善解决。地区、城乡之间理念认识也存在明显差距。这有待于大力发展社会生产力，努力提高人民生活水平，使“老有所医”得到切实落实。

知识窗

“老有所医”的具体做法

“老有所医”的具体做法有：①开设老年门诊、老年家庭病床；②兴建老年病医院和老年病研究机构；③开展对老年病防治知识的宣传和医疗咨询服务；④组织有关部门为老年人定期检查和治疗等。此外，积极开展老年体育活动，建立健身队、老年气功站、老年养生讲习班等也是“老有所医”的补充形式。

（二）健康问题逐渐显露

“我们最害怕的不是死亡，而是之前那种状况——丧失听力、记忆力，失去最好的朋友和固有的生活方式。”60岁以上的老人全国已经2.67亿，那么其中超过一半也就是将近1亿的老人，没有获得子女很好的陪伴，而且更糟糕的情况是有4000多万老人出现了失能失智的状况。什么是失能失智？老年人出现了偏瘫、失禁、记忆力衰退，甚至人格的改变。他们不仅在生活上没有了质量，生存的尊严都受到了严重的威胁。

老年跌倒是日常生活中很常见的事情，而它并不只是一个结果，它其实是一个危险的信号，它代表了我们身体机能的衰退，代表我们肌肉在退化和代谢在减弱。而且跌倒所带来的二次的伤害，如骨折、脑出血等，才是真正的伤害来源，所以跌倒也被认为是老年伤害的“头号杀手”。

一旦老年人出现跌倒之类的身体健康问题，随之而来的便是漫长的康复期。据统计，已经有大量的家庭照顾老人的时间超过了50%，阿尔兹海默症的照护成本接近1人平均年收入，而由于缺乏护理和康复的常识，导致一些年轻人在面对这个衰老社会的时候，显得不知所措。家庭的负担会越来越重，无论是时间、财力和医护知识，家人照顾都显得力不从心。

知识窗

老龄阶段的常见疾病

老龄阶段大概有三种不同类型的疾病。第一类，老年人更高发的心脑血管疾病，比如肿瘤、高血压、糖尿病等。第二类的疾病是由于老年人器官的老化造成的，比如说钙化性的心脏瓣膜病、骨质疏松、老年痴呆等，这些是特殊的老年病。第三类是由于机能衰弱、减弱、丧失以后引发的突发疾病，包括老年性肺炎、跌倒等。

（三）医养结合是大势所趋

目前相对独立的医疗卫生、养老服务体系难以满足老年人多层次、多样化健康养老需求，急需推进医养结合。

1. 发展居家社区医养结合服务

按照国务院工作部署，全国各地均积极提供居家医疗服务，增强社区医养结合服务功能。各地将建立完善居家医疗服务规范、技术指南和工作流程，明确相关政策，支持有条件的医疗卫生机构为居家失能（含失智，下同）、慢性病、高龄、残疾等行动不便或确有困难的老年人提供家庭病床、上门巡诊等居家医疗服务。推进“互联网+医疗健康”“互联网+护理服务”等创新方式为有需求的老年人提供便利的居家医疗服务。

2. 完善支持政策

结合实际建立完善居家医疗服务规范、技术指南和工作流程，明确相关政策，支持有条件的医疗卫生机构为居家失能、慢性病、高龄、残疾等行动不便或确有困难的老年人提供家庭病床、上门巡诊等居家医疗服务。推进“互联网+医疗健康”“互联网+护理服务”，创新方式为有需求的老年人提供便利的居家医疗服务。

3. 设立失独老人专项基金

在我们身边存在着这样一个特殊的老年群体：他们年龄大都在50岁左右，疾病或意外却让他们遭遇独子夭折的厄运。他们在经历了“老来丧子”的人生大悲之后，又失去再生育能力，只能独自承受养老压力，承受精神空虚。这些家庭在失去独生子女的同时，也失去了唯一赡养人。同时这些失独老人面临着即将退休、劳动能力丧失的境况，收入大多也只能维持基本生活，根本无法承担因年老体衰带来的一系列高昂的医疗、养老费用。

为此，国家于2007年出台计划生育家庭特别扶助制度，相关部门也陆续建立了针对失独家庭补助的专项资金，按照失独家庭的困难程度提供基本的生活需要。针对失独家庭的特殊情况（例如，要求女方年满49周岁时，夫妻双方才能同时纳入扶助范围），相应的养老资金扶助制度还需进一步完善，以解决失独家庭养老资金匮乏的问题，使失独老人能够安心养老。同时，针对住院难养老难等问题，相关部门可通过公开选定相应基金、社会团体等第三方作为担保人的形式，为老人就医养老提供便利化支撑。

三、老有所为

案例导入

老年合伙人

“我们选择开宝南饭店，不是为了谋生，而是为了生活。”2021年中国湖南三位年龄加起来240多岁的老年人因合伙开饭店走红网络。年轻时他们是好哥们儿，一起耍、一起笑、一起闹。如今，年龄加起来有240岁的他们成了“合伙人”，计划赚钱买房车一起旅行。

我国虽然即将实施延迟退休的政策，但是延迟退休后的很多人是60岁以上，身体活动能力尚未显著下降，生活自理能力依旧较强的“低龄活力人口”（60~74岁）。然而长久以来由于传统观念和就业市场的限制以及就业信息的闭塞，如此庞大的银发群体的再就业问题一直是被忽视的。但不可否认的是，实现低龄老年人的人力资源再开发，不仅有助于缓解劳动力短缺的压力、丰富劳动力资源、释放新的人口红利，而且对老年人的身心健康、避免“退休综合征”也大有益处。

（一）被忽视的“老有所为”

1.“银发再就业”成为现实

“随着我国低龄老人人口规模的增加，银发族再就业已从预热变为现实，无论是精神消遣还是物质贮备，我国老年人就业应向‘高质量’奔赴，在‘用工荒’‘微创业’等蓝海中开启自己的暮年盛世。”[①]

银发再就业帮助老年人实现个人价值并且一定程度上缓解国家老龄化压力。然而人们对银发再就业普遍的认知误区导致了银发再就业问题被长期忽略。

一是儒家文化提倡老有所养。儒家文化认为老年人退休之后应含饴弄孙、颐养天年，这对社会观念产生较大影响。有不少人担忧老年就业，身体机能逐渐退化是否能适应工作强度？子女担心父母在工作中是否会出现健康问题？

二是平台空白、信息闭塞、缺乏双向流通。大数据时代，没有专门针对老年人的劳动就业信息服务平台让我们吃了很大的亏。信息不对称

---

① 玄青.银发族再就业，动了谁的蛋糕？［EB/OL］.（2022-12-07）.https://baijiahao.baidu.com/s?id=1753420128199511 53&wft=spider&for=pc.

这无疑是对我们和企业的双重消耗和资源浪费，我们搜索不到对应的招聘信息，对应企业也招聘不到适合岗位的银发人才。

三是大数据背景下的市场环境限制。有不少人担忧，我们这些“老资历”抢了年轻人的饭碗，但实际上可供老年人就业的岗位稀缺，就业局势严峻，不是门槛太高就是活儿太重，中意的少之又少，有些用人单位有不成文的规定，即不录用35岁以上的劳动者。

四是老年人客观现状。不可否认的是，我们相较于年轻人来说，容易在工作中突发疾病，企业的担子也相应重了起来。为了节约资源减少负担，企业会有意识地拒绝录用老年人。

2. 你有过退休综合征吗？

据统计，接近四分之一的离退休人员会出现不同程度的退休综合征。退休综合征是一种复杂的心理异常反应，主要表现在情绪和行为方面。虽说“最美的东西是夕阳红”，但是当退休的那一天真正到来的时候，巨大的心理落差就像一块大石头压在心上，让很多老人感到力不从心。患者通常会出现以下症状：性情变化明显，要么闷闷不乐、郁郁寡欢、不言不语，要么急躁易怒、坐立不安、唠唠叨叨；行为反复或无所适从；注意力不能集中，做事经常出错；对现实不满，容易怀旧，并产生偏见。原本乐观的人可能会突然变得抑郁。即使他们有很多孩子和孙子，他们仍然感到孤独和空虚，身体上也会出现很多小问题。

这些不同于以往的行为举止，在不重视的时候甚至可能引起一些疾病的发生，原来身体健康的人会萌生某些疾病，原来有慢性病的则会加重病情。

知识窗

退休综合征

退休综合征是指老年人由于离退休后不能适应新的社会角色、生活环境和生活方式的变化而出现的焦虑、抑郁、悲哀、恐惧等消极情绪，或因此产生偏离常态的行为的一种适应性的心理障碍，这种心理障碍往往还会引发其他生理疾病，影响身体健康。离休和退休是生活中的一次重大变动，由此，当事者在生活内容、生活节奏、社会地位、人际交往等各个方面都会发生很大变化。由于适应不了环境的突然改变，而出现情绪上的消沉和偏离常态的行为，甚至引起疾病。

（二）如何实现“老有所为”？

1. 回归社会

离退休老人如果体格壮健、精力旺盛又有一技之长的，可以积极寻找机会，做一些力所能及的工作。一方面发挥余热，为社会继续做贡献，实现自我价值；另一方面使自己精神上有所寄托，使生活充实起来，增进身体健康。当然，工作必须量力而为，不可勉强，要讲求实效，不图虚名。

2. 志愿服务

很多老年志愿者都是因为退休后希望“老有所为”“老有所乐”，不与社会脱节，从而加入志愿服务队伍。2016年一项调查数据显示，我国有55.4万个老年协会组织活跃在基层，老年志愿者人数达到2000万人，占老年人口总数的10%左右。通过参与志愿活动，既得到了社会对个人的尊重和满足，又体现了个人对社会的责任和贡献，充分体现了老年人的社会价值。

3. 善于学习

“活到老，学到老。”正如西汉经学家刘向所说：“少而好学，如日出之阳；壮而好学，如日出之光；老而好学，如秉烛之明。”一方面，学习促进大脑的使用，使大脑越用越灵活，延缓智力的衰退；另一方面，老年人要通过学习来更新知识，社会变迁风起云涌，老年人要避免变成孤家寡人，就要加强学习，树立新观念，跟上时代的步伐。

4. 培养爱好

许多人在退休前已有业余爱好，只是工作繁忙无暇顾及，退休后正可利用闲暇时间充分享受这一乐趣。即便先前没有爱好的，退休后也应该有意识地培养一些，以丰富和充实自己的生活。写字作画，既陶冶情操，也可锻炼身体；种花养鸟也是一种有益活动，鸟语花香别有一番情趣；另外，跳舞、气功、打球、下棋、垂钓等活动都能使参加者益智怡情，增进身心健康。

四、老有所学

案例导入

丰富课程任君挑选

“1、2、3……把动作提到肩膀上，而不要只注重腿部动作。”“向前延伸，对，就是这样。”重阳节前夕，在某老年大学的摩登舞课堂上，“银发”学生们和着欢快的节拍，认真练习舞蹈动作。走进山水画课堂，讲台上的老师正在讲述山水画基本技法，并亲身示范正确的握笔、点墨姿势，让每位学员了解绘画方式和技巧。化妆、电脑基础、智能手机操作……为了更好适应现代生活，老年大学增添了一批“时髦”新课程，引起很多老年人关注。

2016年国务院发布《老年教育发展规划（2016—2020年）》，明确指出“老年人是国家和社会的宝贵财富。老年教育是我国教育事业和老龄事业的重要组成部分”。在2020年，基本形成覆盖广泛、灵活多样、特色鲜明、规范有序的老年教育新格局。

老年教育是成人教育的一部分，是终身教育体系的最后阶段，也是老龄文化事业和社会公益事业的组成部分。2022年，根据党中央、国务院关于加强新时代老龄工作的部署要求，经中央编委批准，教育部党组研究决定，国家开放大学加挂国家老年大学牌子。

（一）老年教育走俏

1. 挡不住的时代洪流——智能设备使用成难题

曾经的“琼瑶女郎”、独居十年的刘雪华面临着跟大多数老年人同样的境况：不敢出门与人交流；不会使用智能手机点外卖；因为害怕一个人在家，电视日复一日地开着；独自完成遛狗任务后可以高兴得像个孩子一样挨个跟亲戚朋友炫耀一遍；害怕与年轻人存在代沟而小心翼翼地试探。

根据《中国互联网络发展状况统计报告》数据整理，截至2022年12月，我国60岁以上老年人的网络普及率为54.6%，网民占比显著提高，但是仍有约1.27亿老人还不会使用智能手机，属于“数字难民”，在数字化社会无家可归，茫然无措。

纪录片《老有手机》提到“学习使用手机之所以成为最迫切的问题，是因为老人们正在不断丢失着数十年来建立的社会化连接”，没有手机就切断了与外界交流的渠道。据南都大数据研究院调查，超九成受访老人希望参与“数字技能”培训，这就解释了为什么许多老年教育课程的第一课是“如何使用手机”。

2. 供不应求——老年课程“一课难求”

人生虽然进入下半场，但是我们对于归属的需求、尊重的需求以及自我实现的需求不减，老年教育在其中占据一席之地。对于那些既不想离家太远，又想通过学习的方式满足自身社交需求的老人们来说，当地政府主办的老年大学是首选。

据《中国老年教育发展报告》，全国老年教育办学机构（包括县以上老年大学数和基层老年教育机构数）总计逾11.1万所，在校学员近837万人，但老人总数已达2.6亿。老年大学“一座难求”的现象不是个例，归根结底是老年教育资源总供给不足。这样算下来，老年大学的入学率只有3%左右，这一数字落实到农村地区还会更低。老年大学火爆，入学之难丝毫不亚于“入托难”。为了就读老年大学，老人们“抢”名额，甚至主动当起了“留级生”。

（二）各地积极推动老有所学

许多人印象中，晚年生活应该是含饴弄孙、养狗逗猫、跳广场舞……但如今老年朋友在遍地开花的老年大学里已经学会各种新技能，从“技术宅”华丽转变为“时尚范”，肚皮舞课、手风琴课、智能手机培训班……他们通过各类特色课程，拥有了炫酷的晚年生活。

1. 安徽省

“莫道桑榆晚，为霞尚满天。”不仅要让银发一族“老有所养”，还要让他们“老有所学”，提升晚年生活质量。

安徽省亳州市老年大学设施完善、功能先进。有23间教室、10间活动室、152个兴趣班，配备有多功能报告厅、书画展厅等，学校专门聘请专业老师进行指导，实现了精细化、规范化、标准化发展。

望江县长岭镇一方面大力宣传“老有所学”工作，让老年群众及时了解教学信息；另一方面从退休教师中选拔教师到老年学校课堂中。老年大学中既有组织教师开发的音乐、舞蹈、健身、书法等文化娱乐课程，也有联系相关部门开展小微权益宣传、防诈骗、生活技能等现实需求课程。

2. 辽宁省

2018年，整合沈阳老干部大学（老年人大学）的沈阳市老干部服务中心正式成立，将有关老干部服务公益职能与老干部活动中心的职责整合，标志着沈阳老干部事业发展跨入了一个崭新的新时代。

2020年，为了让老干部的学习环境与时俱进，真正做到“活到老，学到老”，沈阳市老干部服务中心与欧帝科技进行了合作，为老年人创造出一个科技加持的“智慧课堂”。在音乐、多媒体、书法等多个教室中安装了欧帝智慧教室互动黑板，利用欧帝智慧教室互动黑板更好地为老干部学习服务。

3. 山东省

近年来，山东省东营市东营区不断创新老年教育模式，扩大老年人教育范围，以油地深度融合为契机，加快社区老年教育普及发展，支持企业办老年学校，着力构建起了“区—镇街—社区”三级办学网络，让老年人真正实现“老有所养、老有所医、老有所为、老有所学、老有所乐”，晚年幸福指数不断提升。

围绕加强新时代离退休干部党的建设工作，东营区注重引导老同志“离岗不离党、退休不褪色”。目前，全区离退休党支部有416个，实现了组织全覆盖，老干部社团和志愿服务队伍中均建立了功能型党组织，其中老年大学35个教学班全部成立了临时党组织，利用课前十分钟宣讲、文艺展演等多种形式引导老同志旗帜鲜明讲政治，持续发光发热。

五、老有所教

案例导入

老年教育，不让情怀与壮志随白发老去

“老当益壮，宁移白首之心？穷且益坚，不坠青云之志。”这是唐朝诗人王勃在《滕王阁序》中写出的句子，意指人的情

怀因为年纪老迈而更加豪壮，因为境遇艰难而更加坚定，苍苍白发也不会抹去那凌云的志向与心愿。

从古至今，“教育”一直是中国社会推崇并且重视的一项事业，而“教育”也向来不只是针对青少年进行的工程。“老当益壮，穷且益坚”——正是因为这些闪耀和豪迈的情怀，老年人们通过有目的的学习与活动后得以超越原本的自我，在课程与社会实践里发掘兴趣，学习技能，并从中寻找自信与本我。

2011年，国务院在《中国老龄事业发展“十二五”规划》中正式提出“老有所教”，“教”明确指“老年教育”。这一目标的提出既符合当下老年人的需求，对老年人认识新时代、接受新时代、跟上新时代具有重要意义，又对缓解老龄化、发挥思想传播作用起到促进作用。

目前，老年教育发展迅猛，借助数字化东风，为广大离退休人员提供多样化的受教育平台。当然，“老有所教”是一项长期的系统工程，需要持之以恒地发展。

（一）“老有所教”符合老年人需求

离退休的老年人大部分生活在一种半封闭的状态里，活动内容变了：脑子里公事少了，私事多了；客观分析少了，主观想象多了；辩证法少了，形而上学多了。也有少数老同志，随着职位上的离退休，思想上、政治上、革命精神和意志上也逐渐离“退休”了。有的放松了政治理论学习，辨别不清马克思主义与非马克思主义的界限；有的不关心国家大事，不了解时事政策，仿佛置身事外；有的忘记了自己是共产党员，理想信仰发生动摇……这样的老年人数量虽不算多，但其不良作用和消极影响不可低估。而单靠开办绘画、书法、声乐、器乐、营养保健等兴趣班不可能完全解决思想问题，需要依靠更加专业化、有针对性的教育，使老年人认识新时代、接受新时代、跟上新时代。

（二）“老有所教”的内涵

1.“老有所教”是对原“五个老有”的必要补充

党的十一届三中全会以后，在邓小平同志的倡导下，建立起具有我国特色的领导干部离职休养的制度，提出了“五个老有”即“老有所养、老有所医、老有所为、老有所学、老有所乐”的要求。

中央在2011年发布的《中国老龄事业发展“十二五”规划》中正式提出“老有所教”，而且此处的“教”明确指出“老年教育”规划指导思想，要高举中国特色社会主义伟大旗帜，以邓小平理论和“三个代表”重要思想为指导，深入贯彻落实科学发展观，适应人口老龄化新形势，以科学发展观为主题，以改革创新为动力，让广大老年人共享改革发展成果。“六个老有”体系正式形成。

知识窗

“老有所教”是通过思想政治教育，使广大老年人做到政治坚定，思想常新，理想永存。

《中国老龄事业发展“十二五”规划》对“加强老年教育工作”提出更具体的要求：创新老年教育体制机制，探索老年教育新模式，丰富教学内容。加大对老年大学（学校）建设的财政投入，积极支持社会力量参与发展老年教育，扩大各级各类老年大学办学规模。充分发挥党支部、基层自治组织和老年群众组织的作用，做好新形势下老年思想教育工作。

2.“老有所教”的内涵解读

“老有所教”不是让老年人发挥余热去教育人的意思，是让老年人受到适合年龄时代特点的教育。其实老年教育的内容是多方面的：法律法规、文化知识、艺术、养老保健，还有退休后老人“角色”的转变等，能者为师，教与学是互动的。而“老有所教”与“老有所学”是交集关系，前者属有组织、有计划的系统性老年教育，后者则更宽泛和随意。

“六个老有”表明国家与社会既要对老年人政治上充分信任、生活上认真照顾、为他们提供各种必要的物质生活条件，又要在思想政治、理论学习、组织纪律、品格修养等方面继续严格要求，老年人才会思想常新、精神常健、信念坚定、理想永存；标志着我国老干部政策在老年事业的发展中得到了进一步的发展和完善，适应了我国老年事业健康发展的需要。

（三）“老有所教”意义重大

1. 积极应对人口老龄化，释放“银发经济”活力

据第七次全国人口普查数据显示，“十四五”期间，中国银发群体人口将突破3亿人，社会结构将从轻度老龄化迈入中度老龄化。而老年教育，作为积极应对人口老龄化、建设学习型社会的重要举措，是满足老年人多样化学习需求、提升老年人生活品质的必然要求，也在被多方关注。2021年11月24日，《中共中央 国务院关于加强新时代老龄工作的意见》中着重强调“将老年教育纳入终身教育体系”。

老年教育对于提升老年人数字时代的生活技能起到了很重要的作用。老年人通过对互联网知识的学习，熟悉网购等线上购物模式甚至经营网店。这对于发挥“银发经济”潜力起到重要助推作用。

2. 提升老年人社会价值，发挥老龄群体传播的桥梁作用

“老有所教”是解决老年人思想问题的钥匙。21世纪，我国已进入全面建成小康社会的新时代，如何向老年人讲清楚国家提出的新思想、新理论、新政策、新法规成为重要任务，有助于继续发挥老年人的政治优势，身体力行，在代际之间形成思想桥梁，潜移默化地教育他们的第二代、第三代。

在“老有所教”基础上，老年人可以放大自身社会价值，继续发挥思想传播的桥梁作用、开拓创新的基石作用、安定团结的纽带作用，关系着国家前途，民族复兴。

3. 调动学习积极性，提高老年人自主能力

“学习是最好的养老。”通过老年教育，以课会友，学习技能，老年人不仅可以满足被陪伴的需要，也能提高自主生活的能力。尤其是在今天，社会生活日新月异，知识更新迭代越来越快，互联网蔓延到每一个角落，老年人如果不通过学习与社会接轨，就会慢慢“掉队”。而“老有所教”的大力推动，为老年人提供受教育的平台，充分调动老年人的学习积极性。

（四）“老有所教”助推“老年教育热”

据2021年发布的《中国老年教育发展报告（2019—2020）》显示，我国老年大学在校学员总数已超过1000万。在发展老年教育上起步早的天津市，在1985年就成立了全国规模最大的综合性老年大学——天津市老年人大学。2022年，学校有75间多媒体教室，含10个200余平米的教学场地；学校设9个系，1个远程教育学院，现有790多个教学班，在校学员达29000余人次。

随着数字化时代的发展，网络数字化教育也逐渐成为老年教育的重要形式。据不完全统计，2019年我国远程老年教育学校达6000多所，约为2017年的6倍；远程老年教育教学点约3.6万个，比2017年增加近6000个。上海打造全国首个中老年专属学习平台“金色学堂”，日均收看超过100万人次，提供了多元立体的学习通路，夯实上海老年教育数字化发展的先发优势。上海老年大学钦州书院打造“智慧生活体验教室”，主体区域划分为“五岛一室”——科技岛、健康岛、金融交通岛、生活岛、快乐岛和中央控制室。通过人工智能（AI）、物联网、大数据、5G等技术的应用，让老年学员在“智慧生活体验教室”中体验数字生活的便捷与高效。

六、老有所乐

案例导入

“乐”享晚年

“年岁高，当服老，自找乐趣长寿老；名和利，莫贪求，知足常乐心境好；有烦恼，别去想，让人三分又何妨；大小事，少挂心，经常唱唱宽心谣……”树荫下打麻将，公园里跳广场舞，坐在沙发上看一天电视……提起老年人的休闲娱乐，很多人的脑中都会出现这样的场景。但“新老人”的兴趣爱好、娱乐内容、休闲方式发生了令人耳目一新的变化，从云端互动到相约出游，无论是线上还是线下，家里、社区还是千里之外的他乡异国，都其乐无穷。

随着我国经济社会发展水平不断提高、人民群众物质生活条件不断改善，仅仅解决吃饭和医疗是不够的。面对老年群体的精神文化需求的日益增加，社会更加重视老年人的精神需求、精神慰藉，“老有所乐”已逐步成为老年人的一大养老诉求，被广泛关注，在参与文化和公共活动方面积极创造条件。

“老有所乐”，是社会保障体制不断完善、保障能力不断加强的重要标志，是社会文明进步、百姓安居乐业的体现。

（一）“老有所乐”的含义

《“十四五”国家老龄事业发展和养老服务体系规划》中专门提出，丰富老年人文体休闲生活，扩大老年文化服务供给、支持老年人参与体育健身、促进养老和旅游融合发展等，概括而言就是保障老年人能够愉快地享受晚年。

知识窗

“老有所乐”是根据老年人的生理、心理特点，积极开展老年文娱体育活动，丰富老年人的物质文化生活，使老年人幸福、愉快安度晚年的一项对策。也是解决人口老龄化的一项基本途径。

近几年，我国在养老工作中持续加大关注老年人的休闲娱乐和心理健康问题，陆续出台了各种政策。在2021年11月发布的《中共中央 国务院关于加强新时代老龄工作的意见》中就提出，支持街道社区积极为老年人提供文化体育活动场所，组织开展文化体育活动。各地应整合现有资源，设置适宜老年人的教育、文化、健身、交流场所。

（二）“老有所乐”提升老年人精神面貌

现实生活中，老年人精神生活方面的问题往往被忽视。一些老人由于物质条件所限，日常的养老生活主要满足于物质上的养老，而精神上的供给显得贫瘠；一些老人由于文化知识所限，跟不上新时代发展变化，导致如网络、智能手机等新事物不会用、用不上，影响了精神文化生活；一些地方由于经济所限，精神文化阵地建设跟不上，导致日常生活单调，文化生活没有得到满足。

导致这些问题出现的原因，归结起来还是因为社会养老保障力度不够，一些生产生活的观念还与社会发展变化不相适应。中国科学院心理研究所老年心理研究中心主任李娟说：“现在老年抑郁在65岁以上的老年人群当中的发病率大概是7.3%。我们怎么才能健康？一定是要积极地走出去，找一件快乐的事情，投入地做这件事情。”[①]由此可见，“老有所

① 李娟.老有所乐新生活［EB/OL］.（2022-05-05）.http：//www. psych. ac. cn/news/cmsm/202205/t20220505_6442972. html.

乐”的养老目标既是对于老年人精神健康、晚年幸福的保障，也是老年人的自身诉求。此外，提升老年人群体的精神文化生活质量、丰富新时代农村精神文化生活，对于促进社会和谐稳定，推动社会文明进步、群众安居乐业也有着非常重要的意义。

（三）“老有所乐”助推老年人生活多样化

1. 文体娱乐精彩纷呈

大力推动“老有所乐”、发展老年事业，不是要压榨“剩余价值”，而是为老年人提供更多的、适合自己兴趣爱好的各种活动甚至是各种产业，让老年人乐在其中。比如河北省衡水市社区老人在日间照料中心练习书法；河南省新乡市高新区老年大学老人们学习模特步；南京市秦淮区老人表演节目“大美秦淮”，用“余光余热”为家乡做一份贡献。又比如，平均年龄超过60岁业余芭蕾舞蹈团沈阳凤霞艺术团成立于2005年，因为热爱舞蹈，她们走到了一起。团员王凤霞说：“我们团队有家庭变故精神紧张的，有退休失落的，还有儿时有芭蕾梦想的。30多个队员都有不同的情况，走到一起共同跳我们喜欢的芭蕾舞。”当地文化馆也给有意愿进行文艺活动的老年人免费提供了场地和相应的支持。

许多地方在城市规划和居民住房建设时，都考虑到老年人活动中心和老年人活动站（室）的建设，全国大部分城镇，都建立了老年人活动中心，有的地区村里也办起了老年人活动室，为丰富老年人的生活提供了场所。

2. 老年学校趣味横生

除了参加文体娱乐活动，让老年人能继续学习新知识，在“学中乐、乐中学”也是促进老年人身心健康的重要方式。“老年学校”就是一个很好的尝试。在老年人家门口办老年教育，这一思路符合老年人实际，也很有操作性，成为各地实现“老有所乐”的重要手段。例如，山东东营市胜兴社区老年学校是东营市垦利区老年大学与胜兴社区合作创办，目前开设了书法、舞蹈、声乐三门课程，附近60岁以上的老年人都可以报名学习。

家庭与社区仍然是大部分退休老人主要的活动区域，为此，不少社区与社区养老机构在退休老人参与文化与公共活动方面创造条件，助力“老有所乐”。通过就近在社区提供多元化养老服务的新业态、新模式、新场景，城市治理与公共服务从社区向小区院落延伸，社区党群服务中心亲民化升级改造，让老人就近有所乐。

3. 传承活动提升个人价值

让老人群体真正“老有所乐”，关键还是要让老人群体发挥应有的社会作用。老年人是社会中的特殊群众，他们身上往往拥有丰富的社会阅历、渊博的知识储备、精到的技艺技能，是推动社会发展进步的宝贵财富。

实现“老有所乐”，也应有针对性发掘和利用老人们知识的特长，组织老人多开展技艺传承、知识讲座等活动，多组织热心公益事业、具有一定能力的老人参加社会志愿服务活动，“追忆青葱岁月、向老年人学手艺”等全年龄段参与的项目都不应忽略老年人的身影。我们老年人在参加社会活动中发挥应有作用，也会不断提升获得感、幸福感。

自测题

1. 以下对银发再就业认知错误的是（　　）。

A. 老年人不仅需要老有所养，同样需要老有所为

B. 老年人获取再就业信息的渠道较为闭塞，仍需改进

C. 老年人只需健健康康就行，不需要进行再就业

D. 老年人在就业中是弱势群体

答案： C

2. 退休后，我出现了焦虑、抑郁、悲哀、恐惧等消极情绪，产生偏离常态的一种适应性心理障碍。这其实是________。如果出现这样的情绪，我需要重视起来并积极疏导。

A. 退休综合征　　B. 社交恐惧

C. 身体患病表现　　D. 不知道

答案：A

3. 以下哪种行为不是积极参与老有所为的表现（　　）。

A. 听说镇上开了“银发专场”公益招聘会，正好我也想找点事情做做，我立刻就去看看有没有适合自己的

B. 他们都说，我已经65岁了，天天喝喝茶、下下棋、散散步就行了，虽然我认为有些无聊和无所适从，但还是算了

C. 我想积极地参与到公益志愿活动中去，贡献自己的力量

D. 我热爱写毛笔字也练得一手好字，听说老年大学毛笔字课有职位空缺，我想去试试看自己行不行

答案：B

4.（多选）我可以通过这些方式来实现老有所为（　　）。

A. 回归社会　　B. 志愿服务

C. 善于学习　　D. 培养爱好

答案：ABCD

5.（多选）在《老年教育发展规划（2016—2020年）》中提出，在2020年，基本形成______、______、______、______的老年教育新格局。

A. 覆盖广泛　　B. 灵活多样

C. 特色鲜明　　D. 规范有序

答案：ABCD

6. 据南都大数据研究院调查，超九成受访老人希望参与__________培训，这就解释了为什么许多老年教育课程的第一课是______。

A.“社交技能”“如何与人沟通”

B.“数字技能”“如何使用手机”

C.“身体协调”“如何参加广场舞”

D.“体育技能”“如何强身健体”

答案：B

7. 老年教育是成人教育的一部分，是______的最后阶段，也是______和______的组成部分。

A.“终身教育体系”“老龄文化事业”“社会公益事业”

B.“终身教育体系”“老龄休闲产业”“老龄文化事业”

C.“成人教育体系”“老龄文化事业”“学历教育”

D.“成人教育体系”“老龄消费产业”“社会公益事业”

答案：A

8. 以下哪项不是实现“老有所乐”的措施？（　　）

A. 创新发展老年教育

B. 扩大老年文化服务供给

C. 促进养老和旅游融合发展

D. 限制文化宫对老年人开放

答案：D

9.（多选）以下属于现阶段养老模式的是？（　　）

A. 居家养老　　B. 社区养老

C. 机构养老　　D. 医院养老

答案：ABC

10.（多选）“老有所医”的基本实现途径有哪些？（　　）

A. 开设老年门诊、老年家庭病床

B. 兴建老年病医院和老年病研究机构

C. 开展对老年病防治知识的宣传和医疗咨询服务

D. 组织有关部门为老年人定期检查和治疗等

答案：ABCD

第二章

刚需养老

案例导入

心态与年龄

有两段顺口溜，内容诙谐幽默，立意却截然相反。其一：“人过六十，一年不如一年；人过七十，一月不如一月；人过八十，一天不如一天；人过九十，一会儿不如一会儿。”其二：“一百岁，笑嘻嘻；九十岁，不稀奇；八十岁，正努力；七十岁，长志气；六十岁，小弟弟。”

生有所养，死有所葬，中国传统社会的老有所养，主要依靠血缘和宗族关系来完成。为支持家庭养老，古代许多朝代普遍施行了“侍丁”与“权留养亲”两项制度。

至迟在南北朝时期，传统社会已经出现了养老福利。宋朝宗族福利开始制度化，那就是范仲淹创设的范氏义庄。南宋时期已出现了民间慈善人士创办的公益性孤老院。明清时期的慈善组织更为发达，其中公益性养老机构通常叫作“普济堂”，类似于今天的福利院，以收养“老疾无依之人”为主。《礼记》曰：“八十者，一子不从政；九十者，其家不从政。”《清律例》有云：“军、民年七十以上者，许一丁侍养，免其杂泛差役。”

一、养儿防老靠不住

岁月无情，时光飞逝，岁月不饶人，活着活着就老了。老了就老了，溜也溜不掉，逃也逃不脱。

别对“老”耿耿于怀，这是不以人们的意志为转移的自然规律，你就是去抗拒、回避、遮掩，甚至愤怒，一切的一切，都无济于事。

《礼记·中庸》有言：“凡事预则立，不预则废。”养老亦然，长期规划，才能从容应对。

（一）挡不住的“银丝白发”你“老”了吗？

1.“老”的界限在哪？

这是一个既简单又难以回答的问题。有人说过，时间不一定能造就一位伟人，但一定会造就一位老人！对于年纪，越大就会越在意，凭谁也不想过早被称为老年人。但国人的观念是人过五十就是老人，因此有“半百老人”之说。但现实的普遍观念是，办了退休手续才是老人。近年来世界卫生组织做了大量的调查和研究，最终明确地规定中年人的年龄范围是45~59岁，轻老年人的年龄范围是60~74岁，75岁以上则为老年人。

知识窗

岁月不是杀猪刀

老不老，有以下几种比较权威的说法：

根据年代年龄确定：西方国家将45~64岁阶段定义为初老期，65~89岁为老年期，90岁以上称为长寿期。我国实际情况，规定45~59岁为初老期，60~79岁为老年期，80岁以上为长寿期。

根据生理年龄确定：生理年龄可分为四个时期，出生至19岁为生长发育期，20~39岁为成熟期，40~59岁为衰老前期，60岁以上为衰老期。所以，生理年龄60岁以上的人被认为是老年人。

根据心理年龄确定：心理年龄分三个时期，出生至19岁为未成熟期，20~59岁为成熟期，60岁以上为衰老期。心理年龄和年代年龄往往是不同步的，乐观积极的人，年代年龄已经60岁，但是心理年龄可能只有45岁。

根据社会年龄决定：所谓社会年龄，是根据一个人在与他人交往中的角色作用所确定的个体年龄，也就是说，一个人所起的作用越大，社会地位越高，社会年龄也就越成熟。

年代年龄受之于父母，不能更改，但是生理、心理、社会年龄却能够通过个体锻炼和努力加以改变，甚至可以推迟衰老。因此，一个人是否衰老，不能单单看他的实际年龄，老不老，心态很重要。

2. 我们“老”得有多快？

近年来，我国人口出生率断崖式下跌，2021年全国人口自然增长率仅0.34‰（见图2-1），人口净增长48万。从国家统计局公布的相关数据

图2-1 人口自然增长率变化

资料来源：国家统计局。

来看，“80后”“90后”“00后”人口分别为2.19亿、1.88亿、1.47亿，“90后”比“80后”少约3100万，“00后”比90后少4100万。

3. 我们“老”得有多深？

随着人口老龄化进程的不断加快，我国正在经历着世界历史上规模最大、速度最快的老龄化过程。国家统计局公布的第七次全国人口普查数据——其中最引人注目的就是老龄化问题 。第七次人口普查，我国60岁以及以上人口超2.64亿，占比为18.7%，与2010年第六次人口普查相比，上升5.44个百分点。其中65岁及以上人口为19064万人，占13.50%。据预测，至2025年，我国60岁及以上人口将达到3亿，2033年将达到4亿，2050年将达到5亿（占总人口的35%），我国社会将从快速老龄化，发展深度老龄化，再到超老龄化（见图2-2）。

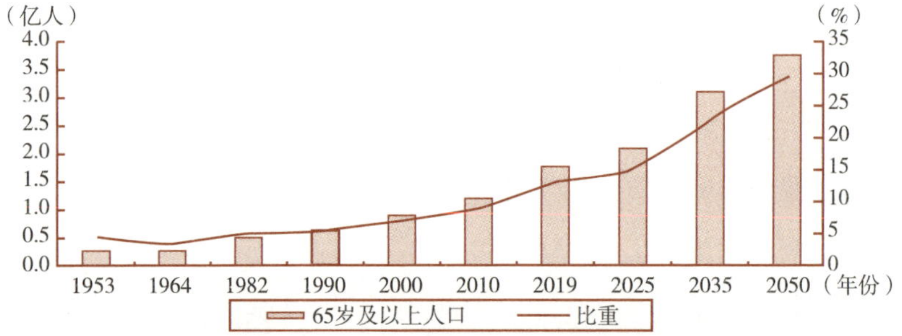

图2-2 中国已经进入老龄化社会

资料来源：国家统计局，泽平宏观。

> **知识窗**
>
> **人口老龄化标准**
>
> 1956年联合国《人口老龄化及其社会经济后果》确定划分标准，当一个国家或地区65岁及以上老年人口数量占总人口比例超过7%时，意味着这个国家或地区进入老龄化；达到14%，为深度老龄化；超过21%，则进入超老龄化社会。

4. 谁给我们养老？

“老有所养、老有所医、老有所为、老有所学、老有所乐”是每个步入老年的中国人的普遍愿望。随着我国老龄化、长寿化、少子化“三化”空前时代的到来，未富先老，老无所养、老无所依正不断成为现实。而未来，谁帮我们养老？

养老的意义不是一天三餐吃饱那么简单，养老也不仅仅是“钱”的问题，而是一种生活方式，是资金匹配资源的过程。老人需要一定的经济保障、必要的生活照料、温暖的精神慰藉。如何才能有尊严地养老，其实就是一句话：打铁还需自身硬。

（二）扛不起的养老重荷

1. “养儿防老”曾是国人的主流价值观

西周《礼记·王制》曾记载：“凡养老，有虞氏以燕礼，夏后氏以飨礼，殷人以食礼，周人修而兼用之。”这或许是我国最早关于赡养老人的记载了。

孝敬老人和赡养老人，一直是国人的主流价值观。即使在战乱频仍、兵荒马乱的春秋战国时期，各诸侯国也没有忘记鼓励孝道，大多有“70岁以上老人免一子赋役，80岁以上老人免二子赋役，90岁以上老人免全家赋役”的规定。

到了汉朝，“以孝治天下”成为施政理念，尤其是“举孝廉”选拔官员的方式，从制度上使孝养得到大力推广。

从北魏一直延续到清朝的“存留养亲”制度，则曲法伸情，对于身犯死罪，父母、祖父母陷入绝嗣和无人赡养者，让他们暂留在家养老送终后再执行死刑，可谓是中国古代重视家庭养老和保障家庭养老的一个缩影。

2.“养儿防老”面临“市场失灵”

一代又一代，我们认为有了孩子就有了养老保障，可是孩子有他们的家庭重担，有跟父母不一样的观念，也有可能会不孝顺，单纯把养老的希望寄托在孩子身上，真的靠谱吗？

时移世易，随着经济发展、社会进步和人民生活水平提高，以及计划生育政策的实施，我国人口年龄结构经历了由年轻型到成年型，再到老年型的历史性转变，如今中国已成为世界上老年人口最多、老龄化速度最快的国家。

人口老龄化已成为21世纪中国经济社会发展面临的基本国情。更为严峻的是，少子化、家庭结构的小型化，以及不断降低的抚养比，使得传统家庭养老功能日益弱化，代际养老压力陡增，传统的“养儿防老”模式面临史无前例的冲击。

3.“养儿防老”还是“养儿啃老”

俗话说“养儿防老”，但传统的爱子如命的父母，宁愿自己吃苦节俭，也不让儿女负重和经济上受屈，惯得娇儿无所事，甚至违法违纪，让自己始终处于收拾残局的状态，使晚年生活变得一塌糊涂，溺爱导致“养儿坑老”；也有因为步入社会时间不长，经济基础并不乐观，随着“421家庭”的潮涌，倒金字塔结构的家庭模式让塔尖人不堪重负。据调查，九成“80后”确定自己无法赡养父母，其中有一半以上的“80后”还需要父母进行资助。

（三）中国式“养儿防老”

1.有种幸福，叫居家养老

近年来，社区养老中心、福利院、养老院、候鸟式养老、互助养老等多种社会化养老模式层出不穷，但却始终不能尽如人意，至今没有一个完美的解决之道。营利性养老院是社会化养老最主流的方式之一。在很多老人和子女观念里，如非迫不得已，一般是不会去住养老院的，通常住进养老院并不是一个“主动”的选择，有尊严地幸福养老，居家是首选（见图2–3）。

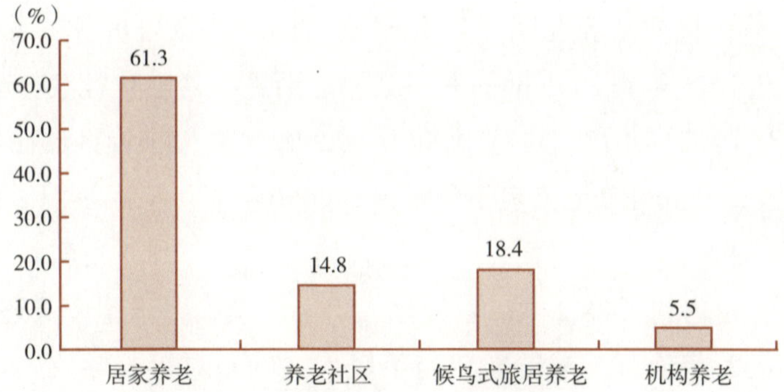

图2–3　未退休者偏好的养老方式

资料来源：清华大学老龄社会研究中心《国人养老准备报告》。

2. 百善孝为先，孝子知多少

“百善孝为先”是中国的传统文化。在进入老年化的中国，老人们是多么地希望“百善孝为先”的传统文化能得到发扬光大。然而在今天的中国，又有多少儿女能称得上是“孝子”和“孝女”呢?

从居家养老的角度上来说，中国最缺的就是“孝子”和“孝女”，至于那些认为自己至少不是“逆子”的人，根本就无法很好地承担老人居家养老的重任。也许有人会问：今天的中国居家养老难道不是主要方式吗？是的，居家养老的确是中国老人们养老的主要方式，可大家从自己的朋友圈里了解一下，又有多少老人是与自己的儿女居住在一起的呢？所以，更准确地说，父母独居养老、父或母孤独养老，才是中国老人养老的主要方式。

3. 年轻人不敢生，老年人负担重

一方面是生育率的下降。年轻人不愿生、不敢生，没时间养、养不起是主要原因。在老龄化与少子化危机下，许多家庭陷入养老困境，上有老、下有小，面临高昂的房价和物价，养儿防老最终成为美好梦想。第七次人口普查数据显示，2020年中国总和生育率是1.3，低于国际社会通常认为1.5的警戒线。近两年的出生人口和生育水平仍然呈现走低趋势（见图2-4），想要“养儿防老”几乎不可能。数据告诉你“养儿防老”有点难：从2015年到2035年，中国已经逐渐进入老龄化社会，老年人口将从2.12亿增加到4.18亿，占比提升到29%。这意味着：2012年5个人养1个老人，2030年2个人养1个老人，2050年1个人就得养1个老人！请问他养得起吗？另一方面，我国的人均寿命在上升，当前我国的人均预期寿命已经达到了78.2岁，老龄化人口不断增长，出生率又逐年降低，少子化危机大步逼近，老龄人口与年轻人口的不对等，导致人口红利不可持续，教育、医疗、生活成本与房价高企压缩了养老空间，年轻一代买房再一次掏空“六个钱包”，想要存下足够养老的钱，对中国老人来说是极其困难的。

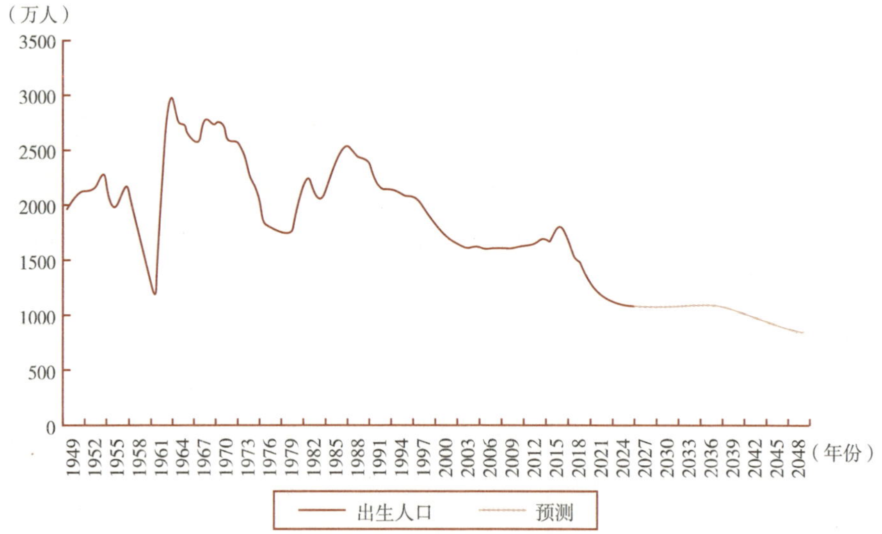

图2-4　出生人口的变化

资料来源：国家统计局，泽平宏观。

4. 菱花镜里形容瘦，养儿防老不靠谱

在小农社会，由于没有什么保障，所以人们就自己创造了保障——孩子。养大孩子来为父母养老，一代又一代地把这种思想传承下去，进而塑造了“养儿防老”的刻板观念。当时代发展到了今天，其实“养儿防老”的属性就被破坏了，一是选择多了，二是环境改变了，三是观念不再传统了。逐渐地，养儿防老就不具有普遍性了。

养儿防老是中华民族几千年的传统观念，古语云“养儿防老，积谷防饥”。当前社会经济不断发展，国家政策不断完善，老年人基本生活得到了保障，养儿不再是防老的唯一途径。在农村，国家提出了“两不愁三保障”的原则（即不愁吃、不愁穿，保障其义务教育、基本医疗、住房安全），所以老年人也应当树立起自主养老的思想，在依靠国家的同时，自己和子女也应作出付出，幸福地度过晚年。

知识窗

赡养是义务，也是美德

父母和子女之间的关系是婚姻家庭关系中最重要一种身份关系。我们常说“养儿防老”，其实质性意义就是实现子女对老人的赡养义务。根据《中华人民共和国民法典》第一千零六十七条之规定，缺乏劳动能力或者生活困难的父母，有权要求成年子女给付赡养费。也就是说，在父母达到了法定的需要得到赡养时，如果子女不主动履行赡养义务，父母是可以通过法律强制要求子女履行赡养义务。

赡养父母不仅是中华民族的传统美德，也是子女的法定义务。乌鸦反哺，羔羊跪乳，动物尚知感恩和怜念父母的养育之恩，更何况作为人类的我们呢？虽然“养儿防老”并不是晚年生活的唯一保证，但是，如果父母对孩子的抚育尽心尽力，要求孩子以后给自己养老也同样可以理直气壮。

二、存钱养老不够花

案例导入

人老了，要懂得为自己存钱养老

很多人问："养老，不靠孩子，靠谁？"

于是拼命赚钱、存钱，而存下的钱，全部留给儿女，以便他们能为自己养老。但凡有这种想法的人，现实生活中，往往处境悲凉。

养儿养女能防老，并不是对每个家庭都管用。有孝心的儿女，不在乎父母给自己留多少钱，而在乎自己能给予父母多少爱。没孝心的儿女，哪怕父母给自己留再多的钱，也不会有丝毫感激，至于该尽的责任和义务，更是想方设法"打折扣"，甚至"耍无赖"。与其留着钱，作为遗产，还不如在生前，用自己存下的钱，让自己过上"衣食无忧"的日子。

所以，人老了，给自己存钱，平常日子就注意保养身体，保持健康，这其实，就是留给儿女最大的财产。

（一）为什么要存钱养老？

1. 人口老龄化日趋加剧

国务院关于加强和推进老龄工作进展情况的报告显示，"十四五"时期我国60岁及以上老年人口总量将突破3亿，占比将超过20%；2035年，60岁及以上老年人口将增加到4.2亿左右，占比将超过30%。这意味着，未来10年，我国将进入中度老龄化社会，并加速进入重度老龄化阶段。这样，我国既是老龄人口最多，也是老龄化速度最快的国家。

2. 衰迈也愁养老钱

以前年轻人多，老年人少，交得钱多，用得钱少，基本是够用的。但近年来，人口出生率断崖式下跌，2021年全国人口自然增长率仅0.34‰，人口净增长48万。[①]老龄化与少子化（即0~14岁人口过少）叠加，意味着巨大的养老风险。养老保险会面临“缴费的人少，领钱的人多”的窘境，而劳动年龄人口的减少则意味着未来养老服务价格的提升，甚至会出现老人有钱难以买到合适服务的情况。

3. 养老金替代率越来越低

养老金替代率越高，退休后的经济条件越好；反之，替代率越低，退休后的经济条件越差。世界银行组织建议，要维持退休后的生活水平不下降，养老金替代率需不低于70%，国际劳工组织建议养老金替代率最低标准为55%。可事实上从图2-5中可以看出，我国的养老金替代率呈现下降趋势养老金替代率只有40%左右。这个水平意味着什么？也就是生活水平较退休前严重下降，基本的养老生活都不能保障。

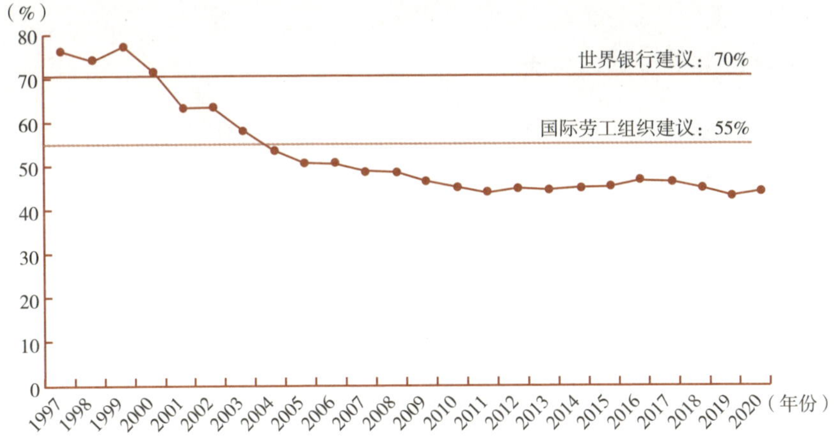

图2-5　1997—2020年城镇职工养老金平均替代率

① 数据来源：国家统计局。

知识窗

养老金替代率

养老金替代率（PRR）是指劳动者退休时的养老金领取水平与退休前工资收入水平之间的比率。它是用来衡量退休老年人的基本养老金情况，反映的是个人养老保障的程度和水平、退休前后收入差距水平。例如，某人今年退休时工资是5000元/月，退休后仅从社保收入2000元/月退休金，则养老金替代率=2000/5000×100%= 40%

养老金替代率	退休后生活质量
>70%	维持退休前的生活水平
60%~70%	维持较好的生活水平
45%~50%	生活水平较退休前大幅下降
<45%	不能保障基本养老生活

4.社保养老金缺口扩大

2020年底中国社科院世界社保研究中心发布报告称：在未来5~10年时间，中国会有8万亿~10万亿元的养老金缺口，而且这个缺口会随着时间的推移进一步扩大。我国公民领取的基础养老金即养老保险社会统筹部分，是典型的现收现付制度（通俗表达：即用这一代人交的钱养活上一代人）。但由于我国人口结构转变，在未来很长的一段时间内，预计需要养老的人将远多于缴纳养老金的人。

（二）存多少钱才够养老?

想要让晚年生活有所保障，最重要的是要有一笔足以支撑晚年的存款。一个人究竟需要多少存款才能颐养天年呢?

1. 考虑人均消费支出

2021年我国城镇居民人均消费支出14000元左右，农村居民人均消费支出7500元。我国人均寿命77岁，也就是60岁退休后还可以生活17年。若将存款的利率以及每年消费支出的增长包括在内，估算下来，农村居民需要存款至少30万元，城镇居民需要存款至少60元万才够养老。

2. 考虑大额开支

除了基本的衣食住行方面的开销，准备养老金的时候还需要注意未来可能出现的大额开支。第一个就是因扶持子女而发生的大额支出。有些子女工作之后自己的能力支撑不起自己的消费水平，父母又不忍心子女受苦，倾其所有只为子女过上不错的生活。第二个就是疾病与意外。由于年纪大的老人免疫力较弱，会患上慢性病需要长期吃药，或者有些重疾需要大额手术费，这些都不是小数目。因此在准备养老金的时候，需要考虑到未来可能出现的大额开支，避免占用额外的养老金从而降低老年生活质量。

3. 考虑城乡居民养老保险

城乡居民基本养老保险是国家为保障城乡居民年老后基本生活而建立的一项基本养老保险制度，实行个人缴费、集体补助、政府补贴的筹资模式，基础养老金和个人账户养老金相结合的待遇支付方式。年满16周岁（不含在校学生），未参加机关事业及职工基本养老保险的城乡居民，可以在户籍地自愿参加城乡居民养老保险。城乡居民养老保险每年按档次缴费，各地有所不同，个人可根据自己实际情况，选择合适的缴费档次。

城乡居民养老保险是多缴多得、长缴多得，而且个人选择缴得越多，政府补贴也越多，以后领取的补贴就越高。目前国家政策是，只要交了社会保险，均可以在60岁退休以后领取养老金。但有些人缴纳养老保险额度不足，退休后的养老金维持不了基本的生活，所以还需要存款才能维持养老生活的基本水平。

知识窗

特殊群体代缴基本养老保险费

对低保对象、特困人员、重度残疾人（残疾等级为一级、二级）、城乡特殊计生对象夫妻[农村45~59周岁二女结扎户夫妻或已办理独生子女父母光荣证的农村独女户夫妻，城镇和农村独生子女死亡或伤残后未再生（养）育子女的夫妻、节育手术并发症夫妻]，政府为其全额代缴最低标准（200元）城乡居民基本养老保险费；对非重度残疾人（残疾等级为三级、四级）以及重点优抚对象，政府为其代缴最低标准50%（100元）城乡居民基本养老保险费。允许缴费困难群体个人增加缴费，缴费后按照相应档次予以缴费补贴。

（三）存钱养老有风险

1. 存不下来的风险

手上有些闲钱，我们可能会放在银行定期存款或大额存单里，比如一年、三年或者五年。但很可能一到期，就抑制不住消费的冲动。没多久就会发出灵魂拷问：钱咋又没了！是的，钱一旦自由，就极有可能被挪用。花钱是与生俱来的本领，存钱却是需要自律和约束的。钱存在银行，就是一个数字而已，一旦开始毫无节制地花钱，最后就会导致钱不够花也不敢花，直至钱都被花光的那一天。

2. 利率下行的风险

利率下行已成为时代的主旋律。我国银行1年期存款利率（央行基准利率）也一直在下滑，从20世纪90年代的10%左右，一直到2022年的1.5%。你有没有感觉放在银行里的钱，利息越来越少了呢？以后，钱存在银行，不但可能没利息，储户还要给银行保管费，这并不是危言耸听。

3. 货币贬值风险

众所周知，将钱款存放入银行无疑是风险最低、稳定性最强的一种理财模式。但是在超低的收益面前，这种“稳定”却带来了深深的无奈：从一年期存款利率来看，仅为1.5%，而国家统计局最新数据显示，截至2022年8月31日，CPI指数累计同比为1.9%。即将资金存入银行一年后，连本带息竟然无法跑赢通胀。当所谓的安全换来的是财富的贬值，这本身也是一种风险。

4. 被误导理财风险

这种风险，防不胜防。现在银行也开始销售一些理财产品。去银行存钱，银行工作人员会给你推荐很多理财产品，宣称保本保息，但是从2022年开始，资管新规落地，保本保息的银行理财产品就不复存在了。也就是说，银行理财产品已经打破刚性兑付，不再是零风险，而是有可能亏钱了。因为净值型理财产品不再有固定收益率，要自己承担一部分风险，自负盈亏。

（四）掌握存钱的正确方式

如何保证存款安全，又可以获得更高的利息呢？

1. 保证存款安全

从整体来说，目前我国的存款环境是非常安全的，但即便再安全的存款环境，也要掌握一定的存款技巧，这样才能保证存款更安全：

（1）通过正规的渠道存款。可以直接到银行网点的柜台办理存款，也可以通过网上银行、手机银行等渠道办理存款。

办理存款一定要到银行正规的网点，在银行正规的柜台办理，这样银行会有相关的监控，正因为如此，银行工作人员不敢做出一些违法违规的事情，基本上都是按照相关规定办理存款业务，所以这样的存款是非常安全的。

通过网上银行或者手机银行存款的时候，一定要通过正规的应用市场下载银行的手机银行，千万不要相信别人发给你的下载链接，这种链接十有八九是“钓鱼网站”，一旦你通过这些“钓鱼网站”输入银行关键信息之后，就有可能出现银行信息泄露的情况。

（2）认真查验各种资料。目前去银行存款不会有什么合同，银行最多是给你存单、存折，或者使用银行卡存款，会有一个回执，这一回执上面会有存款的具体明细。

不要让自己的存款变成了保单。一些人去银行存款，但在柜员“有一款产品更划算”的话术诱导之下，稀里糊涂地变成了买保险。

但假如是理财产品或者保险产品，肯定会有相应的合同，比如保险有保险合同，理财有理财合同，而且合同上面会有相关的签章，比如保险合同的签章肯定是保险公司。如果在存款过程当中，发现有相应的合同印章不是银行的，或者合同上面有相关的理财字眼，或者在办理存款的过程当中需要录像录音的，一定要引起足够多的重视，要认真查看各种资料，在确保是存款的前提下才签字或者做其他手续。

要擦亮眼睛，看清楚盖的什么公章，定期存款凭证是有银行的业务专用章的，而如果是其他投资或私募公司的公章，那就要小心是“飞单”了。另外，也可以通过银行网站或电话查询购买的产品，“飞单”的话在该银行是没有记录的。

知识窗

避免存款被“飞单”

飞单，指的是银行工作人员为了获取高额的佣金提成，利用储户对银行的信任，推荐购买非本银行的理财产品。

银行飞单的高发地往往是房地产信托、私募股权等领域，钱往往是以股权、债权等形式直接进入某实体项目，缺乏严格的风控，虽然收益率远远高于定期存款，但是风险极高，很有可能血本无归。

（3）保管好密码、手机验证码和手机银行。部分老年人对手机银行或者自助终端不会操作，这时候就会把自己的手机，或者把密码告诉给银行的工作人员，然后让他们进行操作，有时候甚至会把手机验证码直接告知银行工作人员。正常情况下这种操作倒是没有什么风险，但如果遇到一些居心不良的人员，他就有可能将密码或者其他银行卡信息复制下来，到时银行账户就有可能被别人控制。

2. 获取较高利息

对于众多存款客户来说，大家去银行存款首先要考虑的一个事情，就是获得更多的利息，目前我国有4000多家银行，20多万个银行网点，不同的银行，甚至同一个银行在不同的城市、不同的网点，给到的存款利息都是不一样的。

（1）选择合适的银行。目前我国有很多银行，既有国有控股的商业银行，也有一些大的股份制银行，还有众多的城市商业银行、农商行、信用社、村镇银行、民营银行等。在众多银行当中，国有六大行给的利息从整体来说是最低的，而包括城市商业银行、农商行、信用社、村镇银行、民营银行这几类小银行给的存款利息一般都比较高。这些银行本身的网点比较小，吸收存款难度比较大，一般都会上浮更高的存款利率。

（2）选择合适的存款产品。最近几年银行也与时俱进，不断地推出各种存款产品，比如大额存单、结构性存款、智能存款、特色存款等。这里面不同的存款产品门槛不一样，风险不一样，对应的收益也不一样。

（3）选择合适的存款期限。目前银行存款期限有很多种，比如活期存款，定期存款期限分为3个月、6个月、1年、2年、3年、5年，不同的期限的存款利率是不一样的。一般情况下期限越长，对应的存款利率越高。

（4）选择合适的存款时间点。一年有12个月，不同时间点银行存款利息是有一定差距的，一般情况下，越是资金紧张的时间点，银行给的利率会越高，比如在6月末、12月以及春节之前这三个时间点，银行会面临很大的流动性紧张以及监管考核，在这种背景之下，大多数银行利率都会比平时上浮更高的水平，所以在这些时间点去存款可以获得更高的利息。

（5）大额存款可以跟银行自行协商利息。目前很多银行为了吸引更多的大额存款客户，对于大额存款都是特事特办，如果大家能够存入一笔大额存款，银行一般都可以自行协商利息。具体能够拿到多少利率，关键要看跟银行的谈判能力了。另外，也要注意收益率问题，高收益意味着高风险，收益率超过6%的就要打问号，超过8%的就很危险，10%以上就要准备损失全部本金。所以，不能一味追求高收益率，要注意风险。

（6）存款要充分考虑流动性需求。定期存款往往是期限越长，收益率越高，但是也不能一味追求长期限和高收益率。还要考虑自己对于资金的流动性的需求，存款期限太长的话，如果急需用钱，提前取出来，利息损失是比较多的，要选择合适的存款期限，尤其是对于高龄老人来说，1万元以上的资金尽量不要选择过长期限的定期存款。

- **小案例**

守好养老“钱袋子”

2017年9月，某“养老服务公司”在赣州城区通过散发宣传单、集中讲课、搞活动送礼品、组织实地参观等方式，重点向中老年人公开宣传该公司的“养老服务项目”，并承诺按照养老预订金的缴纳金额每年可获得9%~13%不等的消费补贴，以此来吸引中老年人办理会员卡、交纳养老预订金。该“养老服务公司”共向300人吸收资金2500余万元，造成290余人实际损失2300余万元。该公司负责人因违反国家金融管理法律规定，未经有关部门批准，变相吸收公众存款，数额巨大，破坏金融管理秩序，依法构成非法吸收公众存款罪。

该“养老服务公司”打着提供养老服务、投资“养老项目”的名义，以高利息、高回报为诱饵实施非法集资活动，吸引老年人办理会员卡、交纳养老预定金，给老年人造成严重的财产损失和精神伤害。

老年人要提高警惕意识，防止个人信息外泄，科学理性投资，冷静应对诈骗，要谨慎投资高额返利项目，多与子女沟通商量，投资“养老项目”时要“三看一抵制”：一看“养老项目”是否有登记、备案，二看“养老项目”是否真实合法，三看“养老项目”收益是否符合市场规律；抵制高利诱惑，拒绝非法集资，捂紧“钱袋子”。

三、“以房养老”风险大

如何在有限的社会资源下让老年人晚年生活过得舒适幸福，已成为全社会关注的重大话题。其中，住宅通常是一个家庭拥有的最大财富，挖掘和发挥住宅在居住、投融资等功能外的养老保障功能，是解决社会养老保障资金不足的一个可行且十分重要的手段。

（一）看国外如何“以房养老”

老龄化并不是只有我国才面临的挑战，一些国家老龄化的到来比我们更早，程度也更为严重。因此，他们的养老体制的探索之路起步更早。

在很多国家，“以房养老”已经是成熟、普遍的金融养老方式之一。

美国的“以房养老”制度，始于20世纪80年代，到今天已经非常盛行。允许老年人通过抵押、搬离、共享三种方式进行养老贷款，并通过政府扶持、半官方机构为其提供免费咨询服务、金融创新等进行保障及规范。“以房养老”在美国被称作“房产净值转换贷款”或“反向抵押贷款”。

在英国，有超过三分之一的国民打算利用房产筹集养老金。由于英国的房子不存在使用年限的问题，而且相关金融服务机构在这一领域运作了很多年，操作规范，因此老年人权益比较有保障。

加拿大的“以房养老”年龄界限为62岁，房屋抵押给银行后获得贷款，贷款数额在1.5万~30万加元，只要你不搬家、不卖房，房产主权不变，可以一直住到享尽天年，由后人处理房产时折还贷款，剩余部分由其子女或其他继承人所得。

新加坡有三种形式的“以房养老”：一是通过出租部分或者全部居室来换取养老收入；二是通过“以大换小”获得养老收入；三是平常所说的倒按揭，也就是反向。

日本的“以房养老”模式更是花样繁多，政府机关与银行、信托、房地产等民间机构齐头并进，“八仙过海，各显神通”。

值得一提的是，虽然以房养老在国外已经较为成熟，但因美国房地产次级贷款风波引发全球金融风暴，倒按揭模式近年有遇冷之势。

（二）以房养老梦想能否照进现实？

1.“以房养老”，你了解吗？

目前我国社会基本养老保险的养老金平均收入替代率尚不足50%，对大部分人来说，仅依靠社会基本养老保险的养老金难以达到预期的退休收入水平。虽然“以房养老”目前步履蹒跚，但“以房养老”这个模式被视为完善养老保障机制的一项重要补充。“以房养老”适用对象通常是拥有独立房产的失独老人、空巢老人等具有“以房养老”需求的老年人。

“以房养老”在我国根深蒂固的养老观念里是一个全新的概念，也被称为“住房反向抵押贷款”或者“倒按揭”。通俗来讲，老人把自己的房子抵押给银行、保险公司等金融机构，评估后获得一笔钱，由金融机构按月发放给老人用于养老，让其生活得更有质量，去世后房子归金融机构处理。如果去世得早，房子归金融机构，但剩余的钱会给老人指定的继承人（见图2-6）。

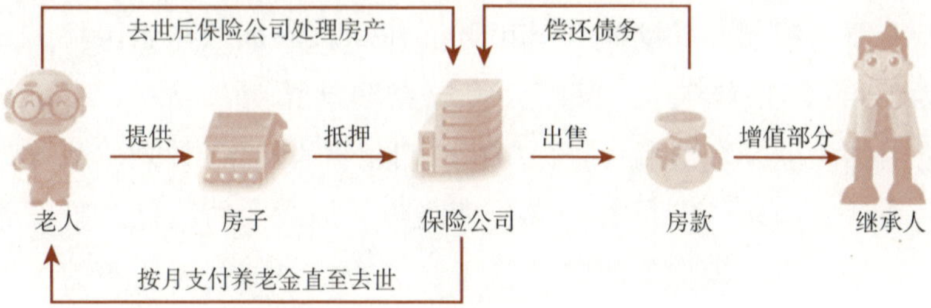

图2-6 “以房养老”运行流程

2.“以房养老”有什么好？

老年人参与“以房养老”，大都源于住宅的相对“多余”与现金的普遍“短缺”，如何能“损有余而补不足”？“以房养老”可以通过房产资源的时间转换、空间转移、权属更换、住所变更等，将多余的面积、功能、地段等予以消解并转化为金钱，从而保障晚年生活更好地养老。

（1）时间转换。在不影响正常生活居住的前提下，将老人身后遗留房产的价值提前变现套现，用作生前的养老，通常讲的反向抵押贷款、房产养老寿险、售房养老等，都属于这一方式。

（2）空间转移。运用不同地域的住宅价值、生活费用标准乃至生态环境的差异，将老年人从某一地域迁移到其他地域长期生活居住，实现节约养老资源、提高养老质量的目的。

（3）房产权属改变。通过房产的产权出售和使用权转让等，实现房产价值的流动化，从不动产转化为可用于养老的货币资产。

（4）住所变更。又称住宅置换或住宅租换，通过住户对住宅的大换小、小换大或旧换新、新换旧乃至居住城乡、社区等的改变，实现住宅资源和货币资源的优化配置，更好地发挥住宅的养老功用。

3.“以房养老”为何不受欢迎？

2013年国务院发布的《关于加快发展养老服务业的若干意见》明确提出“开展老年人住房反向抵押养老保险试点”，2014年6月，保监会发布《关于开展老年人住房反向抵押养老保险试点的指导意见》，并提出在北京、上海、广州、武汉四个城市开展住房反向抵押养老保险试点，试点期为2年。2016年7月，保监会将试点期延长至2018年6月30日，将试点范围扩大至各直辖市、省会城市（自治区首府）、计划单列市，以及江苏、浙江、山东、广东省等部分地级市。但现实情况是，以房养老保险试点以来，有多家保险机构获得了试点资格，但开展业务的仅幸福人寿一家，且完成承保手续的不足百户，面临“理想丰满，现实骨感”的尴尬。

“以房养老保险”是跨资本市场和房地产市场的一种资源配置方式。对保险公司来说，这项保险属于保本微利型业务，且涉及房地产、金融、财税、司法等多个领域，存在许多不确定性。对老年人而言，受传统养老观念、产权纠纷、房产市场不稳定、相关配套政策不完善等因素影响，同样顾虑重重。阻碍以房养老推行主要有如下几个因素：

（1）传统文化影响。我国传统文化对“以房养老”政策有着深远的影响，它通过对老年人心理的间接影响阻碍了政策的实施，使得“以房养老”政策不被接受。“但存方寸地，留与子孙耕”，传统观念下房产寄托了普通家庭太多情感，将房子抵押给银行而不留给子女，是大多数老人及其子女的观念障碍。究其原因，“孝”是中华民族的传统美德，“百善孝为先”，绝大多数子女认为孝敬老人、供养老人天经地义，法律上也要求子女尽赡养父母的义务，而老人将房产作为财富馈赠给后辈也是一种约定俗成的做法。如老年人采用以房养老模式，减少了子女将来可继承的家庭财产，对于指望得到老人房产的子女来说是不能够接受的。由此，无论老人还是子女，都不太能接受将房产抵押给保险机构的养老方式。

（2）房价估值困难。“以房养老”是“倒按揭”，投保人将现有住房进行抵押，保险公司根据房屋评估价，以及投保人的预期寿命，来精算每年需要向投保人返还的保险金，保险公司最终将享有房屋产权。但是，国内房地产市场价格中长期走势、人均预期寿命等难以预测，对银行来说，正向按揭贷款的风险是随着时间的推移不断减小的，而“倒按揭”恰恰相反，随着时间的推移，风险不断增大。提供养老资金的保险公司或其他金融机构面临较大经营风险。

（3）产品属性复杂。“以房养老”保险产品的计算非常复杂，涉及房地产评估、利率确定、人的寿命预期等多个因素，需具备专业的人才。作为一款个人商业保险计划，其本质是一种金融贷款产品。缴费期限长、利率高、身故抵押受偿收益不确定、产权转让手续复杂等都会影响到该项产品推广。产权清晰是反向抵押险的一个基本前提。而实际情况是，老年家庭居住房子大多面积较小，且相当一部分并没有产权，符合反向抵押险条件可以参保的家庭住宅并不是很多。

（4）产权模糊有争议。我国法律明确规定国家或集体享有土地所有权，城市住宅土地使用权年限为70年，对70年后相关权利的处理方法尚未明确规定。因而“以房养老”模式难以推行。房屋产权问题是保险机构推出“以房养老”产品的顾虑之一。

（5）机制还不完善。“以房养老”作为一款商业养老保险产品，银行、保险公司等金融机构是其实施过程中最重要的一环。在具体的操作过程中尚缺乏相关的法律保障和政策支撑，无规定可依以及业务各自为营成为最大障碍，无论金融机构还是老人都不敢轻易参与进来。出于风险顾虑，银行方面不敢轻易接招。大众对金融机构的信任也远远不足。

“以房养老”的抵押周期较长，普遍20年以上，在我国也还仅是初步阶段，没有成熟的商业模式，也没有完善的法律体系来保障以房养老的权益。如果金融机构破产、违约或业务无法顺利进行，老人的生活品质必定出现相当大的风险。

● 小案例

“以房养老”这事值得做

当老人处于养老储备金不够、又没有子女、也没有继承对象的情况下，可以参加“以房养老”，将房子抵给银行自己收取养老金。

北京的康先生是“以房养老”试点政策明确不久后第一个报名的投保者。康先生住在北京市北五环边上的一个小区，政策试点的那年康先生69岁。由于女儿的不幸去世，只剩下康先生和老伴相依为命。老两口每个月的退休金加起来有7000多元钱。虽然不愁吃喝，但康先生总觉得手头有点紧。

老两口最大的财产就是一套三居室的房子，2014年的时候，这套房子评估为305万元。根据合约，康先生和老伴儿将房产抵押给保险公司，每月可以从保险公司领取9000多元的养老金，而且他们还可以继续住在自己的房子里。

在康先生的眼中，“以房养老”这事值得做，老两口算了一笔账，投保“以房养老”之后，每月的收入从7000多元增加到了16000元，如果老两口住到了养老院，按照规定，抵押出去的房子还可以出租，每月也有5000多元的租金收入。在他看来，“以房养老”能够彻底解决他们的后顾之忧。

4. 如何规避“以房养老”骗局？

这类骗局表现为打着“以房养老”的幌子，忽悠老年人签订房产抵押担保借贷合同或相关协议，诱骗老年人将抵押房屋获得的资金购买其推介的所谓高收益理财产品。前期老人还能获得一些收益，后期骗子卷钱潜逃，老年人的房产也会被强制过户，导致钱房两空。

（1）**不贪小便宜**。精打细算、勤俭持家是中华民族的传统美德，但是我们不能贪小便宜。“天上不会掉馅饼”也许自以为占了便宜，却付出了惨痛的代价。

（2）**不信“托儿”话**。像“千万不要和您朋友说，说了他也会弄”“怎么也不要和家人说，以后赚了大钱再告诉他们”这类话，是诈骗分子们惯用的伎俩，老年人要消除跟风心和贪财心。

（3）**遇事多商量**。相信家人朋友，遇到房产等重大财产处理时，最好别一人做主，俗话说：“旁观者清”“兼听则明”。

（4）**多学法懂法**。家人要把平常在报纸、电视上等看到的典型案例告诉老人，经常和老人交流，加强防范。平常也可多看看央视《今日说法》等法治节目，增强法律意识。

“以房养老”本质上是一种保险产品，而不是投资理财，不会有高收益。正规的“以房养老”业务只能由正规的保险机构来办理，在办理过程中，不会出现借款合同、房屋买卖合同、理财合同。而且，房屋所有权始终归老人所有，保险公司只要抵押权，老人身故后保险公司方可处置房屋。不法分子所宣称的“以房养老”与国家试行的住房反向抵押养老保险完全无关，只是其假借国家政策、为非法集资活动造势宣传的手段而已，其实根本不具备相应的资质、能力，往往是“以新还旧”的庞氏骗局。

知识窗

《中华人民共和国刑法》第一百七十六条：【非法吸收公众存款罪】非法吸收公众存款或者变相吸收公众存款，扰乱金融秩序的，处三年以下有期徒刑或者拘役，并处或者单处罚金；数额巨大或者有其他严重情节的，处三年以上十年以下有期徒刑，并处罚金；数额特别巨大或者有其他特别严重情节的，处十年以上有期徒刑，并处罚金。《中华人民共和国刑法》

第一百九十二条：【集资诈骗罪】以非法占有为目的，使用诈骗方法非法集资，数额较大的，处三年以上七年以下有期徒刑，并处罚金；数额巨大或者有其他严重情节的，处七年以上有期徒刑或者无期徒刑，并处罚金或者没收财产。

四、社保养老持续难

案例导入

中国社科院世界社保研究中心发布的《中国养老金精算报告2019—2050》指出：未来30年制度赡养率翻倍，城镇企业职工基本养老保险支付压力不断提升；当期结余将于2028年出现赤字并不断扩大；养老保险基金累计结余将于2027年达到峰值并在2035年耗尽；个人账户持续增长但占GDP比例将趋于收敛；中央调剂制度仅在一定程度上延缓了当期结余的两极分化；基金可支付月数两极分化趋势依然明显。2025年以后，超过基准线的省份一直维持在17个，低于警戒线的省份数量却在继续增加，到2028年高达13个，而介于基准线和警戒线之间的省份到2028年只有两个。

（一）我国养老制度的变迁

1951年颁布的《中华人民共和国劳动保险条例》，为职工及其家属在生老病死等方面提供了相应保障。

1958年中共中央倡议，为无子女依靠的老人建立敬老院，并将部分生活不能自理的“五保”对象集中供养，不愿入住敬老院的老人由人民公社分散供养。

1978年颁布的《国务院关于安置老弱病残干部的暂行办法》和《国务院关于工人退休、退职的暂行办法》，为老弱病残职工及其遗属提供了收入保障。

1986年国务院颁布《国营企业实行劳动合同制暂行规定》打破了传统的就业终身制，要求合同制员工和企业共同缴纳养老保险。

1992年以后，90年代中后期，形成“国家—单位—个人”三方责任共担的新的养老模式。

1996年《中华人民共和国老年人权益保障法》的颁布，形成了以《中华人民共和国宪法》为依据，以《中华人民共和国老年法》为核心，以全国老龄工作委员会为统领的老龄事业组织框架体系。

2009年计划在全国范围建立“新型农村社会养老保险”制度。

2010年出台第一部关于社会保险方面的专项法律——《中华人民共和国社会保险法》，建立了由养老保险、医疗保险、工伤保险、失业保险、生育保险构成的覆盖全民的社会保险制度框架。

2011年党中央开始着手启动城镇居民社会养老保险的试点工作，将城镇非从业居民纳入其中。

2014年国务院提出建立统一的城乡居民基本养老保险制度，将“新农保”与“城居保”合并运行，实现了养老保障制度的全面覆盖。同年颁布的《社会救助暂行办法》，建立了由最低生活保障、特困人员救助供养、灾害救助、医疗救助、就业救助、住房救助、临时救助等构成的覆盖所有贫弱群体的社会救助体系。

2015年和2017年提出建立职业年金和企业年金补充养老保险制度。

2019年国务院明确，要持续完善居家养老为基础、社区为依托、机构为补充、医养结合的养老服务体系，建立健全高龄、失能老年人长期照护服务体系，多元养老服务的格局不断得到加强。

总体来看，自1949年以来，我国的养老保障制度由最初的覆盖国家机关事业单位和国有企业职工，到覆盖各类用人单位的职工，到覆盖各类劳动者，逐步建成了覆盖全民、城乡统筹、内外协同的养老保障制度体系。

（二）中国特色养老金三支柱体系

我国的养老金体系有三大支柱，公共养老金、职业养老金和个人养老金，如图2–7所示。

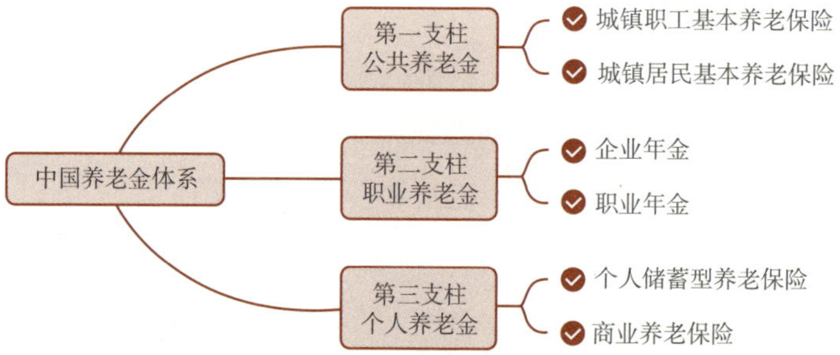

图2–7　我国的养老金体系三大支柱

第一支柱是公共养老金，包括职工基本养老保险和城乡居民基本养老保险，属于公共养老金，由国家、单位、个人共同承担，是由政府主导的公共养老金，目的是抵御长寿风险。基本养老保险制度下的公共养老金，由每个月缴纳的养老保险组成，并于退休后每月打到账户上。截至2021年末，全国基本养老保险参保人数约10.3亿人（见图2–8），基本实现劳动人口的全覆盖，累计结存约6.4万亿元。

第二支柱是职业养老金，包含企业年金和职业年金，通常由雇主主导，企业、员工个人双方缴费，采取市场化的投资运营，享有政府给予的税收优惠。企业年金主要面向企业及其职工，是在依法参加基本养老保险的基础上自愿建立的补充养老保险制度，职业年金则主要面向机关事业单位及其他公职人员。

截至2021年末，我国参加企业/职业年金的人数约7200万人，占我

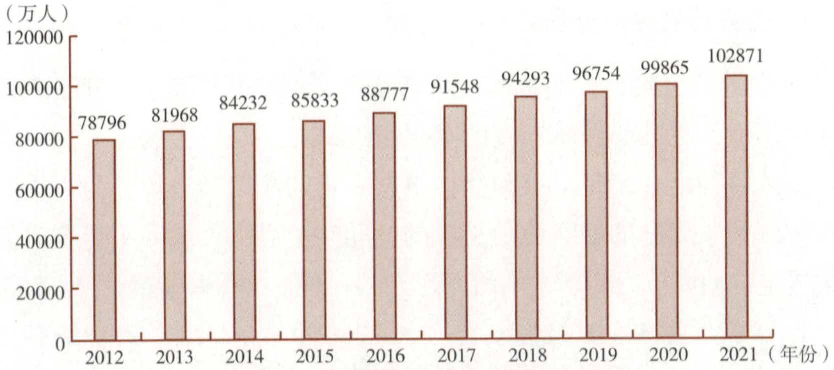

图2-8　我国基本养老保险参保人数

资料来源：人社部，数据截至2021年末。

国总人口的5%左右，覆盖基本养老保险参保总人数不足7%，覆盖面较为有限。企业/职业年金累计规模约4.4万亿元（见图2-9）。虽然职业年金设立时间较晚，但由于具有强制性，发展较为快速。

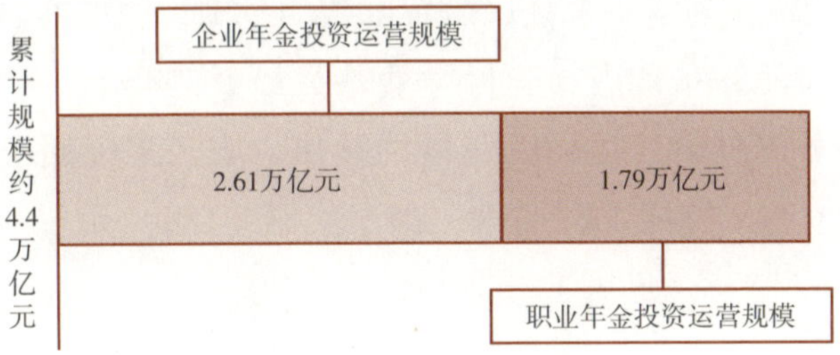

图2-9　企业/职业年金

资料来源：人社部，数据截至2021年末。

第三支柱是个人养老金，包括个人储蓄性养老保险和商业养老保险，目前是我国多层次养老保险体系的短板。

在多层次的养老保险体系中，第一支柱的目标是确保国民基本养老收入、防止老年贫困，同时政府负有最终财政兜底的责任，截至2022年9月底，全国基本养老保险参保人数达10.47亿人；第二支柱的目标是增加员工养老收入、吸引和留住优秀员工；而第三支柱的目标则是加强自我保障能力、变储蓄养老为投资养老。

1. 社会养老保险是基础

社会养老保险金，即由社会统筹基金支付的基础养老金和个人账户养老金组成，是社会保障制度的重要组成部分，是社会保险五大险种中最重要的险种之一，是国家和社会根据一定的法律和法规，为解决劳动者在达到国家规定的解除劳动义务的劳动年龄界限，或因年老丧失劳动能力退出劳动岗位后的基本生活而建立的一种社会保险制度。

（1）社保缴多少？社保缴费=社保缴费基数×（单位社保缴费比例+个人缴费比例）。全国各地的缴费比例基本一致，缴费基数的范围则与当地职工平均工资有关。从缴费比例上，可以看到，社保是“单位交大头，个人交小头”，以北京为例，社保中的养老保险是单位缴纳缴费基数的16%，个人缴纳8%。如果个人不交社保，则是为单位节省了大笔人力成本，说到底是个人吃亏。

关于缴费基数，每年各地人社局、医疗保障局就会根据上一年度当地职工平均工资，划定一个社保缴费基数的范围，例如2021年，湖北省武汉市人社局就宣布，当年社保缴费基数最低3740元，最高18699元。各单位、公司按照职工实际工资缴纳社保，职工工资低于缴费基数下限（3740元）的，按照下限缴纳；高于上限（18699元）的，按照上限缴纳。

拓展阅读

社保缴费标准由缴费工资确定，其中单位职工须按职工本人工资由用人单位申报缴费，灵活就业人员由个人申报缴费。申报的缴费工资低于上年全省职工平均工资60%的，按60%确定；高于上年全省职工平均工资300%的，按300%确定。缴费标准随社会经济发展适时调整。

根据国家政策，城镇职工基本养老保险账户管理，由社会统筹和个人账户相结合，其中个人缴费的全部8%进入个人账户，企业缴费的那部分则全部进入了统筹账户。统筹账户中，除了全国人民缴纳的钱，还包含了财政补贴和投资收益。而个人账户实行完全积累制。

（2）社保领多少？个人退休后的养老金由两部分组成，包括基础养老金和个人账户养老金。

其中基础养老金=（当地上年度在岗职工月平均工资+本人指数化月平均缴费工资）÷2×缴费年限×1%

式中：本人指数化月平均缴费工资=当地上年度在岗职工月平均工资×本人平均缴费指数

可见基础账户养老金金额与当地职工当前平均工资、缴费年限、缴费金额挂钩。缴费工资越高、缴费年限越长，退休后养老金待遇越好。而且，养老金跟当地平均工资挂钩，待遇会随平均工资上涨而增长。

个人账户养老金=个人实际账户累计额/计发月数

计发月数根据退休年龄和当时的人口平均寿命来确定，计发月数略等于（人口平均寿命−退休年龄）×12。（注：目前50岁为195、55岁为170、60岁为139。）

如果退休后的寿命超过计发月数，个人账户余额支付完毕后，国家还会掏财政腰包，继续支付个人账户养老金。如果个人去世时账户有余额，剩余部分会返还给继承人。

● **小案例**

55岁的李大妈在2021年退休，个人账户养老金账户余额是30万。假设当地2020年职工平均工资为5000元，李大妈从25岁开始就缴纳养老保险，而且她的历年缴费基数就等于当年职工平均工资，那么李大妈的平均缴费指数就等于1，缴费年限为30年。她的每月基础养老金=（5000+5000）÷2×30×1%=1500元，个人账户养老金=300000÷170=1764.7元。所以，在2021年，她每月可以领到3264.7元养老金。

知识窗

按月领取养老金条件（要求同时符合）：一是累计缴费年限满15年及以上；二是达到法定退休年龄（目前法定退休年龄为男性60周岁，女性50周岁）。达到法定退休年龄时缴费年限不满15年的，经本人申请，可以继续按月缴费至满15年，再办理按月领取养老金手续。

（3）社保不够养。据中国社科院《中国养老金精算报告2019—2050》预测，2019年养老金累计结余为4.26万亿元，此后持续增长，到2027年达到峰值6.99万亿元，然后开始下降，到2035年耗尽累计结余。

我国的社保采用现收现付制，老龄化加上少子化，导致未来缴纳社保的越来越少，领社保的人越来越多。仅从制度赡养率上看（不考虑人均待遇的提高），城镇企业职工基本养老保险支付压力在不断提升。简单地说，2019年是由接近2个缴费者来赡养1个离退休者，到了2050年则是几乎1个缴费者需要赡养1个离退休者。

我国人口的再生产则实现了从“两高一低”（高出生、低死亡、高增长）模式向“三低”（低出生、低死亡、低增长）模式的历史性转变，“三低模式”意味着社会安全程度更高，公共卫生水平更高，人民生活更有质量；但同时，人均寿命大幅提高，生育率持续下降，低死亡与低出生叠加在一起，导致人口的低增长甚至负增长。未来养老问题有多严峻，国家早在多年前就已预知，并积极采取了各种政策试图改善这种局面：开放二孩、鼓励三孩、“双减”、取消学区房，延迟退休，培育适老产业，积极促进第三支柱个人养老保险的发展，提倡老百姓把资金从房产向养老金账户转移，但是这些措施还不能从根本上解决社保养老存在的问题：

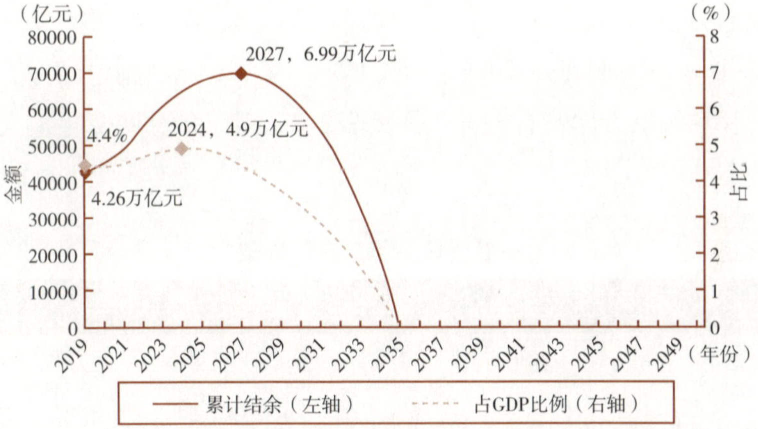

图2-10 2019—2050年全国企业职工基本养老保险基金累计结余预测

资料来源：《中国养老金精算报告2019—2050》。

第一，社保养老不够花。社保养老金的替代率是非常低的，目前只有40%多，未来可能还会继续减少，参考国际水平，养老金替代率到70%才能维持一个相当于退休前生活品质的水平。

第二，社保金何时发也将具有不确定性。人口老龄化的背景下，已经有地方开始施行延迟退休，这也就意味着有些地方领取退休社保养老金的时间将会变成一个未知数。

第三，社保基金支付压力大。我国目前在实际发放养老金的过程中，现收现付的养老金越来越不够用，需要动用个人积累的部分来填补资金缺口，也就意味着养老金池子里的钱越来越少。

2. 企业补充养老保险空间大

企业补充养老保险是企业在国家统一制定的基本养老保险之外，根据自身的经济实力，在履行了缴纳基本养老保险费义务之后，专门为本企业职工建立的附加保险。1991年6月发布的《关于企业职工养老保险制度改革的决定》中第一次明确提出构建多层次的养老保障体系，企业可根据自身能力建立企业补充养老保险，即养老体系的第二支柱。从第二支柱实践发展来看，目前我国养老体系第二支柱包括企业年金和职业年金两部分。

企业年金与职业年金管理办法基本一致，对参与职工来说，在缴费、管理和领取方面略有差异，详见表2-1；对于年金基金管理人来说，要求基本一致。

表 2-1　　养老体系第二支柱比较

	企业年金	职业年金
参与人员	企业职工	机关事业单位工作人员
缴费	企业缴费每年不超过本企业职工工资总额的 8%；个人缴费比例不超过本企业职工工资总额的 12%，由单位代扣代缴	单位缴纳职业年金费用的比例为本单位工资总额的 8%；个人缴费比例为本人缴费工资的 4%，由单位代扣
管理	企业缴费按照企业年金方案确定的比例和办法计入职工企业年金个人账户；个人缴费计入个人账户	单位缴费按照个人缴费基数的 8% 计入本人职业年金个人账户；个人缴费直接计入个人账户
领取	缴费人退休或完全丧失劳动能力时，可按月、分次或者一次性领取；可全部或部分购买商业养老保险产品；个人账户余额享有继承权	缴费人退休后按月领取；可一次性用于购买商业养老保险产品；个人账户余额享有继承权

资料来源：《企业年金办法》《机关事业单位职工年金办法》，国投泰康信托研究发展部整理。

企业年金和职业年金作为一种补充养老保险制度，与其相配套的政策法规仍未得到全面完善，发展滞后、规模较小，多数年金仍处于积累时期，补充养老的作用未能完全发挥，这也是年金制度在我国发展较为缓慢的原因之一。根据《2021年度人力资源和社会保障事业发展统计公报》，2021年末全国有11.75万户企业建立企业年金，参加职工2875万人，投资企业年金运营规模2.61万亿元，当年投资收益1242亿元，2021年末职业年金基金投资运营规模1.79万亿元，当年投资收益额932亿元。

知识窗

《企业年金办法》规定职工企业年金个人账户中个人缴费及其投资收益自始归属于职工个人。职工企业年金个人账户中企业缴费及其投资收益，企业可以与职工一方约定其自始归属于职工个人，也可以约定随着职工在本企业工作年限的增加逐步归属于职工个人，完全归属于职工个人的期限最长不超过8年。

3. 个人养老金补短板

个人养老金是政府政策支持、个人自愿参加、市场化运营的补充养老保险制度，属于第三支柱保险中由国家制度安排的部分。2022年4月，国务院办公厅印发《关于推动个人养老金发展的意见》，标志着个人养老金制度的建立。同年11月4日人力资源社会保障部、财政部、国家税务总局、银保监会、证监会等部门联合发布《个人养老金实施办法》，银保监会发布《商业银行和理财公司个人养老金业务管理暂行办法（征求意见稿）》，对个人养老金参加流程、资金账户管理、机构与产品管理、信息披露、监督管理等方面作出具体规定。

知识窗

个人养老金制度的好处

1. 税延。自2022年1月1日起，对个人养老金实施递延纳税优惠政策。在缴费环节，个人向个人养老金资金账户的缴费，按照12000元/年的限额标准，在综合所得或经营所得中据实扣除；在投资环节，计入个人养老金资金账户的投资收益暂不征收个人所得税；在领取环节，个人领取的个人养老金，不并入综合所得，单独按照3%的税率计算缴纳个人所得税，其缴纳的税款计入“工资、薪金所得”项目。

2. 一户通吃。相对于过去的个人税收递延型商业养老保险试点，个人养老金不仅扩大了金融产品的选择范围，更重要的是让缴费全部归集到个人账户。参加人能够用一个账户“通吃”所有符合规定的金融产品，税收优惠也落到唯一的个人账户上而非产品上，大大提高了便利性和可及性。

3. 免管理费。商业银行对资金账户免收年费、账户管理费、短信费、转账手续费。

4. 免销售费用。个人养老金基金应当针对个人养老金投资基金业务设立单独的份额类别，在基金合同、招募说明书等文件中清晰约定，并依法进行注册或者备案。个人养老金基金的单设份额类别不得收取销售服务费，可以豁免申购限制和申购费等销售费用（法定应当收取并计入基金资产的费用除外），可以对管理费和托管费实施一定的费率优惠。

拓展阅读

如何开设个人养老金账户

个人养老金实行个人账户制，包括两个账户：个人养老金账户和个人养老金资金账户，两个账户互相绑定。

个人养老金账户：这个账户应通过国家社会保险公共服务平台、“掌上12333”等全国统一线上服务入口，或者商业银行等渠道，在个人养老金信息管理服务平台开立。个人养老金账户具有唯一性，用于信息记录、查询和服务等。

个人养老金资金账户：这个账户则是需要在符合规定的商业银行开立或指定，或者是在个人养老金产品销售机构指定，相应机构也可变更。主要用于缴费、购买金融产品、归集收益、领取个人养老金等。

个人养老金的投资范围

个人养老金账户可用于投资理财，范围包括：符合规定的公募基金、理财产品、储蓄存款、商业养老保险等金融产品。虽说投资理财存在风险，但由于监管严格，理财风险很小，借鉴发达国家的经验，长期来看，能提高群众理财收益，特别是中低风险偏好的人群。

4. 商业养老保险保未来

商业养老保险是以获得养老金为主要目的的长期人身险，它是年金保险的一种特殊形式，又称为退休金养老保险，是社会养老保险的补充。商业性养老保险的被保险人，在交纳了一定的保险费以后，就可以从一定的年龄开始领取养老金。就如它的名字一样，不是为了一夜暴富，而是为了未来的养老收入，如无特殊条款规定，则投保人缴纳保险费的时间间隔相等、保险费的金额相等、整个缴费期间内的利率不变且计息频率与付款频率相等。2017年国务院下发的《关于加快发展商业养老保险的若干意见》明确提出：商业保险将发展成为养老主要承担者、养老保障计划重要提供者、社会养老保障的积极参与者、养老服务健康的有力促进者、金融安全和经济增长的稳定支持者。

（1）商业养老保险优势和特色。

特色一："定额"。商业养老保险可以在投保时明确领取时间和对应的领取金额。可以计算出来自己为了未来养老储备，需要多少金额的商业养老保险。按照国际惯例，在有了社会基本养老保险的基础上，考虑到生活水平逐步提高和物价等因素，商业养老保险提供的养老金额度应占到全部养老保障需求的25%~50%较为合适。

特色二："定型"。在投保商业养老保险时明确自己所需要的养老产品类型，即选择适合自己的养老保险产品。传统型和分红型养老保险回报额度明确，起步门槛较低，比较适合工薪阶层的养老需求；而涉及投连型和万能型险种，由于投入较高、风险相对较大，比较适合风险承受能力较强的高收入人群。

特色三："定式"。在投保商业养老保险时明确确定养老金的领取年龄、领取方式以及领取年限。领取年龄在投保时可与保险公司约定，一般限定50岁、55岁、60岁、65岁、75岁等几个年龄段；领取方式则通常分为累积一次性领，按年领和按月领；这时候就会有人产生"万一活不久怎么办？"的焦虑，那么对于养老保险产品中，选择"有保证被保险人领满10年或20年"的产品，就会有很大的竞争优势。

（2）品质养老这些保险值得关注。

年金险。年金险是投保人一次或按期缴纳保险费，保险人以被保险人生存为条件，按照一定时间给付保险金的一种保险产品。其核心理念就是年轻时提早做好储蓄，等年老时提取年金用于养老或财富传承。此外，年金险一般具有较稳定的收益，是一种稳定安全的理财手段。如果附加有万能账户功能，年金险的固定收益还可转入万能账户，进行二次收益。

终身寿险。是以被保险人死亡为给付条件的人寿保险。通常，终身寿险直至被保险人死亡才赔付保险金，主要的作用是财富传承。但有一些终身寿险的现金价值较高，投保人可在投保一定年限后退保或减保领取现金价值，这也使得此类保险具有了一定的养老功能。

两全保险。两全保险可以看作是年金险与终身寿险的组合。当被保险人在保险期间内死亡时，保险人按合同约定将死亡保险金支付给受益人；若被保险人生存至保险期间届满，保险人则将生存保险金支付给被保险人。如果既想在保险期间内获得身故风险保障，又想在年老退休后取得可观收入、颐养天年，这种保险会是“两全其美”的选择。

专属商业养老保险。专属商业养老保险是一种全新养老保险产品，根据银保监会的通知，2021年6月1日起在浙江、重庆正式开展专属商业养老保险的试点，试点期限暂定一年。与现有的商业养老产品相比，专属商业养老保险区别之一是采取“保证+浮动”的收益模式，提供不同的投资组合。此外，专属商业养老保险还鼓励企业为各种新业态从业人员和各种灵活就业人员投保（如外卖平台为外卖骑手购买、网约车平台为司机购买），从而更好地保障这些人的养老权益。

拓展阅读

社会保险与商业养老保险的差别

1. 保险的性质不同。社会保险是社会保障，商业保险是自愿购买。

2. 保险的作用不同。社会保险保障能满足最低生活保障。商业保险可以获得一定的经济补偿。

3. 权利与义务的对待关系不同。社会保险强调劳动者必须履行社会保险的义务；商业保险体现的是合同双方的责任、权利与义务的关系。

4. 待遇水平不同。社会保险个人负担多少费用跟其享受的待遇没有直接的关系，具有社会扶助性质。商业保险不同，被保险人缴的保费越多，所享受的保险金额也就越多，享有的保障程度也就越高。

5. 自主性、灵活性不同。社会保险因工作发生变动，在缴费、给付上受到影响及限制；商业保险不因工作或其他变动在缴费或给付上受到影响。

总的来说，社保是基础，商保是高配，一个为我们提供最基本的保障，一个作为补充为我们提供更强力的保障。社保和商保搭配，以及企业年金的加持，同时拥有，才能让我们从容地应对养老，助力高品质老年生活。

五、综合养老有保障

很多人都希望可以享受生活、提前退休，提早实现没有负债、财务自由的目标。然而仔细想想，退休才是人生最大最长久的负债，而我们老了收入不再增加，精力和能力也进一步下降，所以，提前规划好自己的养老就更加重要。

（一）养老三阶段，你准备好了吗？

从生命周期来说，人会经历独立养老、护助养老和护理养老三个阶段。这是人随着年龄增加和身体机能减弱的时间推进式的三种养老模式。

1. 独立养老阶段

刚刚退休的“年轻”老年人，让自己身心得到放松。有钱有闲有健康，可以带孙子，在处于退休阶段之时，可以根据自己的身体状况进行跟团旅游，时间在1~2个月。在旅行的过程当中可以看到祖国的大好河山，可以享受当地的人文风貌。最重要的是旅行过程中选择的地区具有适宜的温度，让自己的身体和心灵得以慰藉，更加亲近自然和享受自然。这个阶段需要一个个性化的固定养老金的规划。

2. 护助养老阶段

中老年阶段的老年人要为自己的健康负责和考虑。70岁以后，脑力、体力、各种机能开始下降，日常生活虽能自理，但也有许多事情需要注意。许多时候儿女不在身边，自己的健康无法得到完全保证。这个阶段需要增加的是补充医疗的规划，可以选择专业的养老机构进行健康管理。

3. 护理养老阶段

失能养老期——寻找专业的养老机构。80岁以后，自理能力逐渐下降甚至于丧失，需要家人花大量时间陪伴，有的也许会花费大额的医疗支出以及长期照顾的费用。我们需要的是医养，康养跟加护的成本。条件允许，可找专业的机构来对其身体进行照料，除了环境之外，人员配备和健康设施同样重要。

（二）哪种方式养老最“好”？

等老了，收入骤减，行动不便，靠什么养老？

靠子女？养儿防老，似乎天经地义，但平均寿命提高，独生子女四世同堂，子女也有自己的家庭，日常生活开支外加养孩子、供房子等都需要资金去支撑，若父母有了重大慢性疾病，久病床前无孝子，恐怕尽孝也难以持续！靠储蓄？现今钱存银行利息微薄，外加物价不断上涨，待退休之后存储的积蓄反而缩水，完全不够养老！靠养老金？随着社保、农保、医保、民政救济等社会保障体系的完善和普及，在正常情况下，似乎养老不是问题。但这种保障体系仍显脆弱，企业间、城乡、区域以及体制内外退休保障差距大。仍经受不住重大疾病、突发事件的袭击，不确定性因素太多了！因此，集储蓄、房产和保险为一体的综合养老规划，不失为上选之策（见图2–11）。

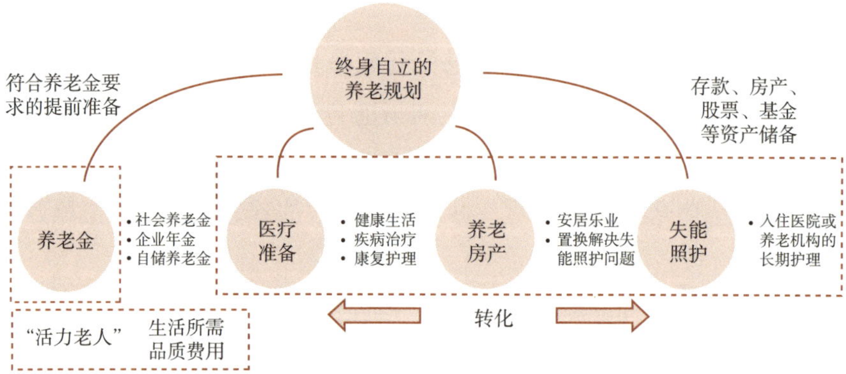

图2-11 养老的万全准备：养老金+医疗准备+养老房产+失能照护

拓展阅读

学会养老，善待余生

沟通晚辈，给“孝顺”机会

有道是，你养我长大，我养你到老。别以为，一个人走不动了，还能靠自己养老，很多老人，宁愿对外人倾诉，也不愿意和儿女沟通。把日子过反了。儿女养老，凭借的是“良心”；父母依靠儿女，凭借的是“爱心”，多和儿女沟通，接受儿女的安排。虽然你不会称心如意，但是你会得到更好的照顾。

放下固执，接受邻里帮衬

老人走不动的时候，脾气就会很暴躁，会让人胡思乱想。事实上，在邻居群体中，有爱心的人很多。一些日常琐事，与其指望远方的亲戚、忙碌的儿女，不如接受邻居的帮助，有一些退休了、身体健康的老人不需要去上班，随时“搭把手”，还是做得到的。

随遇而安，让生活稳定

很多老人，因为舍不得老家，哪怕病倒了，还不愿意和儿女进城居住，导致儿女在城市和老家两头奔波，花钱事小，还心生怨气。不管儿女安排你住养老院，还是去打工的地方养老，都要尽量接受。要这样想，在儿女身边，你可以得到更好的照顾，儿女也可以放心工作。

善待病友，鼓励彼此前行

生病的人，比普通人更需要关爱。病友之间互相倾诉，心情就会好受很多，也会点燃对人生的追求，毕竟，有了美好的信念，病痛就不那么可怕了。

（三）经典养老方式谁更胜一筹?

养老模式，几千年来一直在不断演变，如今的养老模式主要以多样化、差异化为主要特征，在众多当代经典养老模式中，哪一种会略胜一筹呢?

1. 乡村养老

近代最原始的养老模式。提倡“落叶归根”的长辈们通常喜欢回老家养老，或独居或与儿女住在一起，安度晚年。

适宜人群：喜欢桃源式、乡镇式生活的长辈。

2. 居家养老

乡村养老后的优化养老模式。儿女们为行孝道，将父母接到身边，让父母在城市中享福。

适宜人群：习惯城市生活的长辈。

3. 以房养老

具有独立意识的养老模式。经济条件较好的长辈手里握着房本，或租或卖，以所得款项换取优越的物质条件和自由空间，养老生活比较独立随性。

适宜人群：经济条件较好，有独立主见的长辈。

4. 旅行养老

以旅行彰显自由的养老模式。和以房养老模式一样，经济条件、身体条件较好的长辈想要尝试“四海为家”的浪漫养老模式——走到哪里，哪里就是“家”。

适宜人群：对生活情趣要求较高的长辈。

5. 养老院

随着年龄增长，许多长辈需要安度晚年，又不想给儿女造成负担，所以选择入住养老院与同龄朋友一起生活。

适宜人群：不想给儿女造成负担，喜欢热闹的长辈。

6. 居家社区式

居家和社区养老的结合体。长辈们不需要离开家，又可以享受社区提供的养老服务。养老机构通过定期上门的方式为老人们服务，包括医疗护理、钟点工等。

适宜人群：经济条件好、喜欢居家养老的长辈。

7. 养老社区式

真正的立体养老模式。养老社区通过多个方面向长者们提供包括居住、医疗环境以及兴趣、爱好、文化模块，全方位打造高端养老生活，是当下比较完善的也是最潮养老生活方式，广受长辈们欢迎。

适宜人群：喜爱全方位、高品质、个性化生活的长辈。

知识窗

膝下无子女，养老怎么办？

这个问题比较复杂，每个人的想法不一样、家庭情况不一样、资产状况不一样，养老的安排会存在很大区别。

在这里，我们简单提示几项常见的安排。

第一，确立意定监护人。也就是与自己信赖的人签署一份“意定监护协议”，指定由他作为自己未来的监护人，由指定的这个监护人来照顾自己的生活、保管自己的财产、签署医疗方案，代理自己的各项民事活动等。

第二，签署遗赠扶养协议。通过签订该协议，可以为自己找到扶养人进行养老。

第三，购买医疗健康保险。购买合适的医疗健康保险，以保障健康，同时也降低家庭的资金风险。

第四，提前设立好遗嘱。对于拥有财产、但没有子女以及其他继承人的老年人来说，如果对财产还有其他安排考虑，那就一定要提前设立遗嘱（遗赠）进行安排。

拓展阅读

莫道桑榆晚，为霞尚满天
——国家推出养老“三张床”

“我”，是或将是独居老人、失能老人、失智老人……当存款不足以确保晚年体面的生活时，需要帮助的“我”，能选择怎样的养老方式？

据官方消息，中国将全面提升养老服务水平，大力发展居家社区养老服务，让所有老年人能够享有“身边、床边、周边”的居家社区养老服务，提高服务的可及性、多样化水平。

助力解决老龄化社会背景下的“老有所护”问题，将有养老“三张床”可供大家选择，总有一张能解决“我”的养老问题！

自测题

1.（判断）近期老张在网上遇到了一位“理想型”伴侣，没见过面但相谈甚欢。有一天，对方发来一个网址，让老李一起做投资，并提供了自己的账户和密码。看到对方如此坦诚且账户收益确实不错，这时老李应该答应对方的要求吗？（　　）

答案：否

2.（判断）老赵接到了一个陌生电话，对方称自己是电商平台售后客服，检查到老赵购买的商品存在质量问题，平台要对老赵进行理赔，但需要老赵提供自己的银行卡卡号。考虑到对方精准地说出了商品信息，这时老赵应该提供信息吗？（　　）

答案：否

3.（判断）老张感觉身体不适，在网上搜索时看到一个免费咨询健康的“医生”联系方式，并主动添加其为好友。“医生”在听老张描述完身体状况后，称老张吃一些合适的保健品就能恢复，并进行了推荐。听完，老张给对方提供了收件地址并支付了药费，等他寄保健品过来。老张就想推荐服用了。这样对吗？（　　）

答案：否

4.（判断）刘阿姨突然接到一通自称“公安”的来电，说她涉嫌一起洗钱案，需要配合调查，让她把钱转到指定安全账户。刘阿姨在视频中看到对方出示警官证、搜查证后，决定进行转账。这样对吗？（　　）

答案：否

5.（判断）有人电话联系你，声称能够以房养老，高额返利让你足不出户也能每月收益过万。于是心动的你马上按照对方指示，在网络上，添加对方好友后，把房子的相关手续提交给对方，并与对方签订了电子抵押合同，将自己的房屋抵押了出去。这样对吗？（　　）

答案：否

6.（多选）老张在网上被陌生人诈骗了5万元，以下做法正确的是（　　）。

答案：被骗后应第一时间拨打“110”报警，说清楚自己被骗情况和资金转账信息，保留并提供相关证据材料，方便警方开展应急止付和侦查破案工作，尽最大努力挽回损失。

A.拨打“110”报警

B.保留并提供公安机关相关证据

C.如实向公安机关反映案件情况

D.想办法，尽快止损

答案：ABCD

第三章 合理消费

一、消费层次应分明

案例导入

嘉嘉与父母因为先买车还是先买房产生了不愉快。嘉嘉认为房子可以先租着住，应该先买辆车，有车可以大大提高她的活动范围，有利于提高自己在生意圈的声望，也能促进自己的事业，买车看起来是消费，实际上是投资。而父母则认为，过日子就得本分，要一步一步来，只有多投资少消费，日子才能越过越好。父母认为车是消耗品，而房子可以使嘉嘉居有定所，一家人也能从中受益，而且是一笔不错的投资。

美国社会心理学家马斯洛将人的需求从低到高分为五个层次，分别是：生理需求、安全需求、社交需求（归属与爱的需要）、尊重需求和自我实现需求。马斯洛的需要层次呈现出金字塔形的形状，将其与我们晚年生活状态相结合，可以较为直观地反映当代老年人从低层次到高层次的需求（见图3–1）。

（一）生理需求

生理需求是人类维持生存所必需的最基本的需求，包括饥、渴、住、行、衣、性、睡眠、保持健康等方面，是人类最赖以生存的需求。对老年人而言，同样也是如此，吃、穿、住以及保健是必不可少的。

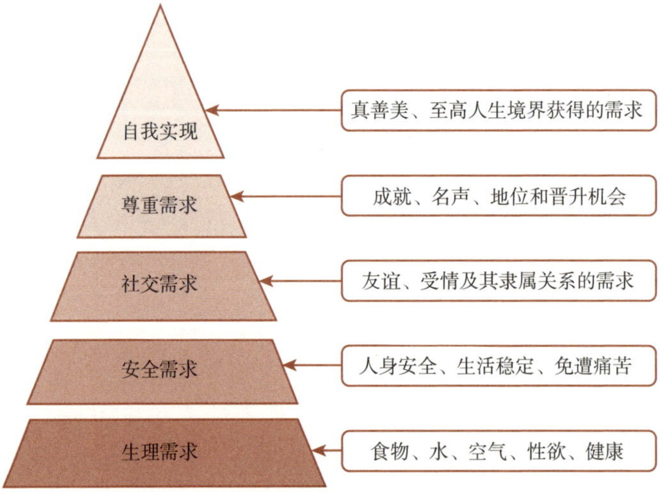

图3–1　马斯洛需求层次理论

（二）安全需求

在生理需求得到满足后，人会寻求安全感的满足。安全需求是继生理需求后人类的第二层次的需求，包括收入保障、生活稳定、人身安全、职业安全、避免重疾和灾难等。健康是老年人特别关注的一件事，随着年龄的增长，健康水平的下降会给我们的行动带来不便，生活自理能力也会减弱。对独居老人来说，生理安全状况会更加堪忧：一方面，他们不能对自身的身体健康状况有充分的认知；另一方面，即使有充分认知，在某些突发性的疾病面前，独居老人所具备的能力显得十分有限。因此，安全需求对老年人来说也是十分重要的。

（三）社交需求

社交需求（归属和爱的需求）是一个人要求与其他人建立感情的联系或关系的需求。老年人，特别是退休后的老年人，在脱离了工作单位这个大环境后，社交方面的活动可能会断崖式地减少，因此此时最需要家人和朋友的陪伴，需要积极地建立与他人的感情联系，并尝试寻找这一阶段的新的社交圈。我们都知道，身体上的生理健康是十分重要的，但是心理上的健康也是不能忽略的。“空巢老人”不“空心”，独居老人不孤独。保持一定的社交活动，是保障心理健康的有效措施。

（四）尊重需求

尊重需求既包括自己对个人成就或自我价值的个人感觉，也包括他人对自己的认可与尊重。成就、名誉和社会地位的提升，都会影响自我认同和自豪感，有助于满足个人尊重的需要。在一些人的刻板印象中，老年群体贴的标签往往是“无用”“衰老”等负面形象，而且老年群体退休后便无事可做，无法像年轻时在工作中创造价值而获得社会认同。但不论处于社区还是处于家庭之中，每个人都期望自己是一个有尊严的个体，能拥有自己的生活和自主能力，内心不希望自己被当作完全的依赖者、失能者。因此，老年群体也需要满足尊重的需求。

（五）自我实现需求

自我实现是马斯洛需求层次理论的最高层次。马斯洛认为只有少部分人能够实现自我实现，人们只有实现了低层次的需求后，才会有实现高层次需求的诉求。不同的年龄阶段其理想抱负、个人追求不尽相同。许多老年人在退休之后认为自己身体还不错，想找一份工作来证明自己的价值；也有的老年人在退休之后，去追求自己的梦想，来完善自我，这些都是老年人对自我实现需要的体现。

如今，消费需求层次不断上升是社会消费领域的重要规律，随着人们生活水平的日益提高，消费需求也在不断提高。对于老年人，最基础的生理与安全需求得到满足之后，追求归属感、自我实现感等高层次需求才会被激发出来。老年人的消费需求是随之变化的。

二、合理安排消费支出

案例导入

冯某利用某网购平台从电商A购买了1440瓶“53度茅台王子酒”，共支付价款19.87万元，折合单价为每瓶130多元，该价格明显低于市场平均价。自述其购买目的是办理酒席及平时自饮等。电商A后来以订单数量大和系统故障导致商品价格过低为由，单方面取消订单并向冯某退还了货款。冯某认为电商A以无货为借口，单方面取消订单，在终止和变更合同中存在欺诈行为，因此提起诉讼，请求法院根据《中华人民共和国消费者权益保护法》(以下简称《消费者权益保护法》)的规定判决电商A承担相应责任。此案的关键在于：①电商A取消合同属于违约还是存在欺诈？②冯某购买1440瓶白酒是否属于消费行为？③该争议是否适用于《消费者权益保护法》规定的三倍赔偿条款？电商A认为冯某一次购买1440瓶白酒明显超出了一般家庭的消费水平，不应认定为消费者，其潜台词是冯某购买白酒的行为属于投资或出于其他图利目的。法院认为，白酒不存在保质期的问题，冯某的购买数量较多，但是电商A没有提供证据证明冯某不是普通的消费者，因此支持了三倍赔偿请求，判电商A赔偿冯某59.6万元。

（一）处理好消费与投资的关系

消费和投资不同，投资是用钱赚钱，目的在于获得适当的回报，或者说投资是为了将来有更高的消费水平而抑制当前消费的行为。所以合理消费首先需要平衡好投资、储蓄和消费之间的关系。《消费者权益保护法》是维护消费者利益的重要法律，该法是规范经营者和消费者之间关系的法律。从该法的立法原意看，其保护的是消费者的消费行为，换言之，该法将用于生活消费而购买、使用商品或者接受服务的行为列为保护对象，因为生活消费与投资不同，消费是不以营利为目的的活动，是人们日常生活中为了维持生存、享受物质服务而必需的支出，其表现为不会产生直接的价值增值，如果有直接的价值增值，则为投资。

挣钱的最终目的在于消费，本质是通过消费满足个人和家庭的各种需求和享受高质量的生活水平。即便如此，也一定要量力而行，合理消费，做到不攀比、不乱花，该花当花，但不该花的地方，分文不动，好钢要切实用在刀刃上。有的人把一生的积蓄花在自己身上；有的人除了自己消费，还会做投资或传承给下一代，让渡给下一代去消费。无论如何，合理消费是一辈子的话题，也是我们老年人必须面对的议题。

（二）年龄阶段与消费支出

人的一生可以分为三个阶段：25岁以前是成长期，主要靠长辈抚养；25~60岁为成年阶段，主要是自力更生；60岁以后为退休阶段，主要靠退休金、政府补助或子女供养来维持正常生活。每一个阶段的消费需要随所承担的责任的不同而不同。25岁之前的花费主要靠长辈，长辈付出在子女身上的花费，从另一个角度看，也可以看作是投资于子女的未来，其中最重要、收益最高的投资自然是教育。成年阶段的主要任务是抚育子女、个人消费、个人投资和赡养老人。进入退休阶段之后，主要任务是个人消费和投资，安排好自己的晚年生活自然是最主要的话题。

成年阶段由于社会交往面较广，收入处于上升期，因此消费支出比较多元化，也可能有部分投资。步入退休阶段之后，社会交往面相对缩小，收入的增长幅度明显下降，因此消费习惯和喜好可能也会有所变化：消费支出主要包括日常消费和食品支出、医疗保健开支、房租与物业开支，有可能还涉及老年照护、人情往来等支出以及旅游或教育支出。

消费习惯不同，生活观念不同，消费结构自然存在差别。有的人喜欢旅游，有的喜欢品尝美食，有的人喜欢结交朋友，有的人则需要为老年照护花费，各家各户，一定有所差异。尽管个人需求万千，但可大致划分为以下三类：一是消费需求，二是预防需求，三是投资需求。与之对应，个人支出大体可分为三部分预算：消费性支出用于保障衣食住行、教育、旅游、养老等当下的各类日常消费；预防性支出用于应对各种可能的潜在支出，如保险支出、医疗照护开销以及突发性事件的应对；投资性支出主要用于多余资金的保值增值。

如何衡量消费支出是否合理呢？德国统计学家恩格尔发现，食品支出占人们总支出的比例在个体间有较大差异。一般来说，人们的生活水平越高，食品支出占总支出的比例将越低。后人把食品支出占总支出的比例称为“恩格尔系数”。恩格尔系数主要用于衡量人民生活水平的高低。根据联合国粮农组织确立的划分标准，恩格尔系数低于30%为富裕人群，介于30%到40%之间为较富裕人群，40%到50%之间为小康水平，50%到59%之间属于温饱水平，恩格尔系数高于59%则为生活贫困群体。因此，不妨估算一下自己过去几年的支出，预防需求是否不足或过于谨慎？用于未来消费的投资需求是否过高或过低？扣除预防需求和投资需求后的消费部分是否适度？食品支出占消费支出的比例是多少？这个比例与自己的经济地位是否相适应？概括而言，就是预防需求要合理，投资需求应适度，消费需求可适中。其中，食品支出占总支出的比例如果过高，表明过于节俭或经济条件较差；如果过低，表明消费过度或相当富足。

（三）克服不良嗜好

不良嗜好概括起来有三类：一是危害身心健康的行为或容易成瘾的行为，二是高风险的行为，三是危害社会或家庭和谐的行为。危害身心健康的行为比如抽烟、酗酒等，高风险的行为比如赌博以及迷恋于高风险的投资等。不良行为或多或少危害健康，且容易成瘾，甚至危害社会和家庭和谐，但是一旦形成会有一定的持续性。克服不良嗜好需要意志力，也需要从经济上加以约束。因此，保持清醒的头脑，努力克服不良嗜好，最大限度地减少用于不良嗜好的支出，是促进家庭和谐和自身身心健康所必备的手段。

三、适度安排必选消费

消费可分为必选消费和可选消费，必选消费也叫“刚需”，是与个人基本生活需要密切相关的消费，是与人的生理需求和必要的社交活动紧密联系的需求，如食物支出、服装支出、交通支出、医药支出以及亲友间的馈赠支出等。可选消费是在满足基本需求的基础上，用于改善生活质量的支出，如家电、娱乐、旅游、教育、运动、汽车、美容、保健、化妆品、酒类等用于提高生活品质的消费。

随着时代变化，必选消费的内容会有所不同，手机过去是奢侈品和可选消费，但在今天，几乎每个成年人都有自己的手机，手机于是变成了必选消费。

到晚年时，我们的必选消费会与年轻时有所不同，更需注重保持身心健康和养老照护的合理消费。

（一）保持身心健康

健康是人生最大的诉求，也是老年群体最为关心的话题。衰老会导致身体机能下降、免疫力降低，也会形成和加速某些疾病。保持健康的体魄，对于老年群体尤其重要。

1. 保障食品质量

食品支出是任何人每日必须面对的重要问题，是生活的第一需要，因此在投入上必须优先予以保障。保持合理适度的食品支出，选择优质食材，促进身体健康，是十分必要的。对于老年群体来说，尽量选择绿色、低糖、低脂肪的食品，保持能促进身体健康的饮食习惯尤其重要。

2. 不迷信保健品

质量上乘的保健品和食疗，对促进健康有一定作用，但是食物毕竟不是药品，其有效成分的含量可能微乎其微，其作用效果可能非常缓慢，对人体健康的促进作用难以量化，甚至可能有害。但是有些人和机构，利用老年群体关注健康长寿的心理，大肆敛财，吹嘘诱骗，高价推销保健品，把一些本来很普通的食品，通过研磨、混合的工艺，利用高档包装，以高出市场价十倍，甚至百倍的价格，推销给老年群体，有牟取暴利的嫌疑。我们对此应当慎重考虑，要以平常心对待。世上没有包治百病的灵丹妙药，也不存在效果奇特的保健品。如果遇到价格高、标榜包治百病的保健品，心里先要打一个问号。健康的生活习惯、合理适度的锻炼和谨遵医嘱是最重要的健康原则。如果财力允许，对健康无害或非常了解要购买的产品，适当消费保健品无可厚非，但不可迷信性价比不高的保健品所鼓吹的特殊疗效。

3. 合理适度的社交支出

社会交往和适当的交流，能促进老年人的身心健康。个人在生活工作和社交活动中形成的亲友关系、同学关系、同事关系、老乡关系、邻里关系以及其他各种社会关系，是维系个人交往的社会网络。大部分老年群体已步入退休或不工作阶段，因此社会交往会大幅减少，生活状态已由过去的忙于工作转入闲居，生活节奏变慢，空闲时间越来越多。生活节奏的变慢会生产孤独、胡思乱想等危害身心健康的现象。因此，保持适当的兴趣爱好，保持适当的社会交往，保持适度的社会交往支出，适当参与群体性活动，如购物、娱乐、运动等，对于我们的身心健康会有一定帮助。

（二）适度养老照护

养老照护是每个人必须面对的事情，是整个生命周期必不可少的一部分，会因年龄不同而有所差异，也会因每个人的经济条件、身体状况或生活习惯而不同。养老照护费用是生活的必要支出之一，因此在消费预算中，养老照护和医疗支出，必须提前有所准备。

养老照护的方式包括家庭照护、社区照护和养老机构照护。一般来说，社区照护具有福利性质，服务对象有一定条件限制，其收费一般较低，由志愿者或义工免费提供。家庭照护一般由家庭成员、保姆或护工承担，属于个性化的服务，服务方式差异较大，主要花费包括中介费和服务人员人工费。据可靠统计数据，我国目前已建成乡镇（街道）社工站2.1万余个，其中有5.3万余名社会工作者驻站专门开展养老照护服务。在34个省级行政区中有7个省份已经实现了乡镇（街道）社工站全面覆盖，17个省份乡镇（街道）社工站覆盖率已达到50%以上，全国社工站整体覆盖率达到56%。社工站的主要服务内容包括老年人养老和照护服务。

近年来，养老机构照护发展迅速，各类社会机构或保险机构都提供此类服务。养老机构照护的特点是服务齐全，专业化程度高，但收费也较高。其收费一般包括押金、住房租赁费、生活费及医疗服务费等。在养老机构照护中，居家式养老（老年公寓）的发展最为迅猛，其基本模式是由养老机构在养老社区为老年人提供单独的居住环境和生活服务。从养老者的角度看，就是将家搬进养老机构，住房条件因人而异，缺点是租房、生活费用等较高，一般家庭和低收入者可能无法承担此类高额的费用。

养老机构还包括持续照料退休社区。此类社区采用的是“养老+保险+医疗护理服务”的模式，普通的医疗、护理、康复服务等均在社区内部就能完成。这类社区通常由保险公司主导，收费高、入住的门槛高，是保险和康养、医疗保健、高档社区的综合体。由保险公司主导的该类养老照护，目标客户为75岁以上的“高知、高干、高管、高职”人群，仅占老年人口的3%左右。费用除了数额不菲的保险费用外，入住者还需要交纳月费以及附属收费，月费包括房租、居家费用和餐费，户型不同月费不同；附属收费主要包括娱乐费、护理费等。高昂的费用对于大多数工薪阶层来说，是难以承受的。

从全国范围来看，目前养老主要是“9073模式”，即90%的老人居家养老，7%的老人社区养老，3%的老人养老机构养老。据统计，截至2021年底，全国有养老机构3.9万个，各类机构和社区养老床位813.5万张，其中机构养老床位503.6万张。根据第七次人口普查数据，2020年，我国60岁及以上人口超2.6亿，即便只有3%的60岁以上老人最终选择入住养老机构，静态需求仍将达到783万张床位，远高于目前503.6万张的水平，缺口巨大。高档养老社区也是部分人群的照护选择和消费偏好，老年群体可根据自己的收入水平、健康状况和生活习惯选择适合自己的照护模式。

四、适度安排可选消费

（一）满足学习需求

每个人可能都有一个大学梦，但是由于种种原因，年轻时没能如愿进入大学学习或没有学到自己喜欢的专业，退休以后可能仍然希望再进入大学学习，填补自己年轻时的缺憾。年轻时有谋生的压力，有很多缺憾，不得已而为之。退休以后，第二次创业或第二次学习，可以按自己的兴趣和特长，选择自己喜欢的专业和学习方式再次进行深造。

圆梦教育。年龄不是学习的主要障碍，学习的主要障碍是习惯和意志力。

● 小案例

在中国台湾定居的赵慕鹤96岁考上硕士，98岁获得硕士学位，入选吉尼斯世界纪录，成为全球年龄最大的硕士毕业生。赵慕鹤1912年出生于山东省金乡县，早年从曲阜师范学院毕业后，为躲避战乱，辗转来到中国台湾高雄，在高雄师范大学任教，66岁时退休。赵慕鹤87岁那年，为了激励孙子考上好的大学，他与孙子一起学习，一起复习考大学，可惜都未能如愿被录取。第二年爷孙俩继续努力，双双被录取。赵慕鹤考上了台湾空中大学艺术系，孙子考上了台湾中华大学，2002年赵慕鹤与孙子大学毕业，在台湾传为佳话。2009年赵慕鹤又相约与朋友的儿子一起考研究生，他又考进了台湾华南大学哲学研究所，朋友的儿子则考进了高雄市的一所研究所。98岁时，赵慕鹤完成学业，毕业论文《中国书法艺术精神之研究》通过答辩，获得硕士学位，成为全球获得硕士学位年龄最大的学生，被收入吉尼斯世界纪录。

如果说兴趣是人生学习的第一动力的话，那兴趣则可能是老年人学习的唯一目的和动力。青年时期的学习很大程度上是为了赚钱和养家糊口，但老年群体的学习，则更多的是为了修身养性和为爱好而学。退休后虽然身体机能有所下降，但是有相对充裕的时间。如果有兴趣爱好，经济能力可以承受，不妨适当投入，满足自己的学习需求，选择书法、绘画、厨艺、健身等旨在提高生活品质和培养兴趣爱好的非学历教育和老年大学。在兴趣爱好方面适当消费，不仅可以提高生活品质，改善社会交往环境，而且可以丰富自己的老年生活。通过远程教育、成人教育等学历教育，也可以满足退休后进一步深造的愿望，不仅能圆自己的大学梦，而且能系统地学习自己想要获取的知识。无论何种方式的教育，都需要在经济上有所投入，不仅包括学费、书本费，而且可能还包括与之对应的交通、租房等其他开支，合理预算自己的学习投入和评估自己的身体条件和时间投入，是非常必要的。在安排自己的学习计划时，应注意在满足自己兴趣爱好的前提下，牢记老年学习三原则——时间允许、身体允许和有必要的经济条件。

（二）合理规划旅游度假

旅游度假有三个必备条件：有时间、有金钱、身体好，三者缺一不可。百事缠身，没时间，自然无法出门旅游；有了时间，还得有个好身体，能行动自如，有适合远距离活动的体魄，是外出旅游的必备条件；除了时间和身体条件，还需要物质支持，出门在外，花销一般要比在家高，交通、住宿、餐饮、景点门票、保险等都需要数额不低的开支。青年人通常忙于学习，中年人通常忙于工作和生计，老年群体的闲暇时间相对充裕，除了帮助照看晚辈、满足自己的学习需求、参加适当的社交活动外，还可能有一定的闲暇时间。因此老年群体可根据时间、身体状况和自身经济条件，选择和规划自己的旅游度假时间。

旅游有四大要素或四大花销：交通、食宿、门票和购物。

选择合理的出行方式是关键。不同的出行方式，花费会有所不同。常见的消费模式包括：①跟团出行。一般由旅行社包办，此类出行方式最省事，但是费用相对较高、时间上不自由，部分旅行社还会安排一定额度的购物活动，作为旅行社补充收入来源的渠道。而对于旅行者来说，购物会增加旅行的负担和花费，也浪费宝贵的旅行时间。②出行的第二种流行方式是自驾游，自驾游最大的好处在于出行方便，但是要自行承担过路费、加油费以及解决路途中可能的困难。对于老年群体来说，如果选择自驾游，最好能结伴而行或确保身体能吃得消。自驾游特别需要做好事先规划，对每日的距离、路况和可能的意外要有充分的预想，在衣物、食品、饮料等方面要有充分的准备。特别是选择去高原或路况复杂的地区旅游，更要准备充分，此类旅行对于高原缺氧、泥石流或意外情况必须要有充分的应对方案，千万不可掉以轻心和好胜闯关。在繁华地区抛锚，可能一个电话或等待数个小时，就能解决；但是在通信信号差的高原地区，意外情况可能需要自己独立面对，有没有充足的御寒物资，有没有足以支撑1~2日的食品，有没有自我排除故障的能力，都要充分考虑和做好行前准备。对于老年群体来说，如果选择自驾游，选择人少的淡季最好，时间上建议尽量宽松，每日少跑路，每次去人流量较少的景点，能够充分休息则最好。旅游在于享受和放松自己，不在于赶景点，留出足够的时间去享受当地的美景、美食和风土人情。

住宿也是外出旅行的一大开支，如果自己预定住宿，则可选择自己熟悉的预定平台，如携程（携程与酒店或民俗签订代理协议，规定仅由携程平台代理销售）。如果自己不熟悉，可由家人或朋友代为预定，一般来说，网上预定比门店价格略微便宜。

如果说旅游是赶路程、赶时间模式的话，度假则是在某地常住一段时间，在时间上显得更充裕。两者比较而言，旅游的交通、住宿或景点门票是最大的支出，而度假的主要支出可能是住宿和餐饮。因此，度假可以看作是拉长时间的旅游，但是不以赶路程、赶景点为目的，在于长时间在某地生活一段时间，享受异地风光带来的愉悦感和换个生活环境的新鲜感。无论旅游或度假，都需要额外的花销，提前做好开销计划和旅行攻略是十分必要的。

（三）适度人情消费

作为礼仪之邦，人情社会，百姓间讲究礼尚往来。因此，人情消费也就成了生活中必不可少的一部分。乔迁新居、升学就业、婚丧嫁娶都有可能会是一场人情聚集。量力而行、适度随礼在人情消费中十分重要。

1. 量力而行

老年人最大的诉求应该是独立自主，独立是指生活上能自理自足，经济上能自食其力，日常生活事项能独立完成。独立自主应该是老年群体的最大满足和荣耀，而不是经济实力和消费档次的比拼。在人情消费上千万不能争强好胜，与人攀比。高额的人情消费和红包，对于晚辈来说是忧而不是喜，高额的红包可能成为老年人的负担，更有可能使未成年人养成花钱大手大脚的毛病。如果想对未成年的晚辈在经济上有所帮助，应当通过其父母或监护人而不适合直接经济资助。红包是亲情和礼仪的体现，有所表示就行，千万要注意量力而行。

2.适度随礼

人有亲疏远近，特别重要的亲朋好友，关系特别密切的知己遇到喜事或困难，人情消费可适当高一些，但以对方能接受和感觉舒适为宜。对于关系一般的老乡、同事、朋友、亲属，有所表示即可，不可攀比和为难自己。老师曾经有众多的学生，销售人员曾经有众多的客户，领导曾经有众多的下属，人总会有各种各样的社会交往，不可能面面俱到，都能给予高额的人情支出，适度随礼就好。

3.不可攀比

信息社会，有各种各样的微信群，有的同学群动辄群发孩子结婚、老人病逝等消息，平均每月好几次，对于一个退休在家的老人来说，难以满足每一项人情消费，也不可能人人满意。自己不仅要量力而行，区别对待人情消费，而且要保持一颗平常心，己所不欲，勿施于人。平常心对待自己身边的喜庆和悲伤，简单即好，千万不能只想到自己的奢华和排场，而冷落别人。再大的事情，有三五亲朋好友就可知足，抑制恶性变味的人情消费，首先要从自己开始，从自己平淡之心和不可与别人攀比开始。

4.适度参与慈善

慈善是一种美德，关注自己关心的普通大众，是善举善行。如果力所能及，适当参与慈善是很好的习惯，但是也要量力而行，适可而止。特别要警惕个别寺庙、部分团体，搞以诱导和盈利为目的的活动，搞旅游景区等人员密集场所的承包制，将宗教场所世俗化、功利化，变成谋财的场所，从而利用老年人群求平安的心理，诱导捐赠和高额消费，凡此种种，一律应该拒绝。劝导高额消费，不是善行，而是助长歪风邪气。不求回报的慈善行为是文明社会的美德，能参与固然很好，但不可迷信，不可无原则，更不能心有杂念和私欲。有慈善心固然重要，孝敬自己的父母和长辈则更加重要，孝顺不仅是一项美德，而且是一项必不可少的义务，能关爱自己的长辈，是百善之首，胜过慈善。因此，在长辈身上的投入和花费，是人情消费之首选。

五、学会消费维权

（一）保持理性消费

保持健康的体魄和维护自身权益，是人生永恒的话题，老年群体更应关注。老年群体接触面相对较小，对社会热点和突发事件的关注度较少，习惯于根据经验判断是非曲直。正因为如此，许多机构和个人利用自己的信息优势，诱导、欺骗老年群体的事件层出不穷。

1. 理性对待打折消费

老年群体是对商品价格最为敏感的群体之一，因此对打折销售的关注度较高，一些商家正是利用这一特点，将普通商品包装成高档商品，然后通过大幅度打折出售的方式，进行推销。比如某商家将普通的农产品磨成粉末，用小包分别包装，再印制精美的礼盒，将原本一斤几元的商品，吹嘘成价值上万元的保健品，然后通过打折，以1~2折的折扣出售。充分利用老年群体对折扣敏感的心理，实现巨额销售和牟取暴利。

2. 慎重对待免费消费

天下没有免费的午餐，商家所谓的赠送、免费，背后一定有牟取更大利益的动机。部分商家利用老年群体时间充裕的特点，通过免费旅游、免费体验、赠送消费等方式，套取信任和通过一些手段搜集、获取资料。在获取消费者信息和骗取信任后，推销理财、房产和保健品。甚至可能实施诈骗行为。

3.识别销售“话术”

几乎所有的诈骗和消费陷阱，都以经济利益为诱饵，利用多点突破和交叉验证的方式，通过精心准备的“话术”，达到敛财的目的。所谓多点突破就是创设各类场景，利用团伙推销的方式，每个人扮演不同的角色，不断打消消费者的疑虑。所谓交叉验证，就是当消费者有疑虑和怀疑的时候，从另一个侧面出现验证虚假信息，打消消费者的顾虑。所谓“话术”，就是精心准备的，模拟成千上万次的各类问题，做到对答如流和有准备地回答。

这些套路看起来复杂，但是只要我们牢牢把握住自己的钱包，做到不贪财、不迷信和不贪便宜，大多数问题都能迎刃而解。如果对商家推销项目确实心动，在消费之前也可以同家人商量一下，有时旁观者清，也能帮我们进一步识别消费陷阱。

● 小案例

“太婆，你血管里长虫啦，不按摩会瘫痪的！”“我们可以对您生病的细胞进行修复，以后就不用吃药了。”按摩店里的服务员热情又周到，笑容背后却是精心盘算的消费陷阱。2021年11月，一位太婆来到成都某按摩店，店员称，有多种服务项目专治消化道、类风湿等老毛病，不吃药，按摩就能治愈。太婆听信了店员的推销，2021年11月至2022年8月期间，在该店现金陆续充值14万余元，进行“全身营养液修复”“生命大循环”“细胞激活修复”等项目。2022年8月，太婆在向家人要钱交给按摩店时，被家人劝阻，其家人向有关部门投诉。当年11月，太婆家人将该店铺告上法院。青羊法院审理后认为，涉案是按摩店利用老年人对身体健康服务的迫切需求，在进行服务介绍的时候存在虚假、引人误解的宣传；不以真实名称和标识提供服务，构成消费欺诈。在对原告提交的缴费票据金额予以确认后，法院判决被告按照票据金额的三倍支付原告赔偿金。

（二）如何维护自己的权益?

一旦出现消费纠纷，我们该如何维护自己的权益呢?

1.保留消费凭证

一旦出现消费或民事纠纷，根据法律规定，就要“谁主张，谁举证。”要维护自己的权益，首先就要有证据。

（1）保留消费记录。大额消费，一般会有销售合同，取得销售合同，是约束双方权利和事后维护权益的凭证之一。销售合同能在一定程度上证明双方的买卖关系和权利义务。因此保留销售合同是必要的。一般消费中，如果没有签订合同，也要保留相关产品介绍、销售价格细目等材料。购买产品或进行消费后，还要保留发票、收据、发货明细等凭证。

（2）保留支付记录。支付记录虽然不能证明双方间有买卖关系，但是能证明付款确实存在。为了能取得付款记录，最好用银行汇款、微信、支付宝或数字货币付款，尽量避免大额现金交易。随着金融科技的发展，支付方式也在日新月异地变化，选择适合自己的支付方式显得尤其重要。为了保障资金安全，可以用有一定存款余额的银行卡绑定微信、支付宝等便捷和可留痕的支付App。为了资金安全，可以用余额较小的银行卡绑定支付。出于对资金安全的考虑，不建议将有大额存款的银行卡与日常消费支付App绑定。目前，国内各银行的储蓄卡分一类卡和二类卡，一类卡使用范围和金额不受限制，可以用于大额存款、取款、转账、消费缴费、购买投资理财产品、绑定第三方账户等，适用于大额交易。二类卡单日累计限额为1万元，一年累计限额为20万元，适用于日常消费，怕麻烦的消费者，可以在银行柜台办理二类卡，用于日常消费和小额支付。

拓展阅读

数字人民币是由中国人民银行发行的数字形式的法定货币，由指定运营机构参与运营并向公众兑换，与纸钞硬币等价。数字人民币是一种面向社会公众发行的零售型央行数字货币，可以充分满足公众日常支付需要。其最大好处在于不受场景的限制，不需要特殊的设备和下载特别的支付软件。对于不习惯下载各类支付软件的消费者，推荐使用数字货币钱包。数字货币钱包相当于纸币钱包，是中国人民银行负责发行的法定货币的“存储器”，安全性和便利性都较高，有利于老年群体使用。数字货币支付习惯的养成和改变，有利于保留消费记录和保障支付安全，因此尽可能学会使用数字货币等新型的支付方式。

2. 区分“定金”与“订金”

- **小案例**

关先生微信上向某商家预定承租一栋价格3200元的别墅，准备办聚会，并支付了定金2000元。之后，他在另一个平台上看到类似的别墅价格更实惠，遂向商家协商要求退款。商家认为其违约，拒绝退款。无奈之下，关先生拨打“12315”热线投诉。接到投诉后，监管部门立即与商家了解情况，商家执意表示是消费者违约，支付的定金是无法退还的。执法人员指出：根据《民法典》第五百八十六条第二款的规定，定金的数额由当事人约定，但不得超过主合同标的额的20%，超过部分不产生定金的效力。别墅的租金为3200元，定金的20%即640元，关先生支付了2000元，已超过20%，超过部分不产生定金的效力。经过沟通调解，商家同意退还1360元给关先生。

“定金”和“订金”一字之差，法律效力却并不相同。定金是合同双方双向的担保方式，交付定金的一方如果不履行合同义务，则无权要求返还定金；收受定金的一方如果不履行合同义务，应当双倍返还定金。而订金则属于预付款的范畴，是合同正式生效之前买方向卖方预付的合同价款。如果合同没有履行即归于无效，且双方对订金没有进行特别的约定，那么订金应当如数返还给支付订金的一方。消费者在签订合同或开具收据时，要注意区分具体情况，避免因存在误解而受到损失，尤其是"定金一律不能退还"之类的霸王条款。如在日常消费中遇到此种情况，消费者可通过法律手段主张自己的权利，及时维护合法权益。

3. 熟悉惩罚性赔偿

- 小案例

邓某在永某悦公司选购了一辆小轿车，总价款为25万元。在随后的一次维修中，发现车辆在此前有过维修记录，车辆做过拆装后保、后保险杠喷漆。邓某认为永某悦公司在销售商品过程中，以次充好，隐瞒商品未交付即被使用、维修的记录，侵犯了邓某作为消费者的知情权，已构成欺诈。请求法院判令永某悦公司退还购车款25万元以及赔偿75万元。

法院审理认为：消费者的合法权益受法律保护，消费者享有知悉其购买、使用的商品或者接受服务的真实情况的权利。①应作还款退车处理。我国《合同法》第二十五条规定，承诺生效时合同成立。双方签订了订单，就车辆买卖的主要条款达成合意，合同应于当日生效，且嗣后已履行完毕。《合同法》第五十四条规定，当一方以欺诈、胁迫的手段或者乘人之危，使对方在违背真实意思的情况下订立的合同，受损害方有权请求人民法院或者仲裁机构变更或者撤销。邓某要求退还购车款25万元的诉讼请求，具有相应的法律依据，予以支持。②永某悦公司须承担车辆三倍价款的惩罚性赔偿责任。根据《消费者权益保护法》第五十五条规定，经营者提供商品有欺诈行为的，应当按照消费者的要求增加赔偿其受到的损失，增加赔偿的金额为消费者购买商品的价款或者接受服务的费用的三倍。被上诉人永某悦公司在销售车辆时存在欺诈行为，应当按照邓某的要求增加赔偿其受到的损失，增加赔偿的金额为购买车辆的价款25万元的三倍，即75万元。

“假一赔十”是为保障消费者合法权益确立的惩罚性赔偿机制。我国《食品安全法》对生产不符合食品安全标准的食品或者经营明知是不符合食品安全标准的食品而销售的情形，有明确的适用“假一赔十”惩罚性赔偿机制的规定。此外，假一赔十是在经营者明确承诺的前提下，消费者权益受到损害时，才能够按购买商品的价款或者接受服务的费用的。《消费者权益保护法》第十六条规定：经营者向消费者提供商品或者服务，应当依照本法和其他有关法律、法规的规定履行义务。经营者和消费者有约定的，应当按照约定履行义务，但双方的约定不得违背法律、法规的强制性规定。

惩罚性赔偿是一种附加性赔偿，如卖方存在欺诈、侵犯知识产权、产品质量导致人身伤害、故意隐瞒事实给买方造成损失等情形，买方可通过提起诉讼的方式，主张卖方承担惩罚性赔偿。《消费者权益保护法》还规定，经营者提供商品或者服务有欺诈行为的，应当按照消费者的要求增加赔偿其受到的损失，增加赔偿的金额为消费者购买商品的价款或者接受服务的费用的三倍；造成消费者或者其他受害人人身伤害的，应当赔偿为治疗和康复支出的合理费用以及因误工减少的收入；造成消费者或者其他受害人严重精神损害的，受害人可以要求精神损害赔偿。除此之外，经营者明知商品或者服务存在缺陷，仍然向消费者提供，造成消费者或者其他受害人死亡或者健康严重损害的，受害人有权要求经营者承担所受损失二倍以下的惩罚性赔偿。

《食品安全法》规定，消费者因不符合食品安全标准的食品受到损害的，可以向经营者要求赔偿损失，也可以向生产者要求赔偿损失；属于生产者责任的，经营者赔偿后有权向生产者追偿；属于经营者责任的，生产者赔偿后有权向经营者追偿。

《产品质量法》规定，因产品存在缺陷造成损害的，受害人可以向产品的生产者或销售者要求赔偿。属于产品生产者的责任，产品销售者赔偿的，产品销售者有权向产品生产者追偿。属于产品销售者的责任，产品生产者赔偿的，产品生产者有权向产品销售者追偿。

4. 消费争议解决途径

一旦发生消费争议，解决途径主要有以下五种：与经营者协商解决；请求消费者协会调解；根据与经营者的协议，请求仲裁；向有关行政部门申诉；向人民法院提起诉讼。

（1）消协投诉注意事项。中国消费者协会是对商品和服务进行社会监督的保护消费者合法权益的全国性社会组织。消费者遇到消费争议可以向消费者协会投诉。如果向消费者协会进行投诉，需要写明以下内容：

第一，投诉方和被投诉方的基本信息，包括投诉方的姓名、身份证号码、地址、邮政编码、联系电话等，被投诉方的单位名称、地址、邮政编码、联系人、联系电话等。

第二，损害事实发生的时间、地点、过程及与经营者协商的情况。

第三，有关证据，消费者要提供与投诉有关的证据，证明购买、使用商品或接受服务与受损害存在因果关系，但经营者提供的机动车、计算机、电视机、电冰箱、空调器、洗衣机等耐用商品或者装饰装修等服务，消费者自接受商品或者服务之日起6个月内发现瑕疵，发生争议的，由经营者承担有关瑕疵的举证责任。

第四，投诉者应提出明确、具体的诉求。

不适宜在消费者协会投诉的情况包括：不是为生活消费需要购买、使用商品或者接受服务的；经营者之间的购销纠纷；消费者个人私下交易纠纷；商品超过规定保修期和保证期；商品标明是“处理品”的；未按商品使用说明安装、使用、保管或自行拆动而导致商品损坏或造成人身危害的；被投诉方不明确的；法院、仲裁机构或有关行政部门已受理调查和处理的。

《消费者权益保护法》是规范经营者和消费者之间法律关系的基本

法律，该法第二条规定：消费者为生活消费需要购买、使用商品或者接受服务，其权益受本法保护。该法保护的对象为消费者，用于保护消费者的消费行为。也就是说，个人或组织购买商品或接受服务，如果用于生活消费，便受本法保护；否则，受其他法律保护，不属于本法保护的对象。例如，某人购买手机于日常生活使用，如果发现产品存在缺陷，则可以要求经营者退货或请求损害赔偿。但是如果一次购买多台手机，则可能不受该法保护，因为购买多台手机超出了消费需要，不能排除存在其他的用途或目的。因此，如果以消费为目的而购买商品，则受《消费者权益保护法》保护；如果是以出售为目的或存在其他目的，则不属于该法保护的范畴。不受该法保护并不意味着不受其他法律保护，只是说消费者无法引用《消费者权益保护法》条款维护自己的权益。因此，用于生活消费是适用本法的前提条件。

（2）网购维权。近年来，网购越来越频繁，与网购有关的争议也随之增多。《消费者权益保护法》特意对消费者网购的“后悔权”进行了特别规定，后悔权以收到商品之日起7日内为限。根据《消费者权益保护法》第二十五条之规定，经营者采用网络、电视、电话、邮购等方式销售商品，消费者有权自收到商品之日起7日内无理由请求商家退货。但无理由退货不包括下列物品：消费者定做的；鲜活易腐的；在线下载或者消费者拆封的音像制品、计算机软件等数字化商品；交付的报纸、期刊。

如果消费者网购后选择退货，退回商品应保证及时、完好并愿意承担退回的运费。如果购买的商品是不包邮的，可能还需要承担卖家的邮寄费；如果商品是包邮的，则无须承担双程邮寄费，只需承担退货邮费。经营者应当自收到退回商品之日起7日内返还消费者支付的商品价款。如果购买时没有特别约定，退回商品的运费由消费者承担；如果经营者和消费者另有约定的，按照相应约定处理。消费者7日内无理由退货无须向商家提出具体退货理由，与商品是否存在瑕疵无关。如果商品存在瑕疵，且证明是经营者的责任，则无须买家承担退换货费用，可以选择免费换货或退货。

网购商品，如果无法找到销售者或服务者，消费者也可向交易平台索赔。《消费者权益保护法》规定：消费者通过网络交易平台购买商品或者接受服务，其合法权益受到损害的，可以向销售者或者服务者要求赔偿。网络交易平台提供者不能提供销售者或者服务者的真实名称、地址和有效联系方式的，消费者也可以向网络交易平台提供者要求赔偿；网络交易平台提供者作出更有利于消费者的承诺的，应当履行承诺。网络交易平台提供者赔偿后，有权向销售者或者服务者追偿。网络交易平台提供者明知或者应知销售者或者服务者利用其平台侵害消费者合法权益，未采取必要措施的，依法与该销售者或者服务者承担连带责任。

自测题

1. 以下哪一项不属于马斯洛需求的五个层次？（　　）

A. 生理需要　　B. 社交需要

C. 自我实现需要　　D. 消费需要

答案：D

2. 网购物品的后悔期是多长时间？（　　）

A. 3天　　B. 5天　　C. 7天　　D. 9天

答案：C

3. 以下哪项网购物品是买了之后适用7天无理由退货的？（　　）

A. 鲜活易腐的　　B. 数字化商品

C. 交付的报纸、期刊　　D. 定做的实体物品

答案：B

4. 以下哪项是消费者协会不受理的投诉？（　　）

A. 消费者个人私下交易纠纷

B. 为生活消费需要购买的

C. 商品没有标明是“处理品”的

D. 商品在规定保修期和保证期内的

答案：A

5. 以下哪项不属于消费争议的解决途径？（　　）

A. 与经营者协商解决　　B. 请求消费者协会调解

C. 向人民法院提起诉讼　　D. 请求公安局调解

答案：D

第四章 你不理财财不理你

案例导入

40年前的万元户

20世纪七八十年代，“万元户”就是“土豪”的代名词。在那个年代，1万元的存款就意味着一笔巨大的财富。1万元能够购买1万多斤猪肉、6万多斤大米。

40多年后，“万元户”还有如此强大的购买力吗？假设40年前将1万元存入银行，按照3.3%的年利率计息，40年后一共可以获得3.66万元——财富变成原来的3倍多。这看起来似乎是笔不错的收入，但面临着上涨数倍的物价时，也无疑会显得“捉襟见肘”。

我们想要为未来储备财富、应对不时之需，又害怕手中的钱一天天贬值，究竟应该怎么做？

——让钱会“生”钱。

一、有钱不置半年闲

“时间就是金钱”这句让人耳熟能详的口号，生动地体现了金融领域中关于货币时间价值的原理。随着时间推移，货币在金融市场中会实现增值，以应对未来发生的通货膨胀。因此，我们需要将手中闲置的资金在金融市场中进行合理配置，以实现家庭资产的保值与增值。

（一）时间就是金钱

1. 货币的时间价值

货币的时间价值，是指货币经历一定时间的投资所增加的价值，是货币在使用过程中随着时间推移而形成的价值。例如，将1万元存入银行，一年以后至少可以获得10200元，多出来的200元利息就是货币的时间价值。

货币为什么会具有时间价值呢？主要原因来自以下几个方面：

第一，货币用于投资能够产生回报，货币占用则会产生机会成本。如果选择使用手中的资金进行消费，表明放弃了获得投资回报的机会，这些可能获得的投资回报就是使用这笔资金的机会成本。

第二，货币市场中存在的通货膨胀会导致货币贬值，投资者为了避免货币贬值，就会要求货币所能获得的回报至少能够弥补通货膨胀带来的损失。

第三，投资存在风险，投资者会要求风险补偿。众所周知，投资可能“赚钱”，也有可能“亏钱”，即存在风险。只有投资者能够获得额外的回报时，才会愿意承担相应的风险。

货币时间价值的影响因素主要包括时间和收益率。时间是影响货币时间价值的首要因素，时间越长，所累积的时间价值越多。货币未来增值程度的大小则更多地取决于收益率，而收益率与市场中的投资风险密切相关，风险越高，收益率越高。例如，投资者投资股票所希望获得的回报率要远高于银行定期存款，因为投资股票显然承担了更高的风险。

2. 单利与复利

在现实投资活动中，我们会看到不同的利率，根据利率可以算出投资所能获得的回报。那么，如何计算可以获得的这些回报呢？具体而言，根据利息计算方式的不同，可以将利率分为单利和复利。

（1）单利。在进行投资后，每一期（如每年）利息都基于初始本金计算，即为单利。例如，老张将1万元存入银行，存期为3年，存款利率为4%，那么，老张每年能够获得的利息为：

每年利息=本金 × 利率=10000 × 4%=400（元）

3年之后，老张取出存款，能够获得的总利息为：

总利息=本金 × 利率 × 年数=400 × 3=1200（元）

一般在银行存款业务中，会使用单利计息的方法。

（2）复利。复利是指每一期利息都基于本期初始金额计算，也就是俗称的“钱生钱”“利滚利”。例如，将1万元投资某个理财项目，期限为3年，利率为4%，那么该投资项目到期时，老张能够获得的资金数额为：

$$投资本息和=本金\times(1+利率)^{年数}=10000\times(1+4\%)^3=11248.64(元)$$

扣除本金1万元，利息收入为1248.64元。不难发现，在同等条件下，复利利息要高于单利利息。在上面的例子中，两者的差距仅为48.64元，这一数额看似并不多。但当本金足够多，期限足够长的时候，单利和复利计算的利息差距就会很大了。假设初始本金为100万元，单利和复利的利息差就为4864元；如果投资年数为30年，即使本金仅有1万元，单利和复利的利息差也会变为惊人的10433.98元。

一般情况下，银行贷款业务会使用复利计息；在股票、债券、基金等投资中，一般也使用复利方法进行计算。

（3）有效年利率。在计算利息的过程中，我们还经常会碰到这样的问题：一些投资的利息支付并非每年进行，而金融机构往往告诉我们的只是年利率，那么我们面临的实际利率又怎样计算？

例如，1万元可以投资这样一个理财项目：年利率为8%，每季度付息一次，即每年付息4次。那么，在一年内，每个季度的利率就为2%。如果考虑复利的情况，那么意味着要对每个季度的利率进行复利计算，最终可以得出实际年利率（有效年利率）：

$$有效年利率=\left(1+\frac{年利率}{每年付息次数}\right)^{每年付息次数}-1=(1+2\%)^4-1=8.24\%$$

不难发现，由于复利的存在，我们实际面临的有效年利率会高于名义上的年利率，且复利的频率（也就是每年付息的次数）越高，有效年利率越大，但这种递增的速度会逐渐降低。在图4–1中，名义年利率为8%，横坐标为每年付息的次数，纵坐标为对应的有效年利率；随着付息次数的增加，有效年利率明显上升，并趋于平缓，在付息次数达到12次（每月付息）以上时，利率水平基本保持在8.3%附近。

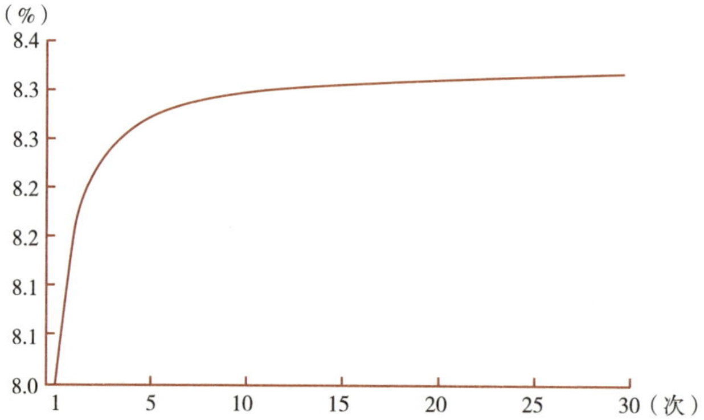

图4–1　付息次数与有效年利率的关系

知识窗

为什么要计算有效年利率？有效年利率事实上是我们所面临的实际利率，对我们进行投资决策具有重要的参考价值。例如，老张有一笔贷款尚未偿还，贷款年利率为5%，每月偿还贷款。他手中有10万元现金，他在考虑是提前偿还贷款以节约贷款利息，还是将钱投资年收益率为5%的理财产品？

乍一看，两种选择似乎并无区别。但经过计算，会发现贷款的实际有效年利率为5.12%，高于投资理财产品的收益率。因此，应该使用现金提前偿付贷款以节约利息。

3. 终值与现值

在股票、债券、基金等金融产品的投资过程中，我们会发现并不总是能准确地计算出投资能够获得的利息。例如股票投资，我们虽不知道能够获得多少利息，但是我们发现随着时间推移，股票价值会有所提升。因此，计算金融资产的终值与现值，能够给我们提供更为一般化且准确的数字参考。

（1）**终值**。顾名思义，终值就是货币的“终点”价值，或者到期价值。例如，使用10万元现金进行稳定的投资，每年可以获得收益率5%，10年后，10万元投资就会变为16.29万元，即为这笔投资的终值。

$$\text{投资终值}=\text{初始投资}\times(1+\text{收益率})^{\text{年数}}=10\times(1+5\%)^{10}=16.29\text{（万元）}$$

不难发现，经过10年，10万元资产增长了六成，这就是货币时间价值的力量。相反，如果在这10年里，不能将资金有效地进行投资，实现增值，那么由于通货膨胀的影响，会导致资产价值的缩水。值得注意的是，从长期来看，有效的投资所获得的收益率，至少应该高于长期通胀率。

知识窗

终值计算方法

使用复利方法计算终值，可以采用“72法则”进行估算，即本金增值1倍的时间为72除以该笔投资年均收益率。也就是说，当利率为8%时，只需要9年，本金就会翻一番。

（2）**现值**。简单来说，货币的现值就是指其“现在的价值”。如果已知投资的终值，则可以倒推计算出该投资当前的价值，这一过程又称为折现。

在计算现值的过程中，需要使用的利率称为折现率，有时也称为

“必要收益率”。必要收益率是指投资者对投资所要求的最低收益率，往往代表的是整个市场“公允”的收益水平。

假设10万元资金可以用来投资某理财项目，该项目年收益率为5%，投资期限为3年，投资者对该类理财项目的必要收益率为4%，那么投资该理财项目的现值为：

$$投资现值=\frac{投资终值}{(1+折现率)^{年数}}=\frac{10\times(1+5\%)^3}{(1+4\%)^3}=10.29（万元）$$

我们发现，这笔投资的当前价值大于10万元，说明该笔投资是有利可图的。在现实中，现值计算更多地应用于金融资产定价或投资项目估值中。例如，某个投资项目在未来3年分别可以产生收益现金流10万元、20万元、30万元，同类投资项目的必要收益率为6%，那么这个投资项目的当前价值是多少呢？这就可以将未来每一年的现金流折现到今天再求和，就可以得到项目整体的现值。

$$投资现值=\frac{10}{(1+6\%)}+\frac{20}{(1+6\%)^2}+\frac{30}{(1+6\%)^3}=52.42（万元）$$

如果现在该投资项目的售价为50万元，那么投资该项目显然是有利的，如果该投资项目的售价超过了52.42万元，那么就不再值得投资了。

事实上，在股票投资中，也会使用现值计算的方法。投资分析师们通过研究上市公司的财务信息、经营信息等，可以预测公司未来可以产生的现金流，将这些现金流折现，就能获得较为合理的公司价值。如果所得的公司价值高于当前公司股票价格，说明股价被低估，可以买入股票，等待股价上涨获利；反之，说明股价被高估，当前需要卖出股票获利。

（3）净现值。净现值指投资未来现金流的现值扣除投资成本（初始投资）的余额。例如，在上面的例子中，使用50万元投资项目，所产生的未来现金流现值为52.42万元，那么该笔投资的净现值就为：

$$投资净现值=-投资成本+投资现金流现值=-50+52.42=2.4（万元）$$

这一结果说明，该笔投资是获利的；理论上讲，如果在投资该项目之后，立刻转手出售投资项目的所有权，就能立刻获利2.42万元。

在实际投资决策中，计算净现值能够为我们提供非常有效的参考。一般情况下，我们应该选择投资那些净现值大于零的项目。如果多个投资项目的净现值均大于零，那么我们应该选择净现值最大的项目。

（4）年金。年金是指在一定的期限内，每隔一个固定的期限，就会发生的等额现金流。养老金、保险金、分期付款、住房贷款偿还等，都属于年金问题。事实上，年金分为多个种类，包括普通年金、预付年金、递延年金、永续年金、增长年金。（表4–1）。

表 4–1　　年金分类表

年金种类	基本定义
普通年金	又称后付年金，在每一期期末支付年金
预付年金	又称先付年金，在每一期期初支付年金
递延年金	第一次年金支付发生在第二期或第二期以后
永续年金	无限期持续支付年金，没有到期日
增长年金	每一期年金支付较上一年呈固定比率增长

知识窗

年金系数表计算法

年金的终值、现值计算比较复杂，金融机构一般使用一些软件、工具进行计算，我们也可以使用“年金系数表”进行计算，计算的基本原理与一般的终值、现值计算相同。

住房贷款偿还是一种典型的年金问题，根据年金的计算，可以得出每一期的贷款偿还数额。当然，每期偿还的数额还取决于贷款的偿还方法：等额本息偿还法、等额本金偿还法。

等额本息偿还法，是指借款人每期偿还的数额相等，其中包括了一部分本金与一部分利息。那么，每一期偿还的年金，有多少是本金、多少是利息呢？

假设有一笔6个月贷款，总额为1万元，月利率为4%，每月月末偿还1908元（这个数额一般由银行决定）。结合表4-2，我们发现，在偿还的第1个月，月末利息为400元（期初本金1万元乘以利率4%），本金偿还1508元（偿还金额1908元减去400元）。在偿还的第2个月，月末利息为340元（期初本金余额8492元乘以利率4%），本金偿还为1568元（偿还金额1908元减去340元）。依次类推，直到第6个月本金偿还完毕。

表4-2　　等额本息偿还法计算表　　（单位：元）

期数	期初本金	期末偿还额	利息	本金偿还
1	10000	1908	400	1508
2	8492	1908	340	1568
3	6924	1908	277	1631
4	5294	1908	212	1696
5	3598	1908	144	1764
6	1834	1908	73	1834

等额本息偿还法在还款初期，本金余额大，所产生的利息多；在还款后期，本金余额少，还款利息少。这种偿还方法占用贷款金额大、时间长，有助于借款人合理安排每月开支。

等额本金偿还法，是指每期偿还的本金相等，所偿还的利息基于本期期初本金进行计算。针对上述例子，使用等额本金偿还法，借款人每月偿还的金额会发生改变。在还款的第1个月，月末偿还本金1667元（1万元本金除以6个月），偿还利息为400元（期初本金1万元乘以利率4%），当月偿还金额为2067元。依次类推，直至第6个月本金偿还完毕（见表4-3）。

表 4-3　　等额本金偿还法计算表　　（单位：元）

期数	期初本金	期末偿还额	利息	本金偿还
1	10000	2067	400	1667
2	8333	2000	333	1667
3	6667	1933	267	1667
4	5000	1867	200	1667
5	3333	1800	133	1667
6	1667	1733	67	1667

等额本金偿还法下，每期偿还本金固定，利息会随着本金余额的减少而减少，每个月还款总额也会逐渐降低。在还款初期，借款人还款压力较大，在还款后期，还款压力逐渐减小。这种还款方式适用于收入逐渐减少或生活经济压力逐渐增加的群体。

（二）抵御通货膨胀

1. 通货膨胀与收益率

根据国家统计局数据显示，截至2022年底，我国居民消费价格指数为706.6，表明居民消费商品及服务的价格是1978年价格水平的7倍。随着消费价格的逐年增长，我们手中的货币购买力下降，也就是出现了货币贬值的现象，这就是通货膨胀。1978—2022年，我国居民消费价格指数变化如图4–2所示。

从投资理财的角度看，如果我们不能将手中的资金进行有效的投资利用，获得一定程度的资产增长，那么这些资金势必会随着通货膨胀出现明显的贬值。因此，开展恰当的投资活动，是保持我们手中的资产价值、保障未来经济收入的重要途径。

在进行投资决策中，通货膨胀率也是需要重点考虑的经济因素。从消费的角度看，不考虑收入增长的条件下，进行投资所要求的最低收益

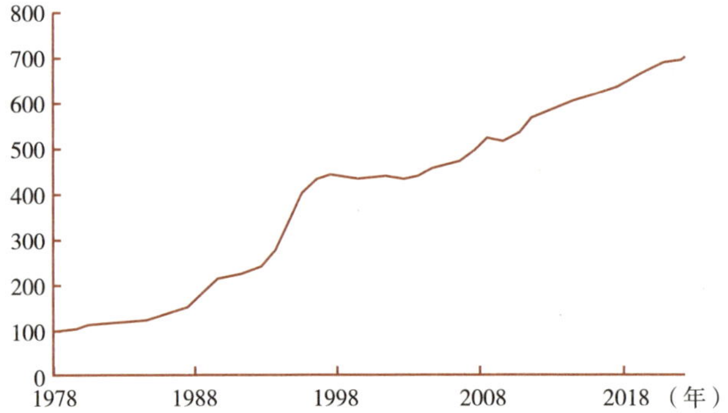

图4-2　1978—2022年我国居民消费价格指数走势图（1978=100）

资料来源：国家统计局。

率目标应该不低于预期的通胀率（CPI）。例如，假设未来一年预测的通胀率为3%，那么我们所选投资方案的收益率要大于等于3%，才能弥补通货膨胀带来的资产贬值。

此外，在看待各项投资利率的时候，需要考虑通胀率的影响。未经过通胀率调整的利率叫名义利率，经过通胀率调整的利率则叫实际利率。两者的关系如下面的公式所示：

$$实际利率=\frac{(1+名义利率)}{(1+通胀率)}-1$$

不难发现，当通胀率较高的时候，导致实际利率显著地低于名义利率。因此，从长期看，衡量投资回报高低的时候，应该去除通胀率的影响，使用实际利率。

知识窗

简单实用的利率计算法

在实际操作中，为了简化计算，我们可以使用更为简单的公式计算实际利率。例如，银行定期存款利率为4%，预期通胀率为3%，那么该存款的实际利率为1%。

2. 跑赢通胀

由于通货膨胀的存在，需要将手中的资金进行合理投资，以获得高出通胀率的收益率，以应对未来货币贬值带来的经济收入下降或资产贬值问题。那么，我们可以投资哪些金融资产来达到这一目标呢？

（1）银行存款。银行存款是一种非常安全的金融投资工具，但也正是由于这种安全性，使得银行存款的收益率往往很低。根据中国人民银行"金融机构人民币存贷款基准利率调整表"，活期存款年基准利率为0.35%，一年期存款年基准利率为1.5%，均低于2%~3%的通胀率预期。也就是说，将资金存入银行，并不能达到应对通胀的作用。因此，在投资决策过程中，银行存款可以作为一种保存必要流动性、降低投资组合风险的措施，但不适于作为投资的主要对象。

（2）黄金及黄金衍生品。"黄金天然是货币"，这句话足以证明黄金在货币市场中的重要地位。通货膨胀会导致纸币贬值，但黄金却不会面临这样的问题。在通胀率较高的情况下，黄金的价格会出现明显的攀升。特别是存在高通胀预期的时候，黄金会发挥非常明显的"避险功能"，对黄金需求的增加会进一步迅速推高黄金价格。因此，投资黄金是应对通货膨胀的重要手段。考虑到黄金实物投资的成本往往较高，且黄金存在储存成本与风险，在一定程度上限制了投资，因此，还可以投资"纸黄金"、黄金期货、黄金理财等金融产品，同样能够达到应对通胀的投资效果。

但需要注意的是，黄金投资并非没有风险。当高通胀预期缓解之后，黄金价格也会出现明显的回落，在高点买入黄金的投资者无疑会遭受损失。特别是投资于黄金期货等衍生金融工具时，由于金融杠杆的使用，会放大黄金在下跌过程中带来的损失。

（3）债券。债券的风险高于银行存款，但由于债券投资能够获得本金与利息偿还，因而相较其他金融资产，风险较低。其中，国债被认为是一种无风险资产，其收益率往往高于银行存款，因而是一种良好的无风险投资工具。我国1年期国债收益率一般为2%~2.5%，有利于应对低通胀的影响，但当通胀预期较高时，则难以满足跑赢通胀的要求。

企业债券收益率会显著高于国债，一定程度能够对冲更高的通胀率。但随着通胀率的上升，企业债券所产生的实际收益率也会降低，甚至出现负值的情况。因此，在一般情况下，投资一定数量的企业债券有助于应对通胀造成的影响；在高通胀预期的情况下，则需要减少对债券的投资，寻求更高的投资收益。

（4）股票。股票投资具有明显的“高风险，高收益”的特征，通胀率的上升可能带来股市股价的上扬。其原因主要有二。第一，通货膨胀会影响实体经济，这些影响又会传导给股市；例如，一些能源企业，通胀率上升会提升能源价格，导致能源企业收入增加，进而拉高这些企业的股价。第二，通货膨胀降低了货币市场、债券市场的实际收益率，导致投资者流向股市寻求更高收益，对股票需求的增加会拉高股价。在这些因素的影响下，在通胀预期较高的情况下，投资股票可能获得较高的收益率，从而应对通胀带来的资产贬值。

但需要注意的是，这并不意味着投资股票一定能够跑赢通胀。恰恰相反，如果不能很好地认识股票投资的风险，盲目进行股票投资，不仅难以获得高收益，反而可能造成损失。在高通胀率的情况下，股市的过热可能造成投资泡沫，进而引发市场的动荡，导致投资者损失。此外，由于股市往往会反映市场对未来的预期，因而当通货膨胀实际上升时，股市的价格已经反映了这样的信息，这时再进入市场投资，就难以获得理想的收益。

（5）基金。考虑到股票、债券投资分析与投资时机选择的复杂性，对于个人投资者而言，委托专家进行代理投资可能是一个更优的选择。此外，考虑到通胀会影响整个市场，因而指数投资（如行业指数、债券指数、股指期货）可能会在分散风险的前提下，获得较优的投资收益。但是，进行指数投资往往需要构建一定规模的投资组合，投资门槛较高。因此，基金作为一种组合投资的有效方式，可以为投资者提供相应的专业代理投资服务。

在较高通胀预期下，选择表现稳定的基金进行长期投资，可以为资产保值与增值提供必要的支持。但也要认识到，不同类型的基金具有不同的风险特征；特别是具有高收益特征的基金，其风险也很高。因此，在进行基金投资决策的过程中，需要根据实际投资目标，选取恰当的基金类型，并谨慎考察基金管理水平与历史表现，选择长期业绩优良的基金进行投资。

（三）唤醒"沉睡资产"

1. 找出闲置资产

随着经济社会的发展，个人收入在近些年逐渐提高，不少家庭都有暂时不需要使用的"闲钱"，这些"闲钱"就是所谓的"闲置资产"；但是，笼统地使用"闲钱"这个概念，可能并不恰当。例如，10万元"闲钱"用于购买1年期理财；但是半年后，需要2万元支付旅游的费用，但手中已经没有足够的现金。为了避免出现这样的麻烦，我们在找出闲置资产的过程中，需要给闲置资产进行明确的分类，才能进一步进行合理的投资。

闲置资产需要根据时间期限进行分类，即根据未来可能出现的支付时间与金额进行区分，进而分别选择恰当的投资方式。如表4–4所示，在闲置资金中，2万元在半年后需要支付，因而这笔资金就可以投资期限小于半年的低风险投资产品，如活期存款、理财产品、货币基金；5万元在3年以内不会发生支付，就可以投资一些期限较长、有一定风险的投资产品，如股票、基金。

表 4–4　　闲置资产期限划分

金额	闲置期限	投资方式
2 万元	半年	活期存款、理财、货币基金
3 万元	1~3 年	定期存款、理财、国债、中低风险基金
5 万元	3 年以上	长期存款、国债、股票、基金

事实上，除了我们所说的“闲钱”现金，一些有形资产也属于闲置资产。例如闲置的房屋，将闲置的房屋出租，可以获得不菲的租金，这些租金可以进一步进行恰当的投资，获得更多的投资收益。此外，家中的一些闲置的家电、家具等，都可以通过网络二手交易平台进行出售，将“无用”又“占地”的资产转化为现金收入。

2. 将“冷资产”变成“热财富”

如果不对闲置资产进行有效的投资管理，随着通货膨胀升高，我们手中的资产很有可能会逐渐缩水。因此，整理我们手中的闲置资产，并根据其不同种类进行合理投资，才能实现资产的保值与稳定增值。在这一过程中，需要注意以下几点：

（1）结合未来现金支付需要，厘清闲置资产的期限划分。对闲置资产的准确分类，前提是能够对未来现金支付进行合理规划与预测。例如，每月生活支出3000元，每半年支付医药费用5000元，每年外出旅行需要支付1万元；那么，3000元为一个月以内的闲置资产，适用活期存款或活期低风险理财；依次类推，5000元适用于半年以内的低风险投资产品，1万元适用于1年以内的投资产品。

（2）需要动态调整闲置资产投资。由于生活中的现金支付、收入情况往往都处于变化中，因而闲置资金的分类与投资也必然不是“一蹴而就”的。例如，每年一次的外出旅行不再进行，那么1万元的旅行支出就可以视为1年以上的闲置资产，可以投资期限更长的投资产品。

（3）注意风险分散与及时止损。考虑到可能出现的突发情况和长期投资的较高风险，需要注重长期闲置资产投资的风险分散。例如，拥有5万元3年以上的闲置资产，并不代表应该将5万元全部进行长期投资，而是需要根据实际投资目标，进行长短期限投资的搭配，达到分散风险的目的。此外，一些长期投资，例如股票投资，在长期遭受损失时，一些投资者就会选择“自暴自弃”，任由资金长期亏损。事实上，这类投资应该及时止损，转投于新的投资产品，才能有效弥补损失。

二、不把鸡蛋放在一个篮子里

1981年，诺贝尔经济学奖得主詹姆斯·托宾说：“鸡蛋不要放在一个篮子里”，这句话形象地阐述了组合投资的风险分散功能。事实上，这句话还有下半句“但也不要放在太多篮子里”，则是对组合投资实践的指引。因此，我们在组合投资中，一方面要发挥组合投资的风险分散功能，另一方面也要遵循一定原则和方法，在可控的风险水平下，实现收益最大化。

（一）组合投资的理念

组合投资与单个资产投资相对，就是将资金投入多个不同种类的资产中，形成资产组合。在分析投资收益和投资风险时，将资产组合作为一个整体进行分析与评估，而并不特别关注单个资产的收益与风险。因此，组合投资的关键在于资产之间的相互关系与风险收益特征，以期达到风险与收益的平衡，即一定风险水平下收益最大化，或者一定收益水平下风险最小化。

1. 组合投资能够降低投资风险

要搞清楚为什么组合投资可以分散风险，需要先明确两个概念：

系统性风险，指由于政治、经济、社会等宏观经济因素导致的金融市场整体风险，主要由一定时期内宏观经济状况决定。例如，在能源危机下，能源成本不断走高，股市出现动荡，股票指数下跌，即为系统性风险。

非系统性风险，指由于市场个体（如公司、金融机构）因素导致的风险，又称个体风险。例如，某公司由于产品造假，被监管部门重罚，导致该公司股价大跌，给投资者造成重大损失，即为非系统性风险。

组合投资的风险分散能力主要作用于非系统性风险。以股票投资为例，将资金平均投资4只股票，每股投资收益如表4–5所示。那么，该组合投资能够获得的回报为：

投资收益 $=10\times25\%-20\times25\%+30\times25\%-10\times25\%=2.5$（万元）

如果单独投资公司2的股票，就会亏损20万元；或投资公司4的股票，就会亏损10万元。不难看出，进行组合投资显然要好于单独投资公司2或公司4，这就是组合投资的风险分散功能。

表4–5　股票投资组合收益

股票	投资收益（万元）	投资占比
公司1	10	25%
公司2	–20	25%
公司3	30	25%
公司4	–10	25%

2. 组合投资有助实现最大收益

在上面的例子里，我们会发现：如果单独投资公司1会获利10万元，单独投资公司3会获利30万元，那是否意味着这两种投资方案要优于组合投资呢?

在现实中，未来投资收益是很难预测准确的。例如股票投资，我们很难准确地判断未来各只股票的收益，在这种条件下，如果我们只选择某只股票进行投资，可能幸运地选到一只赚钱的股票，也很有可能选到亏损的股票。而我们需要明白，投资不是“赌博”，“押大押小”可能带来的不是“一夜暴富”，反而是“倾家荡产”。因此，作为理性的投资者，我们更希望在可控的风险下，尽可能多地获得收益。

组合投资则能帮助我们达到这一目标。还是以股票投资为例，我们没有办法事先判断哪家公司会由于产品造假导致巨额损失，但我们知道大多数公司并不会出现这样的情况；那么，只要我们投资多家公司的股票，即使有个别公司出现损失，大多数公司很可能依然是盈利的，进而使得我们的投资组合也保持盈利。最为极端的例子是，如果我们可以购买市场中的所有股票，那么能够获得的收益就是整个市场的平均收益，即不会受到公司个体风险（非系统性风险）的影响。在现实中，投资一些指数基金，可以达到这样的风险分散效果。

需要注意的是，我们在这里所指的投资收益最大化并不是绝对的收益最大，而是在一定的风险水平下，能够获得的最大收益。

（二）组合投资的实践方法

组合投资的实践方法通常具有较强的专业性，需要对各类投资产品的风险与收益特征有清晰的认知，并且能够进行较为准确的估计与规划。因此，一般建议寻求专业服务（如银行理财顾问）的帮助，根据组合投资实践的基本流程和内容，在专业人员的协助下进行科学规划与实践。

一般情况下，组合投资的实践主要遵循以下6个步骤（见图4–3）。

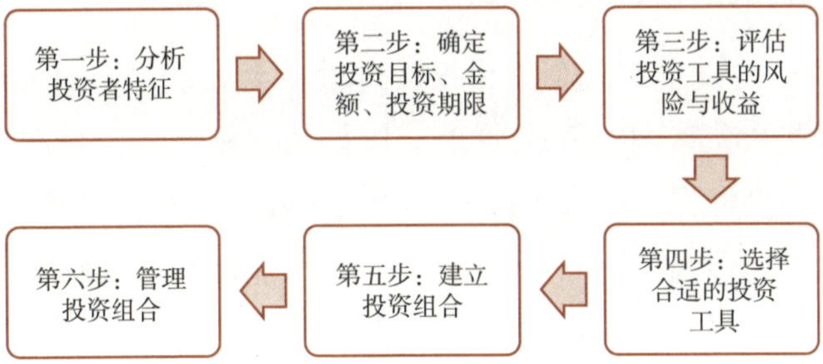

图4–3　组合投资实践流程

1. 分析投资者特征

投资者在进行组合投资决策之前，首先要对自身进行详细、客观的评估。一般情况下，金融机构会要求投资者进行风险评估测试，评定投资者的风险等级，进而确定可供投资的投资产品（等级越高，可投资的范围越广）。除此之外，投资者要对自身的风险承受能力与风险承担意愿进行客观评价。

投资者总是希望获得越高的收益越好，但是也要认识到，高收益一定伴随着高风险。因此，需要先明确：自己希望获得多少收益，在这个收益目标下的风险是否能够承担、愿意承担？

具体而言，在进行自我风险评估的过程中，投资者需要客观地回答以下问题：

（1）这笔钱未来用作什么用途？重要性高吗？（越重要，越要谨慎）

（2）如果出现损失，会对我的生活造成多大影响？（影响越大，越要谨慎）

（3）出现多少损失，我的心里会难以接受？（接受度越低，越要谨慎）

总而言之，在投资决策中，始终要保持理性与冷静，认识到风险与收益相伴相生，在能够客观评价自身的前提下，才可以进一步开展投资活动。

2. 确定投资目标、金额、投资期限

投资目标的设定在整个组合投资过程中至关重要，因为它决定着究竟该选择哪些投资工具，投资管理应该如何实施。一般情况，按照收益水平的高低，投资目标大致可以划分为收入型、平衡型和成长型。其中，收入型风险低、收益低，一般损失本金的可能性小，能够获得相对稳定的收益；成长型风险高、收益高，损失本金的可能性较大，但是也可以获得较高的收益；平衡型的风险和收益则介于成长型与收入型之间。

在投资实践中，这种目标设定还过于宽泛。为了使得投资目标更为明确，投资者可以参考市场中一些投资工具的收益水平。例如，假设当前银行3年期存款的年利率为3.6%左右，如果希望自己的投资能够超过银行存款，如达到4%以上，那么可以选择一些相对低风险的长期投资工具。

在确定投资目标的同时，还需要考虑投资金额与期限的影响。组合投资往往存在“投资门槛”的问题，即投资资金需要具备一定规模才能

满足构建资产组合的要求。例如，我们没有办法只购买1股股票（至少1手100股），一些理财项目会规定最低投资金额（例如1万元起投）。所以，当投资金额较少的时候，较难进行比较灵活的组合投资。

时间是另一个重要因素。一般认为，期限越长，收益会越高，所以在投资时间较短的情况下，收益目标势必很难达到较高水平。此外，风险因素也必然会影响投资目标，投资目标不代表必然能够达到这一收益水平，过高的投资目标设置也可能带来过高的损失。

3. 评估投资工具的风险与收益

在选择投资工具、构建投资组合之间，需要对各类投资工具的风险与收益进行评估，即评估投资工具可能产生的收益与损失水平。“理财金字塔”清晰地展现了不同种类投资工具的风险与收益，如图4–4所示。在金字塔的底部，意味着低风险、低收益，随着层级升高，风险与收益随之升高。

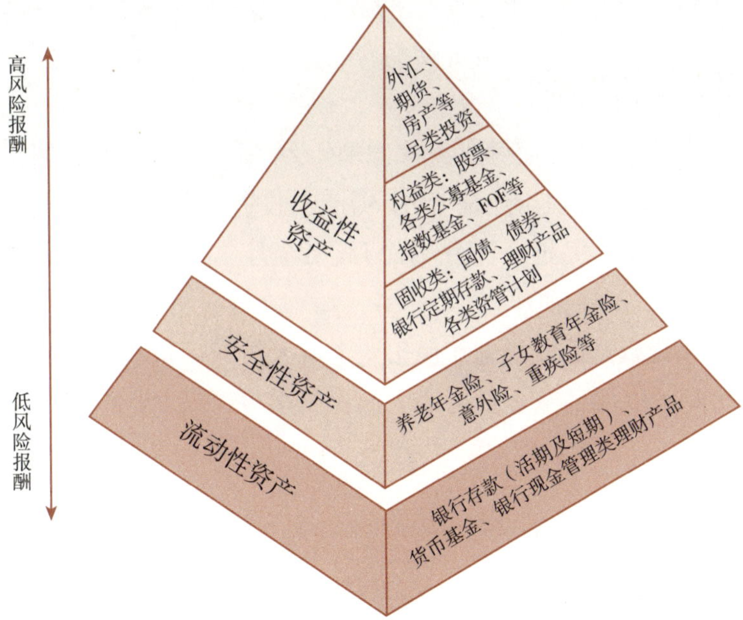

图4–4　理财金字塔

流动性资产，包括银行存款、货币基金、活期理财等，是用来保障日常生活的资产，收益低但流动性高。安全性资产，包括养老保险、重疾险等，是用来抵御风险的资产，收益较低但具有长期稳健性。收益性资产，包括固收类、权益类和外汇、期货、房产等其他投资类，则是用来获得资产成长的主要手段。收益性资产的三个层级具体特征如下：固收类资产风险相对可控，收益水平在收益性资产中相对较低；权益类资产则用以平衡风险与收益，体现出较高风险与较高收益；外汇、期货、房产等投资，则具有典型的高风险、高收益特征，是博取高额收益的重要手段。

在现实中，要完全把握所有投资产品的风险与收益非常困难。因此，我们在了解主流投资工具基本特征的基础上，一般需要寻求专业服务的帮助。幸运的是，当前市场上绝大多数投资产品均需要向投资者提供详细的产品信息。我们需要做的是，向相关的服务人员咨询，并充分理解投资产品的核心问题：

（1）该投资产品的年化收益率是多少，收益是否稳定?

（2）该投资产品是否存在交易费、服务费、佣金等费用，扣除这些费用后的收益率是多少?

（3）该投资产品的投资收益来源是什么，是否清晰可控（例如，理财项目的资金主要投向股市还是债市，是否会投资高风险金融衍生工具）?

（4）该投资产品近1个月、3个月、6个月、1年、1年以上的收益情况如何?

（5）该投资产品或类似产品历史上最大的涨幅和跌幅是多少，发生在什么时间（例如，基金过去最大回撤是多少，近1年是否出现暴涨或者暴跌）?

4. 选择合适的投资工具

选择合适的投资工具，需要充分结合投资目标、金额、时间、风险因素，选择相匹配的投资工具。对于老年人而言，由于经济收入缩减、固定支出增多，一般更需要投资发挥风险抵御的功能，因而在投资组合中需要配置相当比例的流动性资产与安全性资产。当然，根据不同投资者的风险承受能力与投资目标，也可以适当地选择投资收益性资产，以获取更高的投资收益。

首先，根据投资工具的大类选择主要的投资方向。例如，希望进行3年以上的长期投资，且能够承担一定程度的风险，则可以选择股票、基金等高风险投资工具，并结合一定比例的长期存款或国债投资；希望进行1年以下的短期投资，且只愿承担较低程度的风险，则可以选择短期存款、短期理财、货币基金投资。

其次，选择相应的投资产品。在选择过程中，投资产品的真实收益与风险信息至关重要。因此，在进行相关信息咨询时，应该抱有理性、客观的态度，谨慎甄别信息真伪：

（1）该投资产品发行、销售单位是正规金融机构吗?

（2）该投资产品有正式的资料文件（合同）吗，是否可以公开查询?

（3）推介人员所提供、阐述的信息，是否明确地记录在正式资料文件中?

（4）该投资产品相关的历史收益、风险信息等是否真实、公开?

（5）该投资产品合约是否存在隐性条款、霸王条款，是否有明显的信息遗漏（例如，推介人员补充说明的重要信息合同中未能载明）?

5. 建立投资组合

在选定投资产品后，就可以根据投资目标建立投资组合。例如，老张希望通过投资，每年获得9%左右的总收益，综合考量老张的投资目标、资金水平、投资期限等因素，最终选择4种投资产品。如表4–6所示，每种投资产品根据已有信息可以获知每年的预期收益率，乘以相对应的投资比例，就能够获得各个投资产品的年投资收益，将这些投资收益加总，就能得到组合投资的总收益。这个投资组合的总收益为9.66%，符合老张的投资目标。

表 4–6 投资组合构建与收益计算

投资产品	预期收益率	投资比例	投资收益	总收益
3 年期定期存款	3.6%	10%	0.36%	9.66%
1 年期银行理财	4.5%	20%	0.9%	
债券基金 A	8%	30%	2.4%	
股票基金 B	15%	40%	6%	

严格来讲，投资组合构建过程中还需要计算相应的风险指标（例如在险价值VaR，即在一定概率范围内可能发生的最大损失；如99%的VaR为1万元，意味着有99%的可能，投资组合的损失不会超过1万元）。但是由于风险指标计算过程较为复杂，个人投资者进行组合投资时，一般不会计算精确的风险指标。出于谨慎的考虑，可以参考该投资产品（或类似产品）历史表现，估算最坏情况下可能遭受到的损失。如表4–7所示，假设债券基金A历史最差收益为–5%，股票基金B历史最差收益为–10%，则最终总收益为–4.24%。也就是说，如果老张可接受的损失范围在5%以内，那么这个投资组合还是可行的。

表 4–7 投资组合构建与风险计算

投资产品	预期收益率	投资比例	投资收益	总收益
3 年期定期存款	3.6%	10%	0.36%	–4.24%
1 年期银行理财	4.5%	20%	0.9%	
债券基金 A	–5%	30%	–1.5%	
股票基金 B	–10%	40%	–4%	

6. 管理投资组合

构建好投资组合并非“万事大吉”。我们需要清醒地认识到，金融市场总是处于不断的变化中，历史并不一定会重演，也就是说，未来投资产品变化可能超出基于历史的预期，也可能远低于预期。假设在某一年份，股市突然发生震荡，股票基金B收益率下跌至-10%，但债券基金A收益率上涨至10%。在这种情况下，使用原有的投资比率，总收益会下降至0.26%。为了提升总收益水平，可以适当减少对股票基金B的投资，增加对债券基金A的投资，进而可以将总收益提升到4.26%。但是，组合投资一般是一个长期投资过程，通常不会由于短期的收益变化进行频繁的调整。例如，在表4-8的例子中，虽然股票基金A的收益明显下降，但考虑到未来随着股市反弹，该投资可能再次带来高收益，因而完全放弃该项投资显然是不划算的。

表 4-8　投资组合更新与收益计算

投资产品	预期收益率	投资比例	投资收益	总收益
3 年期定期存款	3.6%	10%	0.36%	4.26%
1 年期银行理财	4.5%	20%	0.9%	
债券基金 A	10%	50%	5%	
股票基金 B	-10%	20%	-2%	

知识窗

组合投资计算

组合投资管理具有较强的专业性、复杂性，由于金融市场瞬息万变，准确地计算投资组合收益与风险非常困难，个人投资者一般难以进行较为精准的组合投资管理。近些年，随着信息技术的发展，人工智能、量化投资等技术手段应用到组合投资中来，为投资者提供了良好的投资决策与管理工具。不少银行陆续推出的“人工智能投资顾问”服务，通过客户数据分析，向客户提供组合投资建议。但是由于该项业务还存在不少局限，相应的金融监管还不完善，因而仅建议投资者参考学习。

三、合理配置投资期限

对于个人投资者而言，投资应该遵循“闲钱”理财的原则，即在保证日常生活与经济支出不受影响的前提下，开展理性的投资活动。这就要求我们确定不同期限的资金需求，进而分别采取相对应的投资决策。这一过程其实就是投资期限管理的过程：从短期来讲，要做好现金规划，保证资金的使用与收益获取；从长期来讲，要决策资产期限配置，实现期限、风险与收益的平衡。

（一）做好现金规划

1. 现金规划的基本方法

现金规划是为满足个人或家庭短期需求而进行的管理日常现金及现金等价物和短期投融资的活动。其中，现金等价物是指流动性比较强的金融资产，能够在较短时期内变现，例如活期存款、货币基金、活期理财等。相较于现金，这些流动性良好的金融资产还能够获得一定的收益，因而是进行现金规划的重要工具。

为保障日常开支，现金及现金等价物的额度需要保持在日常开支的3~6倍为宜，其中1/3可以现金保存，2/3可以活期存款、货币基金等形式保存。例如，每个月生活支出2000元，医药费支出500元，其他支出500元，且每月支付基本保持稳定；那么，每月的现金及现金等价物余额应保持在9000元以上，其中现金保存3000元为宜。如果每月日常支出波动较大，则需要适当增加现金与现金等价物的超额储备，以备不时之需。此外，当出现突发性超额现金需求时，还可以灵活应用短期融资工具，如使用信用卡、短期消费贷款等。

总而言之，进行现金规划的首要任务是保证日常开支，进而灵活使用投融资工具，获取一定的投资收益。

2. 现金规划的工具

（1）存款。活期存款是流动性仅次于现金的现金规划工具，特别是在网络支付繁荣的今天，其支付效率几乎可以等同于现金。但是，活期存款的利率很低（仅为0.35%），因而并不能满足获取投资收益的需要。此外，也可以选择定活两便、整存零取等存款产品，可以获得相对较高的利息收益（1%左右）。

（2）货币基金。货币基金是一种良好的活期投资工具，具有较低的风险，与银行存款相比具有相对较高的收益（1.5%~2.0%）。例如支付宝中的“余额宝”，事实上就是货币基金。由于这类货币基金可以实时消费使用，因而成为被大众广泛接受的一种投资工具。需要注意的是，与存款不同，货币基金收益率会出现波动，在极端的情况下也可能发生损失。

（3）活期理财。活期理财通常具有较低的风险，与货币基金相比可能具有更高的收益，但同时其收益波动的幅度、出现损失的概率也相对较高。特别是一些互联网平台发售的活期理财产品，利用高收益吸引了大量投资者，但事实上也隐含了较高的风险。此外，活期理财通常并不能像货币基金或存款那样随时取用，而是需要在工作日赎回，下一个工作日到账。

（4）短期融资工具。短期融资工具通常具有获取难度低、速度快、成本低等特点，是应对日常突发性开支的重要资金周转工具。

信用卡是最具代表性的短期融资工具，可以在信用额度内先消费后还款，一般具有1个月的免息期；需要注意，信用卡一般用于直接的消费支付，如果支取现金则需要缴纳较高的手续费。短期消费信贷同样能够提供短期融资，且可以直接支取现金，可贷金额一般也高于信用卡额度。短期消费信贷本质上是一种信用贷款，也就是不需要抵押，凭借借款人的信用水平确定贷款额度。因此，要获得充足的短期消费信贷，就需要良好的个人信用记录。此外，需要特别注意这类贷款的利率水平，搞清楚贷款的实际利率与计息规则之后再进行贷款，避免落入“高利贷”陷阱。

持有银行存单、理财、国债、保单等金融资产，在符合一定条件下，可以申请办理质押贷款。这类贷款的额度一般取决于所质押的金融资产的规模大小，需要经过一定的手续办理，与其他短期融资工具相比，贷款效率相对较低。

典当融资类似于抵押贷款，但与银行相比，典当行通常对客户信用要求几乎为零，典当物品起点低、手续简单。但是这类融资的成本更高，且能够获得的融资也相对较少。

（二）合理安排长期投资

1. 长期投资比例

国际权威评级机构标准普尔的研究显示，一般家庭资产配置主要分布于“要花的钱”（占比10%）、“保命的钱”（占比20%）、“生钱的钱”（占比30%）、“保本增值的钱”（占比40%），即“1234法则”（见图4–5）。其中，“要花的钱”就属于我们上面说的“现金规划”的内容，其他三类资产配置则属于长期投资范畴。

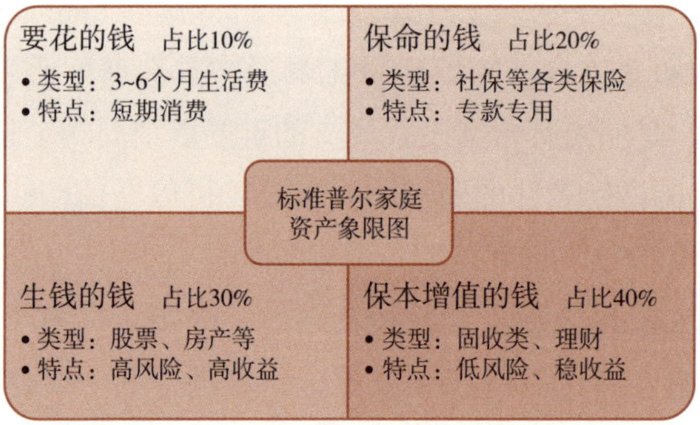

图4–5 标准普尔家庭资产象限图

考虑到老年人的收入水平降低、生活支付较为固定、医疗支出增加等特征，老年人家庭资产在“要花的钱”中配置比例会有所增加，其他类别长期投资比例整体会有所减少，但各类长期投资的配比关系基本与图4~5保持一致。其中，“保本增值的钱”，即具有低风险、稳定收益的债券、理财产品，应占据长期投资的较大比例（40%~50%）；“保命的钱”，即各类保险产品，应具有相对稳定的投资比例（20%~30%）；“生钱的钱”，即具有高风险高收益的股票、基金、房产等，应占有一定的投资比例（30%~40%）。

知识窗

资产配置计算

在计算资产配置比例的过程中，需要仔细区分手中的资产是否具备投资属性，不具有投资属性的资产不适合计入资产配置的比例中来。例如房产，如果房产是家庭的唯一住房，即使房产价值很高，也很难轻易交易变现，因而本质上不是投资性房产，不宜计入资产配置比例；只有那些空置待售的房产，才应纳入投资范畴。

2. 长期投资期限配置

在长期投资的资产配置中，还需要充分考虑投资工具的期限搭配，避免出现“期限错配”的问题。使用相对短期的资金投资高风险资产，可能会因为短期的波动丧失增值的机会；使用长期的资金投资短期资产，则会错过较高的长期收益。做好长期投资的期限配置，主要要做到以下两点：

（1）“短钱”不投高风险资产。事实上，除了具有固定期限的投资工具（如债券、理财）外，基金、股票等投资工具，也具有最佳的投资期限。股票类基金一般持有3年以上，可以大概率获得正的收益；债券类基金一般则需要持有1年以上，才能基本保证正的收益。也就是说，如果短期投资这些基金，有可能遭受较高的损失。

股票投资则具有典型的周期性，即会经历“牛市”“熊市”过程，作为投资经验较少的投资者，进行“短线炒股”风险是很高的，一旦落入“熊市”，势必会遭受重大损失。有研究表明，我国股市的“熊市”“牛市”平均时长各为7~8个月，也就是说，短期投资一般很难实现从“熊”到“牛”的转换。

（2）“长钱”不投短期资产。短期投资工具一般具有风险低、流动性高的优点，但是相应的收益率较低。对于投资期限较长的资金，如1~2年的闲置资金，更适用于投资一些低风险基础上收益更高的长期投资工具，如定期存款、定期理财、债券基金。当然，投资工具的期限越长，风险也就越高，因而投资期限并非越长越好。在实际操作中，还需要充分考虑投资目标与个人风险承受能力，选择多种类、多期限投资工具，达到风险分散的效果。

四、警惕金融骗局

金融投资在为我们带来财富增长的背后，是不可避免的金融风险。特别是在“一夜暴富”的美梦背后，往往隐藏着巨大的“陷阱”。近些年，金融骗局的“新花样”层出不穷，我们只有擦亮眼睛、坚持理性投资，才能守好手中的“钱袋子”，维护好我们的美好生活。政府采取了多种措施打击金融诈骗，为我们提供了良好的防骗指南与应对方法。但也需要我们留意相关平台服务与信息资源，有效避免落入金融骗局。

（一）庞氏骗局

● 小案例

2017年4月，某客户偶然发现，他在某银行购买的高息理财产品并未在该银行其他支行销售，就此解开了“假理财”的骗局。

原来，所谓的“高息理财产品”是某银行的内部人员炮制的虚假理财，购买理财的钱款都转入了“骗子”的个人银行账户。调查发现，某些银行职员为了提高业绩，以支付高于正常存款利率的方式招揽客户存款。但是随着资金缺口的扩大，这种模式难以为继，他们就通过假理财获取新的资金，来弥补已经越来越大的资金缺口。

资料来源：中国裁判文书网。

1.“庞氏骗局”的基本套路

“庞氏骗局”来自于20世纪初美国的一场有名的金融诈骗案。一个名叫庞兹的投机商人向投资者虚构了一个高收益的投资项目，并使用获得的投资金额去兑付高额的利息；前期高额的回报，诱导大量投资者落入骗局。这类骗局本质上并不会进行真正的企业投资，而是以高额回报为诱饵，以借新还旧的方式兑付前期收益。因此，庞氏骗局在我国又称“拆东墙补西墙”“空手套白狼”。古老的“庞氏骗局”看似简单，但由于其充分利用了投资者“急功近利”的心理特点，竟然屡屡得手。

“庞氏骗局”往往具有明显的特征，把握这些特征表现，能够有效帮助我们避免落入骗局。

（1）投资风险与收益不匹配。我们都知道一个规律：“高风险、高收益”，但“庞氏骗局”往往反其道行之，承诺高于市场正常水平的收益，对风险则避而不谈。例如，某理财广告宣称1年后可以刚性兑付20%的收益，远远高于其他1年期投资产品的收益水平；这时就需要警惕，是否碰到了理财骗局。

（2）借旧还新，规模迅速扩张。“庞氏骗局”的盈利是虚构的，因而在前期为了兑现高额的投资收益，骗子会使用新的投资者本金来支付。这也直接导致了对新投资者的依赖。在许多骗局案例中，骗子会不遗余力地在线上、线下推销产品，甚至采用“传销”手段诱导投资者不断发展“下线”。

（3）投资信息不公开、不透明。“庞氏骗局”往往会推出所谓的“理财专家”，并进行大量的广告营销，吹嘘“理财专家”的背景与实力，但对产品本身的投资标的、投资期限、风险信息等关键信息避而不谈。在对外宣传中，骗子往往会暗示可以通过内部消息进行交易，投资“稳赚不赔”。这一切都是骗子精心营造的假象，诱导投资者入局。

2. 避免落入“庞氏骗局”

在现实中，“庞氏骗局”往往披着“私募基金”“区块链”“虚拟货币”“元宇宙”等外衣，让不少投资者在懵懂之中落入陷阱，侵害投资者利益，扰乱金融秩序，对经济社会的危害巨大。那么，如何避免落入“庞氏骗局”呢?

（1）不懂的产品不投资。“庞氏骗局”最大的特点就是吹嘘“概念”、造“声势”，对投资本身的信息避而不谈或者含糊其词。特别是近些年，随着区块链、数字货币的发展，金融产品融入了大量技术因素，就使得普通投资者难以理解金融产品内在的风险特征，“庞氏骗局”正是利用这一点误导投资者。因此，当我们看到一个难以理解的金融产品时，首先应寻求专业的帮助，如咨询可靠的银行理财经理，或是到中国人民银行、国家金融监督管理总局等政府官方网站查看，是否有对相关概念、产品的解释说明，甚至对于一些信息（如投资项目信息）可以去实地求证。如果我们无法弄清楚相应的信息，就应该理智地放弃投资。

（2）高收益的背后是高风险。在投资过程中，我们始终要记得“高风险、高收益”，过高收益的背后，可能发生的损失也是惨重的。“庞氏骗局”为了尽可能吸引到更多的投资者，往往会花费大量的成本，就一定需要较高的投资收益才能达到收支平衡，而要达到所承诺的高收益，这几乎是不可能实现的。因此，“庞氏骗局”所承诺的高收益也就成了无稽之谈。“天下没有免费的午餐”，在面对高收益的诱惑时，我们要保持冷静，看到诱惑背后存在的陷阱。

（3）侥幸心理不能有。在不少“庞氏骗局”的案例中，不乏有一些“专业人士”落入骗局。这些人并非完全意识不到问题，而是存在侥幸心理，认为自己在“爆雷”之前可以顺利脱身，就像“击鼓传花”，只要保证自己不是最后一个接手的人就可以。但事实是，我们绝大多数情况下并不能准确预测“鼓声”何时停止，而人性的贪婪又驱使我们沉迷于利益的诱惑而无法自拔。作为投资者，身处复杂的金融市场，应该始终保持一颗“敬畏之心”，理性看待金融投资，不贪婪、不冒进，才能避免坠入投资陷阱。

（二）网络理财骗局

- **小案例**

2022年7月，60多岁的廖大伯来到某银行营业大厅办理银行卡业务。在办卡过程中，“新开账户”“投资理财”“高额回报”等字眼，引起了银行工作人员的警惕。

原来，廖大伯多年前通过网络认识了自称从事投资理财的刘某。在长达数年的持续网聊中，刘某通过发送身份证等信息、视频通话等手段逐渐赢得了廖大伯的信任。前段时间，刘某把廖大伯拉进了一个QQ群，群中令人艳羡的“收益”让廖大伯心动，加之数年来对刘某的“熟悉”和信任，便投资了15万元。

离谱的收益、可疑的行为，表明这就是一场投资骗局！幸好在警察与银行的不懈劝解下，廖大伯终于恍然大悟，成功避免了更大经济损失。

资料来源：四川新闻网，2022年8月3日。

1. 网络理财骗局的特点

近些年来，新型的网络理财骗局层出不穷，诈骗手段也不断更新，让人防不胜防。由于老年人对互联网信息的分辨能力不强，就使得骗子利用这一点设计了许多针对老年人的理财骗局，如消费返利积分、虚拟货币、互助金融等。这些骗局主要体现出以下特点：

（1）放长线钓大鱼。大多数老年人一般在投资中较为谨慎，因而骗子一般不会直接行骗，而是在前期通过给予一些“小恩小惠”，吸引我们的注意，如引导听讲座、参加免费旅游，扫码进群送鸡蛋、送大米。当老年人进入圈套后，再进行长期“洗脑”，最终使老年人放松警惕、落入陷阱。

（2）善打感情牌。近些年出现很多“空巢老人”，长期难以获得子女的关怀。骗子利用这一点，“嘘寒问暖”，在骗取充分信任后，再将老年人引入骗局。值得注意的是，许多骗子可能通过互联网获取我们的通信信息，并且分析我们搜索习惯，有针对性地进行沟通，更容易使人放下戒备。

（3）高息诱惑。无论是哪一种理财骗局，其最具冲击力的诱惑无疑就是“高收益”。老年人获取信息的渠道较少，金融理财知识较为缺乏，且难以使用有效手段求证信息，因而一般难以分辨互联网上诸多的“高收益”理财项目。在骗子长期的诱导下，一些老年人已经进入圈套，但前期获得的高收益，会让他们进一步确信自己找到了“好理财”，进而还会拉拢更多的“老友”落入骗局。

2. 预防网络理财骗局

面对层出不穷的网络理财骗局，投资者应该选择正规金融机构购买理财产品，警惕高额回报承诺，保护好个人账户信息，才能让理财骗局无机可乘。具体而言，应该做到以下几点：

（1）通过正规渠道进行投资。在不能保证熟练使用手机进行投资交易时，应前往银行、证券公司等正规的营业网点，办理投资业务。在使用手机进行投资时，不轻易安装来历不明的App，不点击可疑链接，不随意扫码。如果需要使用App进行投资理财，需要寻找专业人员确认App是否合法可靠。

（2）不盲目相信网络投资理财广告。网络信息良莠不齐，许多骗子以“无风险、高收益”为噱头，诱导投资者进入他们的非法理财平台、钓鱼网站，非法获取投资者信息，诱导投资者进行投资。因此，看到这些信息，要做到不相信、不点击；如果确实有投资需要，则需要认真查实投资理财主体是否合法合规。

（3）不加入陌生人的“投资群”。骗子往往会伪装成投资专家，对投资者进行长期的“洗脑”、诱骗，因而不要轻易相信所谓“专家”的投资建议，不注册陌生平台的“投资会员”，不参加来路不明的机构所举办的“投资理财课”“零基础理财培训”等活动。

（4）保护好个人账户。在日常使用手机、电脑的过程中，不透露个人身份信息、账户信息，不在来历不明的网站使用个人电话号码、身份证信息等进行注册、登录。不向陌生账户汇款转账，确实需要正常转账支付时，如果无法确认安全性，最好前往银行办理。一旦遭遇金融诈骗，应保存好付款或转账凭证并立即报警。

（5）关注金融诈骗信息。由于新骗术层出不穷，要更好地避免落入理财骗局，还应积极主动地学习一定的金融投资知识，了解金融诈骗相关的最新信息。例如，“国家反诈中心”App具有“骗局曝光”功能，可以查阅最新的骗局信息；在该App中，还可以使用“App自检”“风险查询”等功能，对可疑App、可疑账户进行检测。值得注意的是，一些骗局在互联网上会散布许多虚假信息。因此，在确认相关信息时，应选择政府部门、官方媒体、大型媒体平台信息，或者寻求专业人员的帮助。

（三）非法集资

● 小案例

2019年，北京市一起打着“免费养老”“以房养老”为旗号的非法集资案引起了社会的关注。

2016年，一家名为怡养爱晚（北京）养老实业发展有限公司被媒体曝光。2014年以来，怡养爱晚打着“爱晚工程”的旗号，借经营养老基地，以“零风险、高回报、零费用”等极具诱惑力的措辞吸引老人投入养老储蓄，在短短一年内就吸收了超过4亿元资金。

2016年5月，该公司出现巨额亏损，在北京的门店全部关闭，已经入会的老人不仅养老钱血本无归，而且投资居住的养老基地也停止了各种服务。案件涉及1300多位老年人，这些老年人把养老储蓄交给了没有金融资质的违法企业，结果损失惨重。

资料来源：第一财经，2019年4月23日。

1. 非法集资的识别

我国法律规定："未经中国人民银行依法批准，任何单位和个人不得擅自设立金融机构或者擅自从事金融业务活动。"其中，依据我国《防范和处置非法集资条例》规定，非法集资是指未经国务院金融管理部门依法许可或者违反国家金融管理规定，以许诺还本付息或者给予其他投资回报等方式，向不特定对象吸收资金的行为。

具体而言，非法集资主要体现出以下四个特征：

第一，未经有关部门依法批准或者借用合法经营的形式吸收资金；

第二，通过媒体、推介会、传单、手机短信等途径向社会公开宣传；

第三，承诺在一定期限内以货币、实物、股权等方式还本付息或者给付回报；

第四，向社会公众即社会不特定对象吸收资金。

而非法集资的主要手段有以下几种：

（1）承诺高额回报。与其他金融骗局类似，非法集资主要是以高回报为诱饵，骗取更多的人参与投资；在前期往往会按时足额兑付本息，待集资达到一定规模后，骗子便会秘密转移资金或携款潜逃，给集资者造成重大损失。

（2）编造虚假项目。骗子大多通过注册合法的公司或企业，打着各类经营项目的旗号，承诺高额固定收益，骗取社会公众投资。

（3）以虚假宣传造势。骗子为了骗取投资者信任，往往会大力进行社会宣传，制造虚假声势。近些年，骗子利用网络信息传播渠道、多种通信方法传播虚假信息，进行网上非法集资，这些网站一般租用境外服务器，一旦被查，则会以下线不按规则操作等为名，迅速关闭网站、携款潜逃。

（4）利用亲情诱骗。一些非法集资会采取"传销组织"的形式进行推广，诱导传销人员利用亲情、地缘关系拉拢亲朋好友加入。

2. 远离非法集资

我国《防范和处置非法集资条例》规定："任何单位和个人不得从非法集资中获取经济利益。因参与非法集资受到的损失，由集资参与人自行承担。"也就是说，非法集资在清退后，如果造成损失，应由非法集资参与者自行承担，而非法集资所获得的经济利益，也不会受到法律保护。因此，远离非法集资，是我们在投资过程中必须遵守的准则。

在现实中，非法集资往往披着各式各样的"马甲"，让人难以识别。因此，需要我们擦亮眼睛，多问几个为什么，保持理性的投资心态，才能避免落入非法集资的圈套。

第一问：集资主体是金融机构吗，有金融业务许可的证明吗？

第二问：所投资的项目是什么、做什么、预期收益怎么样，有可靠的厂房、办公地点、生产资料吗？

第三问：投资是否承诺"低风险、高收益"，与市场其他金融产品相比是否异常？

第四问：投资的宣传推介是否夸大其词，是否通过可靠、合法的途径宣传？

自测题

1.（计算）假设你手中有10万元"闲钱"可以存入银行或购买低风险理财产品，期限为3年。银行当前定期存款年利率为3.5%，使用单利计算；银行低风险理财年利率也是3.5%，使用复利计算。如果不考虑风险因素，你会选择存款还是购买理财产品？为什么？

答案： 定期存款终值 $=10+3.5\% \times 10 \times 3=11.05$（万元）

理财产品终值 $=10\times(1+3.5\%)^3=11.09$（万元）

应该购买理财产品，因为能够获得更高的终值。

2.（计算）某个投资项目在未来3年每年可产生收益现金流5万元、6万元、8万元，同类项目的平均收益率为5%，当前需要投资金额为15

万元。请计算投资该项目的净现值，并判断是否值得投资。

答案： 该投资的净现值为2.11万元，大于0，因而值得投资。

3.（计算）假设你每月的生活费为3000元。你打算使用标准普尔家庭资产象限图进行投资规划。其中，你使用6个月生活费作为“要花的钱”，那么你“保命的钱”“生钱的钱”“保本增值的钱”分别应该是多少？

答案： 要花的钱=3000×6=1.8（万元）

保命的钱=18×20%=3.6（万元）

生钱的钱=18×30%=5.4（万元）

保本增值的钱=18×40%=7.2（万元）

4. 请查阅你的家庭投资账户，获取各个投资产品的年化收益率，计算整个家庭投资账户的年平均收益率是多少？如果按照标准普尔家庭资产象限图配置资产，年平均收益又是多少？

答案： 略。

5. 通过官方渠道下载安装“国家反诈中心”App，点击“骗局曝光”功能中的“案例”选项，查看金融骗局相关案例，使用本书所提供的各类金融骗局识别方法，进行分析判断。

答案： 略。

第五章 理性投资

案例导入

养老金真的涨了吗？

老张退休9年，养老金每月4000元，今年养老金普调，涨了5%，每月多收入200元，老张很开心。下楼去吃早点，要了习惯搭配：一碗馄饨+一个烧饼夹鸡蛋，支付9元。此时，早点摊老板小李拦住了老张："张大爷，涨价了，馄饨7元，烧饼夹鸡蛋4元，您得再给2元。"老张又支付了2元，边吃边想："我这养老金到底涨没涨呢？以前每月4000元，能吃4000÷9=444.44顿早餐；现在4200元，只能吃4200÷11=381.82顿早餐。看上去钱多了，实际上能买的东西却少了。"再想想自己积攒了大半辈子的财产，也是跟着一起贬值了。老张频频叹气，该如何让自己的财产不贬值呢？

如何让自己的财产保值增值，这是理财规划要解决的问题。

一、君子爱财取之有道

（一）理财规划有学问

1. 理财规划安享晚年

理财规划，是根据个人（家庭）财务状况与非财务状况，运用专业知识依托规范方法并遵循一定程序为个人（家庭）制订的一系列规划方案，力图实现个人（家庭）终身的财务安全与自由。

财务安全，指现有的财产和未来收入足以应付未来所有的支出和实现其他生活目标，现有生活水平至少保持不变，最好能够稳步提升，不会出现严重、持续的入不敷出。以老张为例，就是能够保持馄饨+烧饼夹鸡蛋的早餐不变，不会降级，最好能够升级为虾仁馄饨+肉夹馍。

财务自由，财产性的收入>日常支出，比如，（房租收入+存款、国债利息+股票投资收入等）>日常支出。财务自由更接近一种美好的愿景。

老百姓做理财规划主要是实现财务安全：让自己的财产保值增值，以保证现有的生活水平不降级，能够安享晚年。一定要警惕以“财务自由”为噱头的金融投资，全部都是骗局，牢记世上没有免费的午餐。

2. 理财规划实施指南

（1）流动性适当。现金为王，手里有钱，心里不慌。个人（家庭）必须保证有足够的现金类资产来满足日常支出和应对突发事件。现金类资产，指能够马上用于支付的“钱”，比如现金、支付宝或微信中的余额、银行活期存款。否则，就会出现有“钱”却无法“用钱”的窘境，比如，酷暑中急于购买空调，却需要等待债券半年后到期。所谓“适当”，是指不能过多地持有现金类资产，通常为个人（家庭）日常月度支出的3~6倍。此外，老年人还应在此基础上增加入院治疗所需押金的金额。

（2）大额支出合理。个人（家庭）大额支出主要有购房、购车和教育支出。我们老年人自身一般不会有这类大额支出，然而，大多会为子女购房、购车，分担子女的房贷、车贷，分担孙辈的教育支出，这些都会对生活质量产生影响，甚至是严重影响。所谓“合理”，就是量力而行，不要被消费主义裹挟，“守多大的碗吃多大的饭”，不要盲目攀比。儿孙自有儿孙福，不要为儿孙做马牛。

（3）养老安排可靠。重点在于“可靠”二字，要通过正规渠道、合法途径进行养老安排和投资。风险管理优于追求收益，保值是增值的前提，留得青山在才能有柴烧。近年来，“以房养老”骗局、养老院“床票”骗局等时有发生，要引起大家的足够重视，不要贪小便宜、吃大亏。

（4）财富传承平稳。近年来，我国法院审理的继承纠纷案件数量逐年增多。我们应当对财产作出预先安排，老年人应事先告知子女家庭主要财产的数额、形式、支取密码等，对财产进行合理分配，实现财产平稳传承，避免家庭纠纷，维护家庭和谐。

（二）收益风险要权衡

1. 收益——投资的亮面

收益是指将财产作为本金进行投资得到的增值。按照度量的时点不同，可以分为预期收益和实际收益。

预期收益是指投资开始前，根据已知信息预测可能实现的资产增值。实际收益是指投资到期时，实际实现的资产增值。通常，预期收益≠实际收益。

各类金融投资宣传中所提到的“预期收益”，只是描述一种预想状况，并非保证预期收益一定会实现。如果发生实际收益低于预期收益的情形（现实中常常发生），投资者不能向金融机构索赔。

根据2018年4月27日由中国人民银行、中国银保监会、中国证监会、国家外汇管理局四部委联合发布的《关于规范金融机构资产管理业务的指导意见》（简称“资管新规”）规定：任何金融机构开展资产管理类业务（可以简单理解为除银行存款外所有金融投资），均不能承诺保证本金安全，也不能承诺固定收益或最低收益或保底收益等。因此，除银行存款外，不存在保本保收益的金融投资，宣传“保本保收益”的金融投资均属欺诈。

2. 风险——投资的暗面

风险是指在某一特定时间段里，人们投资的预期收益与投资的实际收益之间的差异。比如，老张2021年1月1日买入了10000元、期限1年的银行理财产品，预期能获得400元收益，实际获得了450元收益（比预期多50元）。又比如，老李2021年6月1日买入了50000元纸黄金，预期2021年末卖出时能获得1800元收益，实际获得1500元收益（比预期少300元）。

上述两种情形，都称之为风险，既有我们喜欢的——多赚取收益，又有我们讨厌的——少赚取收益。风险是投资中客观存在的不确定性。人们对待风险的态度，大多表现为风险厌恶，区别在于风险厌恶的程度不同。

如果说风险态度更多取决于人们的主观因素，那么风险承受能力更多取决于人们的客观条件，比如财富水平、人生阶段等。风险承受能力是在风险态度的基础上设定的对相关目标实现过程中所出现的差异的容忍度。比如，老张家庭财产共计10万元，计划年底进行颈椎手术，预计自费部分需5~6万元，再加上术后复健、休养费用，现有10万元家庭财产预计所剩无几。那么老张家的风险承受能力几乎为0（实际理财结果不能偏离预期目标），其10万元家庭财产必须保证本金安全。

3. 收益与风险——亮面与暗面的融合

世界上不存在没有风险的收益。理财的世界里，收益和风险如影随形。收益和风险就像月亮的亮面和暗面，是一个相伴相生的整体，不可割裂。然而，我们总是关注月亮的亮面——收益，往往忽略月亮的暗面——风险。老年人投资中，一定要时刻牢记收益风险相伴相生，高收益必然伴随高风险，遇到“高收益低风险”“高收益零风险”的投资，必然是诈骗，要立刻远离，必要时拨打110报警。

拓展阅读

个人风险评估

投资有风险，不同风险态度和风险承受能力的人，应选择不同的投资方案。金融机构在销售理财产品前，必须为客户提供个人风险评估，以帮助客户更好地了解自己的风险偏好和风险承受能力，以便选择适合自身的理财方案。我们可以先来测一测自己属于哪种类型。

提示：请在相应选项上打“√”。

（一）客户风险偏好测试

1. 风险投资于您而言：

A. 我觉得很危险　　B. 可以尝试低风险

C. 比较感兴趣　　D. 非常感兴趣

2. 您的亲友会以下列哪句话来形容您：

A. 从来都不冒险

B. 是一个小心谨慎的人

C. 经仔细考虑后，会愿意承受风险

D. 是一个喜欢冒险的人

3. 假设您参加一项有奖竞赛节目，并已胜出，您希望获得的奖励方案：

A. 立刻拿到 1 万元现金

B. 有 50% 机会赢取 5 万元现金的抽奖

C. 有 25% 机会赢取 10 万元现金的抽奖

D. 有 5% 机会赢取 100 万元现金的抽奖

4. 因为一些原因，您的驾照在未来的三天无法使用，您将：

A. 搭朋友的便车、坐出租或公共交通

B. 白天不开，晚上交警少的时候可能开

C. 小心点开车就是了

D. 开玩笑，我一直都是无照驾驶的

5. 有一个很好的投资机会刚出现。但您得借钱，您会选择借钱吗？

A. 不会　　B. 也许　　C. 会

6. 您刚刚有足够的存款购买自己期盼许久的渔具（或旗袍及配饰），但是购买前三个星期，您的儿子忽然被解雇，未来一段时间需要您的财务援助。您会：

A. 取消购买

B. 选择购买另外一个比较便宜的

C. 依照原定的计划，因为您需要充分的满足来帮助家庭克服困难

D. 购买更贵的，因为这次购买可能成为您近期最后一次娱乐性支出

7. 如果投资金额为50万元，以下四个投资选择，您个人比较喜欢：

A. 最好的情况会赚2万元（4%），最差的情况下没有损失

B. 最好的情况会赚8万元（16%），最差的情况下损失2万元（4%）

C. 最好的情况会赚26万元（52%），最差的情况下损失8万元（16%）

D. 最好的情况会赚48万元（96%），最差的情况下损失24万元（48%）

8. 如果您收到了25万元的意外财产，您将：

A. 存到银行里

B. 投资到债券或债券型基金

C. 投资到股票或股票型基金

D. 投入生意中

评分标准及分类：

A×1分；B×2分；C×3分；D×4分。

风险偏好类型（最低8分，最高31分）：

8~15分：风险厌恶型；

16~25分：风险中立型；

26分及以上：风险偏好型。

（二）客户风险承受能力测试

1. 您现在的年龄：

A. 75岁以上　　B. 71~75岁　　C. 66~70岁

D. 60~65岁　　E. 60岁以下

2. 您的健康状况如何：

A. 一直都不是很好，要经常吃药和去医院

B. 有点不好，不过目前还没什么大问题，我担心未来会变得恶劣

C. 至少现在还行，不过我家里人有病史

D. 还行，没大毛病

E. 非常好

3. 是否有过投资股票、基金或债券的经历？

A. 没有　　B. 有，少于3年

C. 有，3~5年　　D. 有，超过5年

4. 您目前投资的主要目的是？

A. 确保资产的安全性，同时获得固定收益

B. 希望投资能获得一定的增值，同时获得波动适度的年回报

C. 倾向于长期的成长，较少关心短期的回报和波动

D. 只关心长期的高回报，能够接受短期的资产价值波动

5. 您投资的总额占您个人（或家庭）总资产（含房产等）的：

A. 低于10%　　B. 10%~25%

C. 25%~40%　　　D. 40%~55%　　　E. 55%以上

6. 您预期的投资期限是：

A. 少于1年　　　B. 1 ~3年

C. 3~5年　　　D. 5~10年　　　E. 10年以上

7. 在您投资60天后，价格下跌20%。假设基本情况均未改变，您会怎么做？

A. 为避免更大的担忧，全部卖掉再试试其他的

B. 卖掉一部分，其余等着看看

C. 什么也不做，静等收回投资

D. 再买入。它曾是好的投资，现在也是便宜的投资

8. 您有没有想过如果有一天您的财务状况发生很大的变化，比如说突然有一笔很大的开支，这笔开支可能会动用您50%的个人资产或甚至更多：

A. 没想过，我感觉这种大变化不会在我身上发生

B. 经常想，我很担心整个生活都将变得一团糟，可是我又有什么办法呢？

C. 想过一两次，感觉挺可怕

D. 想过一两次，感觉无所谓

9. 您对您目前的财务状况满意吗？

A. 不太好，常常要借钱

B. 刚刚好，我要特别小心打理

C. 我做得还行，一直按照我人生的规划在顺利进行

D. 特别好，现在想买什么就买什么

10. 您如何规划自己的退休生活：

A. 节俭生活，避免把钱花光

B. 继续工作挣钱，因为我的养老金估计不够用

C. 享受人生，周游世界

D. 努力花钱

评分标准及分类：

A×1分；B×2分；C×3分；D×4分；E×5分。

风险承受能力类型（最低10分，最高44分）：

10~15分：保守型；

16~20分：收益型；

21~30分：稳健型；

31~38分：进取型；

39分以上：积极进取型。

二、倚重低风险金融投资

案例导入

存款、国债种类多，按照流动性需求来选择

老孙和老赵两口子都已退休，每月退休金合计12000元。去年资助独生女小赵购置婚房后，老两口积蓄所剩不多——10万元，预计近期不会再有大额支出。老两口商量后，认为所剩不多的家庭积蓄应当选择低风险、稳妥的金融投资，决定将7万元存为1年期定期存款、3万元购买国债。隔天前往A银行柜台办理时，却又犯了难：银行工作人员根据老两口的流动性需求，向其推荐了整存整取、零存整取和协定存款，国债也有储蓄国债（电子式）、储蓄国债（记账式）、记账式国债可供选择。老两口决定回家商量一下再来办理，回家路上遇见了多年

好友老李，老李向他们推荐B银行。B银行同类存款利率均高于A银行。老两口更加困惑：到底该如何选择存款和国债呢？

我们应当根据流动性需求，选择存款和国债。

（一）存款是安全性流动性的压舱石

1. 存款——保证本息，随时存取

（1）存款保险——保证本息。我们办理存款后，就高枕无忧了吗？会不会发生无法支取本金、无法获得利息的情况？现实中，商业银行属于安全性相当高的金融机构，然而这并不意味着绝对不会发生风险。比如，汕头市商业银行于2011年停业整顿，包商银行于2020年破产，辽阳农村商业银行、辽宁太子河村镇银行于2022年破产。那么，如果我们存款的商业银行破产倒闭了，我们的存款本息是不是就损失了呢？不是的，我们的存款本息由存款保险来保证。

我国存款保险条例从2015年5月1日起施行，标志着我国存款保险制度正式建立。存款保险覆盖所有吸收存款的银行业金融机构，包括在我国境内设立的商业银行、农村合作银行、农村信用合作社等。存款人不需要交纳保费，金融机构按规定交纳的保费。

根据存款保险条例，存款保险实行限额偿付，最高偿付限额为人民币50万元。同一存款人在同一家投保机构所有被保险存款账户的存款本金和利息合并计算的资金数额在最高偿付限额以内的，实行全额偿付，并且为先行偿付，不需要等待银行完成破产清算。比如，老张在工商银行（同一家投保机构）的不同网点合计存款本息35万元，都被存款保险覆盖；老张在建设银行（同一家投保机构）的不同网点合计存款本息60万元，其中50万元被存款保险覆盖。

但50万元以上存款并不是就没有安全保障了。即使个别银行出现问题，通过市场手段，运用存款保险基金促成健康的银行收购问题银行，

将问题银行的存款转移到健康的银行，也可使存款人权益得到充分保护，只是可能相对于50万元限额以内部分需要等待一定时间。

知识窗

当心没有存款保险的“存款”

2022年，国内个别地区发生了村镇银行无法兑付存款事件，银保监会及其分支机构已采取“先行垫付”等措施，风险得到一定程度的缓解。这里的“先行垫付”不同于存款保险的“先行偿付”。为什么不是由存款保险来“先行偿付”呢？因为这些“存款”没有存款保险。据银保监会披露，上述村镇银行受不法股东操控，账外吸收的资金既未缴纳存款准备金，也未缴纳存款保险费，名为“存款”，实际并非存款。在生活中，选择国有银行会更有保障。

（2）存款类型——满足不同流动性需求。人民币存款按存款期限的不同，有活期、定期和其他存款，以此满足不同流动性需求。

活期存款具有随存随取、方便灵活的特点，适合家庭现金管理，可以用于存放家庭紧急备用金。活期存款的收益是存款中最低的，因此，家庭活期存款的金额不宜过高（见表5–1）。

表 5–1　　活期存款基本要素

名称	存期	存取方式	起存金额
活期存款	不限	随存随取	1 元人民币

定期存款包括整存整取、零存整取、整存零取和存本取息四种。定期存款基本要素如表5–2所示。

表 5–2 定期存款基本要素

名称	存期	起存金额	存取方式	适用情形
整存整取	3个月、半年、1年、2年、3年、5年	50元人民币	一次存入本金，到期支取本息	老张退休时一次性提取住房公积金20万元，没有明确用途
零存整取	1年、3年、5年	5元人民币	按月定额存入，到期一次支取本息	老李养老金7500元/月，日常支出3500元/月，盈余4000元/月
整存零取	1年、3年、5年	1000元人民币	一次存入本金，分次支取本金和利息（支取间隔有1个月、3个月、半年）	老张退休时一次性提取住房公积金20万元，计划用于每月支付孙女美术培训费，可以选择5年存期、支取间隔1个月
存本取息	1年、3年、5年	5000元人民币	存款本金一次存入，存款到期一次性支取本金，分期支取利息的业务（分期商议确定）	老李获得父母遗产100万元，计划保留本金不动，每月支取利息用于钓鱼等娱乐消费

其他存款包括个人大额存单、个人通知存款、协定存款和定活两便。其他存款基本要素如表5–3所示。

虽然名为“定期存款”“其他存款”，实际都可以全额或部分提前支取，提前支取部分按支取日挂牌公告的活期存款利率计息，未提前支取部分仍按原存单利率计息。为了避免提前支取造成利息损失，我们应当根据流动性需求选择存款类型。

（3）存款利息——期限越长，利息越高。目前，我国商业银行存款利率已经实现市场化定价，人民银行只公布存款基准利率（见图5–4），作为商业银行存款的指导利率，各家商业银行在人民银行存款基准利率基础上自主决定存款利率水平（见表5–5）。因此，实际中各家商业银行同种存款利率水平各有不同。

表 5–3 其他存款基本要素

名称	存期	起存金额	存取方式	适用情形
个人大额存单	银行自主决定，一般有 1 个月、3 个月、6 个月、1 年、2 年、3 年等	银行自主决定，通常远远高于整存整取，一般有 20 万元、30 万元、50 万元等	一次存入本金，到期支取本息	老张领取了拆迁补偿款 70 万元，暂无明确用途
个人通知存款	不约定存期	5 万元人民币	一次存入本金，约定支取存款的通知日期，支取时按约定期限（1 天或 7 天）提前通知银行，可一次或分次支取	老张领取了拆迁补偿款 70 万元，预计 3 个月内用于支付购房首付，不确定具体支付时间。可以选择 7 天通知存款，利率为 1.1%（高于活期存款利率 0.3%）
协定存款	不约定存期	活期向定期转账的起点金额为 5000 元	银行自动每月将活期账户的闲置资金转为定期存款，当活期账户因刷卡消费或转账取现资金不足时，定期存款将自动转为活期存款	老李和老伴养老金收入合计 2.5 万元 / 月，支出 5000 元 / 月，结余 2 万元 / 月。老李和老伴比较健忘，办理过零存整取业务但总是忘记按月存入
定活两便	不约定存期	50 元人民币	一次存入本金随时可以支取	老贾有 3 万元存款，他不定期需要入院治疗，每次入院治疗需要自费支付约 1 万元

表 5–4 金融机构人民币存款基准利率表

（2015 年 10 月 24 日） （单位：%）

期限	活期存款	定期存款				
		三个月	半年	一年	二年	三年
利率	0.35	1.10	1.30	1.50	2.10	2.75

注：自 2014 年 11 月 22 日起，人民银行不再公布金融机构人民币五年期定期存款基准利率。

资料来源：中国人民银行官网，pbc. gov. cn。

2. 根据流动性需求选择存款

（1）首要考虑流动性需求。确定存款类型时，首要考虑流动性需求，而对于不同存款的利率水平做到知晓即可，不建议将利率高低作为选择存款类型的首要因素。在满足流动性需求的前提下，尽量选择利率较高的存款。比如，老张获得一次性内退补偿17万元，预计半年后置换家用汽车，那么，老张就应当选择3个月或半年的定期存款，而不是活期存款、个人通知存款、定活两便存款等。

（2）大额现金分多单、阶梯存入才方便。很多人喜欢把到期日临近的几笔定期存款等到期后合并进行转存，化零为整得到一张“大”存单，或是拿着大笔现金，到银行存成一笔“大”存单。这种存款方式虽然便于保管，但从理财的角度看，会降低资产的流动性，让自己在无形中损失利息。比如，老李退休时提取住房公积金余额45万元，将45万元存为了一笔5年期整存整取的定期存款。一年半后，老李的母亲自费住院需要12万元，不得不提前支取造成利息损失。因此，我们应当学会将“大单”拆成“小单”，并采用阶梯式存入。比如，老李将45万元拆成6张小单（3笔5万元、3笔10万元），分12个月陆续存入，每两个月存入一笔一年期整存整取的定期存款，这样一年后，老李每两个月都会有1笔存款到期，一旦遇到用钱需要，可以将利息损失减小到最低。

（3）存款甄别记心间。市面上有很多标榜“准存款”“类存款”的

表 5–5　主要商业银行人民币个人存款利率表　（单位：%）

名称	活期存款	定期存款						零存整取 整存零取 存本取息			通知存款		协定存款	定活两便
		三个月	半年	一年	二年	三年	五年	一年	三年	五年	1 天	7 天		
工商银行	0.2	1.25	1.45	1.65	2.05	2.45	2.5	1.25	1.45	1.45	0.45	1	0.9	按一年以内定期整存整取同档次利率打 6 折
农业银行	0.2	1.25	1.45	1.55	1.85	2.2	2.25	1.25	1.45	1.45	0.45	1	0.9	按一年以内定期整存整取同档次利率打 6 折
中国银行	0.2	1.25	1.45	1.65	2.05	2.45	2.5	1.25	1.45	1.45	0.45	1	0.9	按一年以内定期整存整取同档次利率打 6 折
建设银行	0.2	1.25	1.45	1.65	2.05	2.45	2.5	1.25	1.45	1.45	0.45	1	—	按一年以内定期整存整取同档次利率打 6 折
交通银行	0.2	1.25	1.45	1.65	2.05	2.45	2.5	1.25	1.45	1.45	0.45	1	0.9	按一年以内定期整存整取同档次利率打 6 折
邮储银行	0.2	1.25	1.46	1.58	1.85	2.20	2.25	1.25	1.46	1.46	0.45	1	—	按一年以内定期整存整取同档次利率打 6 折
招商银行	0.2	1.25	1.45	1.55	1.85	2.2	2.25	1.25	1.45	1.45	0.45	1	—	—
中信银行	0.2	1.3	1.55	1.75	2.00	2.25	2.30	1.4	1.65	1.65	0.45	1.00	—	按一年以内定期整存整取同档次利率打 6 折
浦发银行	0.2	1.3	1.55	1.75	2.00	2.25	2.30	1.35	1.55	1.65	0.45	1.00	—	按一年以内定期整存整取同档次利率打 6 折

续表

名称	活期存款	定期存款						零存整取整存零取存本取息			通知存款		协定存款	定活两便
		三个月	半年	一年	二年	三年	五年	一年	三年	五年	1 天	7 天		
民生银行	0.2	1.30	1.55	1.75	1.95	2.25	2.30	1.40	1.65	1.65	0.45	1.00	—	按一年以内定期整存整取同档次利率打 6 折
光大银行	0.2	1.30	1.55	1.75	2.00	2.25	2.30	1.3	1.55	1.55	0.45	1.00	—	按一年以内定期整存整取同档次利率打 6 折
华夏银行	0.2	1.30	1.55	1.75	1.80	2.20	2.30	1.30	1.50	1.50	0.55	1.00	—	按一年以内定期整存整取同档次利率打 6 折
广发银行	0.2	1.30	1.55	1.75	2.00	2.25	2.30	1.30	1.55	1.55	0.45	1.00	—	三个月：0.78；六个月：0.93；一年：1.05
兴业银行	0.2	1.30	1.55	1.75	2.00	2.25	2.30	1.30	1.55	1.75	0.70	1.25	—	按一年以内定期整存整取同档次利率打 6 折
北京银行	0.2	1.30	1.55	1.75	2.00	2.25	2.30	1.32	1.56	1.65	0.45	1.00	—	按一年以内定期整存整取同档次利率打 6 折
南京银行	0.2	1.30	1.55	1.75	2.05	2.35	2.40	1.30	1.55	1.75	0.80	1.10	1.10	按一年以内定期整存整取同档次利率打 6 折
上海银行	0.2	1.30	1.55	1.75	2.00	2.20	2.25	1.20	1.25	1.30	0.45	1.00	—	按一年以内定期整存整取同档次利率打 6 折
东莞银行	0.2	1.30	1.50	1.75	2.00	2.30	2.35	1.21	1.43	1.65	0.60	1.00	—	—

注：根据各家商业银行官网数据整理，截至时间 2023 年 9 月 30 日。本表内容仅供参考，以当地网点的公告为准。

金融投资，我们务必擦亮双眼，仔细甄别。首先，商业银行是唯一合法吸收存款的金融机构，除商业银行以外的任何金融机构（如保险公司、基金公司、小贷公司）、非金融机构（如咨询公司、顾问公司、实体企业）和个人吸收存款均为违法行为，这些非法吸收的存款不受存款保险的保护，即参与这些非法吸收存款项目一旦发生损失，存款保险并不会进行任何赔付。其次，在商业银行的营业网点、网站、手机银行办理的业务也并非均为存款，还有可能是银行理财产品、银保理财产品以及商业银行代销的其他金融投资产品。这些均不属于存款，不受存款保险保护。因此，我们在商业银行办理业务时，务必询问清楚、确定业务类型后再行办理，以免混淆。

拓展阅读

结构性存款——只保本金，不保收益

结构性存款是指银行通过在普通存款的基础上嵌入金融衍生工具（包括但不限于远期、掉期、期权或期货等），将客户收益与利率、汇率、股票价格、商品价格、信用、指数及其他金融类或非金融类标的物挂钩的具有一定收益风险的金融产品。特别强调，结构性存款非一般银行存款，具有投资风险，到期只能保障本金返还，不保障收益。我们如果选择结构性存款，应当充分认识投资风险，谨慎投资。

（二）国债兼顾安全性、收益性

1. 国债——“金边债券”，免税优待

国债，是由国家发行的债券，是中央政府为筹集财政资金而发行

的一种政府债券，是中央政府向投资者出具的、承诺在一定时期支付利息和到期偿还本金的债权债务凭证。由于国债的发行主体是国家，由国家财政信誉作担保，所以它具有最高的信用，公认为安全性最高的金融投资，也被称为“金边债券”。此外，投资者购买国债获得的利息收益免税。

按照期限划分，国债可以分为短期（期限≤1年）、中期（1年<期限≤5年）和长期（期限>5年），具体情况如表5-6所示。

表 5-6 国债的类别

类型	期限	流动性	收益率	例子
短期	≤1 年	既可持有至到期，也可在到期前变现	持有至到期为票面利率，提前变现为风险收益率	2022 年记账式附息（十四期）国债（期限 1 年，票面利率 1.88%，到期一次还本付息）
中期	1~5 年			2022 年第五期储蓄国债（电子式）（期限 3 年，票面利率 3.2%，一年付息一次） 2022 年第二期储蓄国债（凭证式）（期限 5 年，票面利率 3.52%，到期一次还本付息）
长期	>5 年			2022 年记账式附息（十七期）国债（期限 10 年，票面利率 2.69%，半年付息一次）

流动性方面，个人购买国债都是通过商业银行，购买后既可以持有至国债到期，也可以提前变现。不同类型国债的提前变现方式不同：储蓄国债（电子式）和储蓄国债（凭证式）可以通过提前兑取、质押贷款提前变现，记账式国债可以通过上市交易提前变现。

收益性方面，如果购买后一直持有至到期，那么投资者获得的收益率就是国债的票面利率，结合表5-6中三类国债的例子，我们发现国债票面利率接近同期存款利率但略有差异：短期国债的票面利率（1.88%）略高于同期存款利率（1.75%），中期国债（3.2%、3.52%）略高于同期存款利率（2.45%、2.5%），长期国债的票面利率（2.69%）略低于同期存款利率（2.75%）；如果购买后提前变现，由于提前兑取费用、卖出价随时变化，因而卖出后取得的买卖差价收入无法确定，因此，提前出售时的收益率具有不确定性。此外，短期国债一般到期一次还本付息，中期和长期国债一般在到期前按照固定频率支付利息（如一年付息一次，半年付息一次）。

2. 根据流动性需求选择国债

（1）优先考虑流动性。我们在选择国债时，应当先考虑流动性需求，而对于不同票面利率水平做到知晓即可，不建议将利率高低作为选择国债的首要因素。在满足流动性需求的前提下，尽量选择票面利率较高的国债。

（2）把握购买时点。选择好后，可凭本人有效身份证件到商业银行营业网点购买国债。储蓄国债（电子式）、储蓄国债（凭证式）均为非流通国债，只能在国债发行期内购买，发行结束后就无法购买。想要购买储蓄国债（电子式）、储蓄国债（记账式），需关注国债发行公告及当地银行的国债代销公告，在规定时间内购买。记账式国债为可上市交易国债，既可以在发行期内购买，也可以在上市后购买。购买国债时，银行将按规定收取手续费用。

（3）掌握变现方法。国债到期前，投资者如有变现需求，可以通过提前兑付或提前卖出变现，均在商业银行柜台办理。

提前兑付，储蓄国债（电子式）、储蓄国债（凭证式）在到期前可以办理提前兑付。办理提前兑付时，需携带有效身份证件和购买债券的储蓄卡，到银行柜台办理。提前兑付需支付手续费，且遇债券到期前若干日（一般为7个工作日）会暂停办理。

提前卖出，记账式国债在到期前可以提前卖出。办理提前卖出时，持本人有效身份证件及个人借记卡，到银行指定的网点，填写“债券交易凭证”即可办理债券卖出。卖出价随行就市、实时变动，以银行网点的实时报价为准。

三、善用中风险金融投资

案例导入

存款、国债之外还有哪些选择?

李阿姨是一个“50后”，掌握家中财政大权。李阿姨和老伴都已退休，退休金合计1.3万元/月，日常支出5000元/月。除房产外，李阿姨家现有财产100万元，均为银行存款：10万元活期存款，2张30万元存入日相同的1年期定期存单，30万元储蓄国债。一次李阿姨到银行办理存款到期转存时，发现定期存款利率又下调了，不禁感叹：“存款利率一直下调，不求增值，现在连保值都很难了。”这时，银行柜员向李阿姨推荐其他金融投资（理财产品、货币基金）：“这款产品（预期）收益率高于同期存款……这款产品以往收益率都挺好的，从未发生过本金损失。”在银行柜员热情推荐下，李阿姨动心了，不过仍然存在一些疑虑：这些金融投资跟银行存款、国债一样吗？能保证本金安全吗？能保证收益吗？过去的收益挺好、本金从未亏损，我买的这次也会如此吗？

存款、国债之外，我们还可以选择中等风险的理财产品和货币市场基金来提升财产收益。

（一）理财产品追求更高收益性

1. 理财产品——不保本金，不保收益

理财产品，指商业银行等金融机构接受投资者的委托，按照与投资

者事先约定的投资策略、风险承担和收益分配方式，对受托的投资者财产进行投资和管理的金融服务。

根据国家相关法规，理财产品要做到“卖者尽责、买者自负”，打破刚性兑付。任何金融机构销售的理财产品均不保证本金安全、不保证收益，也不受存款保险保护。

特别值得注意的是银行理财产品，由于银行存款的加持，银行在我们眼中自带光环，我们容易误以为银行理财产品类似于银行存款。错！银行理财产品不是银行存款！银行理财产品不保证本金安全、不保证收益，也不受存款保险保护。

金融机构工作人员在推销理财产品时，经常会介绍这款产品的以往收益情况。以往收益代表未来收益吗？不代表。以往收益仅作为购买时的参考，不具有任何承诺价值。如果未来的实际收益低于以往收益，我们不能以此为由索要赔偿。未来收益以及本金是否安全的不确定性就是理财产品的风险。

2. 根据风险等级选择理财产品

按照相关规定，我们购买理财产品前，必须参加风险评估，我们应当参考风险评估结果选择风险等级适宜的理财产品。如表5–7所示，理财产品的风险等级由低到高包括五个等级。通常，购买低风险理财产品（一级和二级）是我们的最佳选择，谨慎选择中风险理财产品（三级），尽量不选择高风险理财产品（四级和五级）。

表 5–7　　理财产品风险等级

风险等级	产品特征
一级	总体风险程度低，收益波动小，产品本金安全性高，收益不能实现的可能性很小
二级	总体风险程度较低，收益波动较小，虽然存在一些可能对产品本金和收益安全产生不利影响的因素，但产品本金出现损失的可能性较小

续表

风险等级	产品特征
三级	总体风险程度适中，收益存在一定的波动，产品本金出现损失的可能性不容忽视
四级	总体风险程度较高，收益波动较明显，产品本金出现损失的可能性高
五级	总体风险程度高，收益波动明显，产品本金出现损失的可能性很高，产品本金出现全部损失的可能性不容忽视

3. 优先选择银行渠道购买

商业银行、证券公司、保险公司等金融机构均可以直销和代销理财产品。我们通过商业银行营业网点或商业银行网上银行购买理财产品，因为商业银行网点众多，服务也相对规范、周到，能够获得更好的投资体验。当然，这并不是说商业银行直销或代销的理财产品都适合老年人，还需要按照下列建议进一步甄别再作出是否投资的决定。

（1）甄别累计收益、年平均收益。

累计收益 ÷ 投资年数 = 年平均收益。有些银行为了夸大收益，吸引投资者，在宣传中强调的是累计收益而非年平均收益。比如，某银行在协议中宣称，理财产品在3年后到期收益率总共为12%，这意味着实际年平均收益率仅为4%。

（2）分清预期收益、实际收益。

预期收益 ≠ 实际收益。比如，某银行的一款人民币信托理财产品，预期收益率为15%，而到期收益率仅为1.53%，两者相差13.47%。根据现有规定，商业银行发行理财产品，不得宣传理财产品预期收益率，在理财产品宣传销售文本中只能登载该理财产品或者本行同类理财产品的过往平均业绩和最好、最差业绩，并以醒目文字提醒投资者“理财产品过往业绩不代表其未来表现，不等于理财产品实际收益，投资须谨慎”。

拓展阅读

区分银保产品与银行理财产品

银行营业网点除了销售银行理财产品外，还会销售银保产品。稍加学习后，老年朋友们大多能够区分银行存款和银行理财产品，然而却往往混淆银行理财产品和银保产品。虽然同在银行营业网点销售，但是，二者在资金使用便捷性、缴费期限、后续资金支付等方面存在较大差异。

银保产品是银行代理的保险产品，本质是保险业务，是由银行作为一类保险兼业代理机构，代理销售的保险公司产品。销售合同上，出现的是保险公司的名称，所盖公章也是保险公司的。

银保产品目前多数是缴费期限3~10年，保障期限3~15年，主要是中长期的投资，并且带有意外保险。多数产品需要连续3年、5年或者10年缴费。本金和生存金保险期满都会返还，是否分红不确定。

还需提醒一点，缴费期限并非满期时间。例如缴费5年，10年后满期领取生存金。一些客户就会把5年当成产品的期限，但5年后提取时发现仍然属于退保，很可能仅能拿回本金。满期时间一般比缴费期限长很多，因此，在选购银保产品时必须问清楚满期时间，也就是开始领钱的时间。

善用犹豫期。根据国家规定，银保产品必须设有犹豫期，一般为15天。客户15天之内如果“反悔”，可以全额退保，在犹豫期内退保，保险公司只收取10元保单工本费。我们要善用犹豫期，如果一时冲动或盲目购买了银保产品，可以在购买后15天内到购买网点退保。我们应该在与子女或家人商量后，再决定是否购买银保产品。

（二）货币基金是流动性的新探索

1. 货币基金——“准存款”不是存款

货币基金是指仅投资于货币市场工具，每个交易日可办理基金份额申购、赎回的基金。在基金名称中使用“货币”“现金”“流动”等类似字样的基金视为货币基金。

货币基金具有流动性高、风险低的特点，受到广泛青睐，很多人将其视为“准存款”。货币基金与存款有本质区别。

第一，货币基金的流动性差于活期存款，难以做到随时支取。当我们需要资金时，交易日当天15点前将货币基金卖出（赎回），在下一交易日的24点前到账；交易日当天15点后卖出，在下两个交易日的24点前到账；如遇法定节假日到账时间相应顺延。支付宝平台销售的货币基金——“余额宝”可以选择“快速到账”方式卖出，2小时内到账，每日限额1万元。

第二，货币基金的收益不固定。一方面，货币基金为浮动收益金融投资，不承诺固定收益，收益率随行就市、随时波动。另一方面，根据货币基金以往收益来看，货币基金的年化收益率要明显高于活期存款利率，基本与一年期整存整取存款利率近似。2021年以来随着利率水平持续走低，货币基金的年化收益率普遍低于2%。

第三，货币基金的安全性差于存款。货币基金不保证本金安全，也不受存款保险保护。历史上，货币基金发生本金损失的情形鲜有发生，但是确有发生，并且鲜有发生也不意味着将来不会发生。

自2013年以来，互联网货币基金异军突起、后来居上。我们十分熟悉的支付宝“余额宝”、微信“零钱通”都属于互联网货币基金。凭借平台优势，“余额宝”“零钱通”等互联网货币基金都提供了多种附加服务，如淘宝购物、线下商场、超市购物时可以使用“余额宝”余额直接付款，免费账户保险，盗刷先行赔付，积分优惠活动等。我们老年人可以在清楚认知货币基金本质的前提下，投资一些互联网货币基金，以此跟上时代步伐。

2. 综合考虑历史业绩、费率、业绩排名、交易规则选择货币基金

不同于理财产品风险收益的多样性，货币基金风险收益整体趋同，只在某些方面稍有差异，可以考虑这些差异因素作出选择：

（1）历史业绩。任何投资品的历史业绩都不能代表未来收益，只能作为我们预测未来收益的参考，不过，由于货币基金收益波动较小，因此，货币基金的历史业绩具有更高的预测参考价值。在备选货币基金中，我们可以选择历史业绩较好的进行投资。

（2）费率。货币基金要收取管理费、托管费、销售服务费，由于货币基金整体趋同，在备选货币基金中，我们可以选择费率较低的投资。

（3）同类基金排名。金融机构会按照历史业绩进行同类基金排名，我们可以挑选排名靠前的货币基金投资。

（4）交易规则。交易规则主要影响买卖的便捷性。当前，货币基金通用交易规则为：买入时，交易日15点前买入，下一交易日开始计息，计息后下一个自然日/交易日可查看收益；卖出时，交易日15点前卖出，下一交易日24点前到账，转出当日仍有收益；周四15点后至周五15点前的买入或卖出，下周一开始计息或到账；周五15点后至周日24点前的买入或卖出，下周二开始计息或到账。

3. 视需求情况选择购买渠道

货币基金的购买渠道主要有三类：银行代销、互联网平台代销和基金公司直销。其中，银行代销和基金公司直销又有营业网点和官方网站两种渠道。三种购买渠道可供挑选的货币基金范围大致相同，通过不同渠道购买的同一货币基金无任何差别，可根据自身情况、需求选择购买渠道。银行只是货币基金的代销机构，不对货币基金的收益风险承担责任。

四、慎选高风险金融投资

案例导入

老年人应该进行高风险金融投资吗?

老刘退休前是一名车辆工程师，好友兼同事老李有二十多年的股票投资经历，经常向老刘讲述自己的投资故事。受老李影响，老刘也想要进行股票投资，可是又担心自己难以驾驭股票投资风险，始终犹豫不决。为此专门召开了家庭会议，与老伴和女儿商议此事。老伴何阿姨反对老刘投资股票这类高风险资产，理由：老年人理财的关键是稳健，老年人理财的风险承受能力较低，理财目标主要是保证本金安全前提下的稳定收益。女儿鼓励老刘进行尝试，并提出建议：不能盲目蛮干，应当先学习相关高风险金融投资知识，用科学理论和方法指导投资，刚好老年大学开设了投资课程，可以边学边尝试，不仅能够提高家庭财产收益，还能丰富老年生活。

股票、债券、证券投资基金和黄金四类高风险金融投资，适合具备一定高风险金融投资经验和风险承受能力的老年人。从未从事过高风险金融投资的老年人，最好不要尝试。

（一）股票是风险收益的挑战

1. 股票——高风险、高收益

（1）难以预测的收益。股票的收益主要包括两部分：一是股息或红利收益，二是资本利得。前者来自股票发行公司的税后净利润，后者来自股票流通中的买卖差价。前者取决于公司经营状况以及股利政策，后者取决于市场对股价走势的预期。二者均受到诸多因素影响，因此，股票收益难以预测。

（2）变幻莫测的风险。股票投资者能否获得预期的回报，取决于企业的经营状况和股价行情，二者除了受制于企业的经营状况外，还受经济、政治、社会、人为等因素的影响，处于不断变化的状态中。即使是专职研究股票的金融机构都难以准确预测。因此，欲入市的投资者，一定要谨慎行事。

（3）不可偿还的发行。股票是一种无偿还期限的有价证券，我们购买了股票以后就不能要求股票发行人偿还、退股，只能拿到二级市场去出售。只有当股票发行人破产清算时，投资者才能凭借股票获得剩余财产分配，然而，股票投资者的剩余财产分配位于所有利益相关者末尾，实践中往往一无所获。

（4）想走也难的变现。在股票市场卖出股票，往往要付出较高的变现成本。股票价格极具波动性且波动幅度较大，因此，当我们急用钱而需要卖出股票时，可能会遇到股票市价不理想，甚至远低于买入价的情形，投资者卖出股票就要承受卖出价低于买入价的损失。看似能够自由变现，实际上是想走也难。

2. 股票投资需学识心态兼修

股票投资是个不断学习的过程，其中不仅包括知识的学习，还包括心态的磨炼，盲目的胆大、恐惧、焦躁都是不可取的。知识可以通过书本去学习，心态则需要在实战中总结与锻炼。

量力而行。投资股票必须有足够的风险承受能力，要有可以自由支配、没有压力、没有时间限制、没有盈利要求的钱。任何有压力的资金都不适合投资股票。在进行投资前，可以问自己几个问题：这部分钱（投入股市的钱）3~5年内都不会动用吗？这笔钱我能承受的亏损是多少？如果亏损达到50%以上，会影响我正常生活吗？

学会价值投资。要有足够的学习能力，不要把希望寄托在别人身上。投资是个长期的学习过程，不要试图走捷径，也不要根据小道消息或所谓的内幕消息进行股票投资决策。

要保持理性和敬畏，不要稍有投资收益就沾沾自喜、得陇望蜀。

（二）债券是风险收益的调和

1. 债券——兼顾风险收益

债券是指金融债券和公司债券，与国债不同，这两类债券均属于高风险金融投资。两类债券的发行人的信用水平参差不齐，导致其债券信用风险存在较大差异。

所谓信用风险，是指债券发行人不履行到期债务的风险，即到期不偿还本金、不支付利息的风险。我们通常对债券发行人进行信用评级，以此来度量信用风险。信用评级越高越安全。

尽管各家评级机构的债券评级分类各有不同，但是基本上都将债券分为两大类，即投资级和投机级。

2. 根据信用评级投资债券

我们投资债券，应当选择投资级，不要选择投机级。投资级内部，按照信用评级高低，进一步将债券划分为不同等级。以标普信用评级为例，投资级包括AAA、AA、A和BBB。市场中能够达到AAA评级的债券凤毛麟角，AA评级债券就可以视为几乎没有信用风险。

根据信用评级投资债券时，最应该关注债券的信用评级变动。信用评级机构会定期公布债券发行人的信用评级，我们应当关注信用评级被调降的债券，不要购买这类债券，如果已经持有这类债券应当尽快出售。

（三）基金是风险收益的专业管理

1. 基金——专业管理

基金，通常作为“证券投资基金”的简称，是指通过发售基金份额募集资金形成独立的基金财产，由基金管理人管理、基金托管人托管，以资产组合方式进行证券投资，基金份额持有人按其所持份额享受收益和承担风险的间接投资工具。

称基金为间接投资工具，是相对股票、债券这类直接投资工具而言。基金的投资者并不制定投资策略，而是由基金管理人制定投资策略。股票、债券则是由投资者亲自制定投资策略。因此，基金适合想要进行股票、债券这类高风险投资，却不具备相应专业能力的投资者，通过购买基金、聘用专业基金管理人进行高风险投资。

按基金资产的投资对象不同，基金可以分为股票型基金、债券型基金、货币基金、混合型基金等。其中，货币基金作为低风险金融投资在前文已经做过讲解，这部分讲解股票型基金、债券型基金和混合型基金。

股票型基金，要求基金资产80%以上投资于股票。因此，股票型基金的风险收益特征与股票非常接近，受到股票发行人经营状况、宏观、行业、市场等因素影响，具有高风险、高收益特征。由于具体投向、基金管理人能力等差异，不同股票型基金的收益率可能天差地别。

债券型基金，要求基金资产80%以上投资于债券。因此，债券型基金的风险收益特征与债券非常接近，主要受到发行人信用评级和市场利率变化影响，具有中等风险、中等收益特征。

混合型基金是指投资于股票、债券以及货币市场工具的基金，且不符合股票型基金、债券型基金和货币基金的分类标准。根据股票、债券投资比例以及投资策略的不同，混合型基金又可以分为偏股型基金、偏债型基金、配置型基金等类型。混合型基金的风险收益特征较为多样。

2. 根据招募说明书、定期报告投资基金

投资者应当根据自身风险评估结果选择基金类型，然后利用基金公开信息选择投资对象。最应当关注的基金公开信息为基金招募说明书和基金定期报告，阅读要点如表5-8和表5-9所示。

表 5–8 阅读基金招募说明书的 5 个要点

要点	相关说明
看基金管理人	优质专业的基金管理公司和投资研究团队是基金投资得以良好运作的保障，因此，基民需要细看招募书中对基金管理公司和公司高管的情况介绍，以及拟任基金经理的专业背景和从业经验的介绍
看过往业绩	过去的业绩可以在一定程度上反映出基金业绩的持续性和稳定性，这可以为基民下一步的投资决策提供参考
看投资风险	为了让投资更加理性，基民有必要对投资的风险作出心理预期。招募说明书中会从市场风险、信用风险、流动性风险、管理风险等方面对基金的投资风险作出说明
看投资策略	投资策略是基金实现投资目标的具体计划，这和基金的投资收益与风险是直接相关的
看费用	基金涉及的费用主要有认购/申购费、赎回费、管理费和托管费等。这些在招募说明书中都会详细列明，投资者可据此比较各个基金的费率水平

表 5–9 阅读基金定期报告的 6 个要点

要点	相关说明
看基金净值表现	通过将其与同期基金业绩比较基准收益率进行对照，可以了解基金实际运作与基金合同规定基准的差异程度，从而大致判断出基金的运作绩效
看净值增长率标准差	通过净值增长率标准差来反映基金净值的波动和风险，标准差越低，基金净值越稳定
看投资组合	通过持股集中度来看基金投资的分散度。此外，如果十大重仓股每一季度都出现过半数的新面孔，说明该基金调仓较为频繁，基金经理相对偏好短线操作
看投资策略	了解该基金的投资思路，以及对市场的分析和行业的配置策略等，作为自己投资的参考
看基金的份额变化情况	基金份额变化如果过于剧烈，意味着出现了大规模的申购与赎回，投资者可以结合市场情况去了解一下出现变动的原因
看重要事项公告	包括：基金管理人管理费是否降低、基金公司有没有发生重大的人事变动、基金公司修改其投资方向的决定等

（四）黄金是风险收益的传统投资

1. 黄金——财富象征

黄金投资和股票投资一样，要时时关注行情的变化和走势。在市场上，黄金价格的波动，绝大多数是受到国际经济因素以及黄金本身供求关系的影响。

一般来讲，影响黄金价格的因素有以下几个方面：第一，黄金供需关系；第二，美元汇率走势，美元强弱与国际黄金价格基本上是反向变化关系；第三，国际地缘政治，一旦发生国际地缘动荡，黄金因其避险属性受到推升，所谓“大炮一响，黄金万两”；第四，全球性金融危机，假如出现全球性金融危机，金价会上涨；第五，通货膨胀，通货膨胀高低与黄金价格是正向变化关系。

2. 通过实物黄金、纸黄金投资黄金

（1）实物黄金。实物黄金主要分为金条和金币两种。①金条。目前市场上的金条有两种，分别是普通金条和纪念金条。特点是以1:1的形式，即多少货币购买多少黄金保值，只能买涨。目前，不少商业银行都有推出自有品牌金条，投资者日后若想变现，只需凭有效身份证件、商品销售单据原件等前往指定回购网点办理回购即可，回购手续费为3元/克。②金币。金币有两种，即纯金币和纪念性金币。纯金币的价值基本与黄金含量一致，价格也基本随国际金价波动。纪念性金币由于具有比较大的增值潜力，其收藏投资价值要远大于纯金币。纪念性金币的价格主要由三方面因素决定：一是数量越少价格越高；二是铸造年代越久远价值越高；三是目前的品相越完好越值钱。

（2）纸黄金。纸黄金，又称为“记账黄金”，纸黄金交易没有实金介入，是一种由银行提供的服务，投资者无须通过实物的买卖及交割来交易，而采用记账方式来投资黄金。由于不涉及实金的交割，交易成本可以相对低一些，但“纸黄金”只能做多看涨，从金价上升

中获利，无法做空。适合对黄金市场有一定研究，有时间盯盘的投资者。

在国内，中国银行、工商银行、建设银行等有纸黄金业务，其操作方式与股票、基金等相似。与实物黄金相比，纸黄金的保值避险功能略差，但其交易方式更灵活、收益更大、增值空间更大、交易速度更快，在交易成本方面也相对较低。

五、没有免费的午餐

（一）不把投资当赌博

首先，投资区别于赌博的最大特征就是理性。简单地说，投资要知道钱赚到什么时候应该满足，亏到什么时候应该停止，用专业投资者的话叫作会“止盈和止损”。而赌徒无论输赢都不会主动离场，直到倾家荡产、负债累累、举债无门才被迫离场。

其次，二者的预期收益率不同。只要投资策略得当，投资的预期收益率为正。然而，赌博的预期收益率为负，所谓“久赌无胜家”，能够在赌博中长期获得收益的只有赌场和庄家。

（二）识别投资风险

投资风险基本上分为三大类：投资诈骗风险、购买力损失风险和本金损失风险。

投资诈骗风险是指以投资之名、行诈骗之实，导致老年人损失养老钱、房产等的风险。近年来，以老年理财、以房养老为由进行的投资诈骗时有发生，被骗老人不仅遭受了财产损失，身心更受到重创，很多老人因此卧病不起，甚至撒手人寰。

购买力损失风险是指在投资的过程中收益太低，无法对本金因通货膨胀而减少的那部分进行补偿。

本金损失风险也是因为自己没有很好地规避风险使得投资的本金受到了损失。

（三）控制投资风险

1. 明确自身投资需求

如今，各大银行的理财服务区都配有专业的理财经理为客户分析讲解，他们会按照规范流程详细了解客户的财务状况、投资经验、投资目的、风险偏好、投资预期等情况，并填写“个人客户资料档案表”，我们可借此明确自身的理财需求。

2. 了解金融投资的特点

我们在投资之前，一定要充分全面了解所要投资的产品类型，比如固定收益型、保本浮动收益型或非保本浮动收益型，然后再根据个人需求及实际情况做选择。

3. 分析自身可承受风险水平

风险水平包括两个方面，一是风险承受能力，投资者可根据年龄、就业状况、收入水平及稳定性、家庭负担、资产状况、投资经验与知识估算出自身风险承受能力。二是风险承受态度，即风险偏好。可以按照自身对本金损失可容忍的程度及其他心理测验估算出来。

总之，投资者在进行投资前应先评估自身的可承受风险水平，并深入了解准备投资的产品，对于不熟悉的产品可向相关领域的专业人士进行咨询，避免片面追捧投资的高收益率，掉入金融诈骗的陷阱。

知识窗

口诀记心间，保卫“养老钱”

高利诱惑不可信，不懂业务要远离。

投资不能太大意，需和家人共商议。

收益风险成正比，一夜暴富是陷阱。

正规渠道买产品，不与个人签协议。

资料来源：国家金融监督管理总局北京监管局。

自测题

1. 老年人理财规划的合理目标是（　　）。

A. 财务安全　　B. 财富自由

C. 本金安全　　D. 高额收益

答案：A

2. 老年人遇到主打“财富自由”宣传的金融投资时，应当采取的态度是（　　）。

A. 被深深吸引，毫不迟疑地投入大量资金

B. 将信将疑，抱着尝试的想法投入少量资金

C. 立刻远离，这属于诈骗，必要时打110报警

D. 向亲戚朋友推荐，大家一起投资

答案：C

3. 关于收益和风险的说法，正确的是（　　）。

A. 收益可以脱离风险独立存在

B. 出于某种原因（比如“惠民政策”“爱老政策”），存在高收益低风险或者高收益零风险的金融投资

C. 富贵险中求，为了高收益，老年人应当勇于承担高风险

D. 老年人投资稳定是关键，应当选择低风险低收益的投资

答案：D

4. 以下金融机构、非金融机构或个人，能够吸收存款的是（　　）。

A. 工商银行　　B. 帮富小额贷款公司

C. 大东钢铁冶炼厂　　D. 邻居的富商儿子

答案：A

5. 以下关于理财产品的说法，正确的是（　　）。

A. 银行理财产品受到存款保险覆盖

B. 理财产品不保证收益，但是保证本金安全

C. 理财产品不保本金、不保收益

D. 理财产品历史收益代表未来收益

答案：C

6. 以下不是货币基金与存款的区别的是（　　）。

A. 货币基金的流动性差于活期存款

B. 货币基金的收益率不固定

C. 货币基金不保证本金安全

D. 货币基金保证本金安全

答案：D

7. 关于股票投资，以下说法正确的（　　）。

A. 股票价格影响因素单一，很容易预测其变动趋势

B. 股票投资者可以要求股票发行人偿还、退股

C. 股票二级市场使得股票变现成本极低

D. 股票投资风险很高，老年人投资需十分谨慎

答案：D

8. 关于债券投资，以下说法正确的是（　　）。

A. 债券都有明确票面利率，因此投资垃圾债券也几乎没有风险

B. 公司债券的信用评级天差地别，投资时需认真挑选

C. 债券信用评级很少发生变动

D. 金融债券比公司债券安全性更高

答案：B

9. 关于基金投资，以下说法正确的是（　　）。

A. 基金由基金管理人进行专业化管理，因此没有风险

B. 投资者可以参与制定基金投资策略

C. 债券型基金属于中等风险、中等收益

D. 混合型基金的风险最低

答案：C

10. 关于黄金投资，以下说法正确的是（　　）。

A. 黄金价格极其稳定，鲜有波动

B. 投资实物黄金必须考虑保存成本和遗失风险

C. 国内任何商业银行均可以进行纸黄金投资

D. 黄金投资不需要关注市场行情

答案：B

第六章 筑牢保险屏障

案例导入

2021年7月17日至23日，河南省遭遇历史罕见特大暴雨，发生严重洪涝灾害，特别是7月20日郑州市遭受重大人员伤亡和财产损失。灾害共造成因灾死亡失踪398人，直接经济损失1200.6亿元。9月7日，针对河南郑州“7·20”特大暴雨灾害保险理赔情况，中国银保监会官网发布答记者问显示，7月17日至8月25日，河南保险业共接到理赔报案51.32万件，初步估损124.04亿元，已决赔付34.6万件，已决赔款68.85亿元。

资料来源：新华社，河南郑州“7·20”特大暴雨灾害调查报告公布，http：//www. gov. cn/xinwen/2022-01/21/content_5669723. htm，2022-01-21；席莉莉，银保监会回应郑州特大暴雨保险理赔情况，初步估损超124亿，新京报，https：//www. bjnews. com. cn/detail/163101291114507. html，2021-09-07。

一、保险抵御风险

（一）风险识别

只有正确识别出自身所面临的风险，才能够主动选择恰当有效的方法处理风险。人们对风险的识别有两个环节：第一，感知风险，也就是感性上认识到风险的存在；第二，分析风险，也就是分析风险发生的原因，以便选择应对风险的方案。

1. 风险来源

风险可能来自外部，也可能出自自身。

来自外部的风险主要是意外风险。自然灾害、他人的不当行为或有安全隐患的设施都有可能给我们造成意外风险。在我们的生活中，各类灾害的发生，往往令人不堪回首。2008年“5·12”汶川地震、2012年“7·21”北京暴雨、2019年“利奇马”超强台风、2021年“7·20”郑州特大暴雨、2022年“9·5”泸定地震，这些自然灾害造成的人员伤亡、经济损失无法衡量。随着经济环境加速变迁、生活方式日益丰富，人们所面临的意外风险和安全隐患不断增加。老年人由于身体、感官和认知方面出现老化，发生意外风险比其他年龄段的人要高。60岁以上人群的意外伤害发生率约为20~59岁人群的2倍。

出自自身的风险有两项：一种是疾病风险。人对自己身体状况的变化是最为熟悉的。随着年龄的增长，老年人患疾病的风险逐渐增加。即使自身身体素质依然很好，但是周围同龄人或多或少地会有生病住院的情况。这使得老年人大都具备对疾病风险的认识。另一种是长寿风险。可能有人会有疑问，长命百岁不管在任何时候都是人们的追求，怎么能算一种风险呢？其实长寿也会带来风险，通俗地说就是“人还在，钱没了”，也就是由于长寿带来的入不敷出的风险。随着经济的发展、医疗水平的提高，人的平均寿命逐年增长。中国人2022年的平均寿命是78.2岁，并有望在2030年达到79岁。从总体趋势看，退休后，收入比在职时要少，但是由于医疗支出和照护支出的增加，总支出反而比在职时要高。因此长寿风险也是老年人不容忽视的问题。

除自身的人身风险以外，我们的住房、使用的车辆，也会面临自然灾害及意外事故风险。老年人在面对灾害和事故时，已经自顾不暇，更遑论保护家庭财产了。房屋、车辆又往往是家庭资产中占比较高的，一旦发生灾害和事故，造成的损失难以估量。

2. 常见风险

天有不测风云，人有旦夕祸福。意外的发生是不可预测的，不能完全规避。但是意外造成的损失可能是巨大的。跌倒坠落和交通事故是造成老年人恶性意外事故的主要原因（见图6-1）。

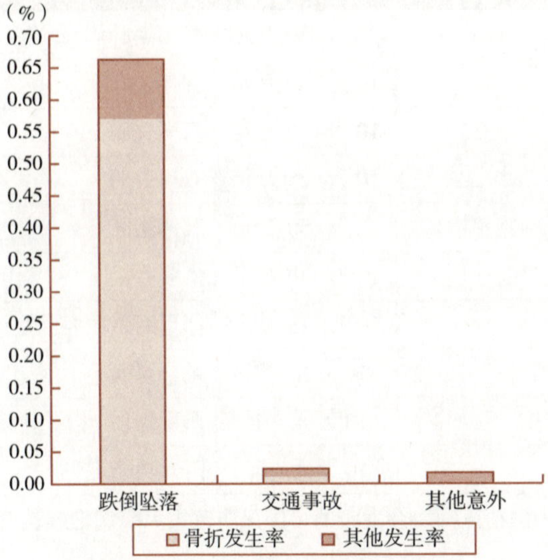

图6-1　老年人意外事故发生率

注：数据摘自江泰保险经纪股份有限公司《老年人意外险案例报告》。

从图6-1数据显示，跌倒坠落的事故占老年群体的比率近0.70%，其中导致骨折的事故比率近0.60%，导致身故的事故比率约为0.01%。交通事故占比约为0.02%。

疾病风险也是老年人的常见风险。据《中国人身保险业重大疾病发生率表（2020）》显示，60岁的老年人重疾发生率约为1%，并随年龄逐年升高。患者一旦被确诊为重大疾病，不仅要承受生理上的痛苦，还可能会面临经济上的困难。一方面患者治疗重疾，通常需要较为复杂的药物或手术治疗，甚至有些重疾还未找到有效的治疗方法，这背后通常意味着动辄几十万元甚至上百万元的医疗费用（见表6-1）。另一方面大部分患者在确诊为重疾时体征反应已经很严重，甚至开始迅速恶化，已不能从事原有工作，将丧失部分或全部经济收入。

寿命过长，也有可能耗尽养老储备。随着老龄化和少子化程度的加深，未来针对老年人的照料服务将越来越紧俏，价格也将逐步攀升。寿

表 6-1 重大疾病的平均治疗费用

重大疾病	医疗费用	重大疾病	医疗费用
癌症	22 万~80 万元	终末期肺病	10 万~30 万元
冠状动脉搭桥术	10 万~30 万元	昏迷	12 万元 / 年
急性心肌梗死	10 万~30 万元	双耳失聪	20 万~40 万元
心脏瓣膜手术	10 万~25 万元	双目失明	8 万~20 万元
重大器官或造血干细胞移植术	22 万~50 万元	肢体切断	10 万~30 万元
脑炎后遗症或脑膜炎后遗症	20 万~40 万元	瘫痪	5 万元 / 年
良性脑肿瘤	10 万~25 万元	严重阿尔兹海默症	5 万元 / 年
严重脑损伤	10 万元 / 年	帕金森病	7.5 万元 / 年
慢性肝功能衰竭	10 万元 / 年	严重烧伤	10 万~20 万元
终末期肾病	10 万元 / 年	语言功能丧失	10 万元 / 年

注：数据摘自中国精算师协会发布的《国民防范重大疾病健康教育读本》。

命增长使得养老的时间跨度也越来越长。两个因素叠加，对人们的养老储备形成挑战。如果没有充足的养老储备，人们在退休到来时不得不降低生活品质，舍弃期望中的部分生活预期。

房产可能面临暴风、暴雨、台风、洪水等自然灾害风险，及火灾、爆炸、水暖管爆裂等意外事故风险。车辆可能面临火灾、爆炸、空中坠物、碰撞等意外事故或暴风、暴雨等自然灾害或被盗窃、抢劫等损失。

（二）处置风险

对待不同的风险要采取相应的处置措施。

1. 不立危墙之下

古语有云，“君子不立危墙之下”，讲的是君子要远离危险的地方。这里的“危墙”是一个比喻，象征着一种趋势和潜在的发展规律。这句话是告诉我们要审时度势，不做违反规律的事情。

如果做某件事可能导致风险发生的概率很高，而且可能的损失也很大，又没有其他有效的措施来降低风险时应放弃原有计划。

比如有些老年人年轻的时候，喜欢俯卧撑或者是拉弹簧这种训练肌肉的无氧运动，现在年纪大了不建议继续进行。该项运动容易诱发心脑血管疾病，若是操作方法不当，还会有肌肉拉伤情况出现，而且由于老年人体内通常会伴随钙元素流失，本身出现骨折概率就比较高，若是不注意保养，进行高强度无氧训练，诱发骨折概率也较高。老年人进行力量训练更要合理、适当、科学。

2. 不因噎废食

有些老年人意识到自己由于身体素质的原因，更容易“三高”后，便少吃或不吃肉、蛋、奶，以避免自己“三高”。但是这样真的科学吗?

肉、蛋、奶富含优质动物蛋白质，蛋白质对于骨骼的生成以及免疫系统的运作发挥着至关重要的作用。老年人一旦出现蛋白质缺失的情况，可能会引发骨质疏松，免疫系统失衡。面对生活中的其他风险也是如此，我们不能因噎废食，还要保证正常的生活，不要过度忧虑。

3. 亡羊补牢

羊丢失了再去修补羊圈，还不算晚，就怕不及时改正，一错再错，最后可能连补救的机会也没有了。在发生风险事件后，要分析原因，作出相应对策来控制风险，降低伤害。

有心血管疾病的老人，做大幅度抬头动作易引发晕眩，甚至晕倒。抬头这个小动作是不经意的，但是有过这种晕倒经历的老人，就应在意识到自己抬头的时候控制自己的动作幅度，这样就能有效地防止晕倒。举一反三，吃一堑长一智，尽量避免再次出现相同的伤害。从周围人的经历中也能总结出一些经验，提前“补牢”。

老年人大多存在肌力差、平衡能力差、认知能力减退等情况，有些人还患有基础性疾病，要格外注意意外跌倒事故的发生。我们可以在家中进行适老化改造，增加扶手，调整家具的高度，保持地面整洁、防滑。

这种适老化改造可以有效降低老年人摔伤概率和受伤程度。在日常生活中，我们也要注意尽量穿着较为宽松的衣服和舒适的鞋子；出行扶好护栏或准备拐杖等辅助设备，上下楼梯扶好扶手。

4. 四两拨千斤

● 小案例

65岁的张女士是某市的居民医保参保人员，在2021年12月参加当地的“惠民保”，保费为99元，于2022年1月保障生效。张女士2022年2月因头晕加重入住当地医院治疗，后诊断为脑动脉瘤，住院期间共计花费224353.03元，医保统筹支付107603.45元，居民大病保险支付18950.8元，个人支付97798.78元。

因张女士参保了“惠民保”，医疗费用个人负担部分，扣除20000元免赔后纳入惠民保障范围，按梯级赔付比例［累计10万元（含）以下，赔付比例为50%］计算可获得赔款38809.94元。

资料来源：安阳市人民政府，安阳惠民保首个理赔案例来了！https：//www.anyang. gov. cn/2022/04-29/2342866. html，2022-04-29。

除了上述风险外，仍有一些风险没有办法很好地化解，比如高额的医疗费用。对于这种情况，医疗保险就是一个对症下药的好方子，花极少的保费就能把巨额医疗费用的风险转移出去，往往能够起到四两拨千斤的效果。

二、社会保险兜底

（一）养老保险

1. 基本养老保险领多少

基本养老保险亦称国家基本养老保险，它是按国家统一政策规定强制实施的为保障广大离退休人员基本生活需要的一种养老保险制度。

根据《2021年度人力资源和社会保障事业发展统计公报》[①]，2022年末参保城镇职工基本养老保险离退休人员13644万人，基本养老保险基金支出59035亿元，可推测出城镇职工人均月均养老金大概为3606元；2022年末城乡居民养老保险实际领取待遇人数16464万人，基金支出4044亿元，可推测出城乡居民人均月均养老金大概为205元。

拓展阅读

我国养老制度改革的发展历程

时间	发文字号	标题	主要任务
1991年6月	国发〔1991〕33号	《关于企业职工养老保险制度改革的决定》	养老保险实行社会统筹，费用改为由国家、企业和个人三方共同承担
1995年3月	国发〔1995〕6号	《关于深化企业职工养老保险制度改革的通知》	企业按照部分积累制的筹资模式，由个人扩大到个体工商户本人、私营企业主等非工薪收入者，鼓励建立企业补充养老保险和个人储蓄性养老保险
1997年7月	国发〔1997〕26号	《关于建立统一的企业职工养老保险制度的决定》	基本养老金由基础养老金和个人账户养老金组成，并切实贯彻基本养老保险只能保障退休人员基本生活的原则，把改革企业职工养老保险制度与建立多层次的社会保障体系紧密结合
2000年12月	国发〔2000〕42号	《国务院关于印发完善城镇社会保障体系试点方案的通知》	养老保险制度重新规定缴费率，做实个人养老金账户工作开始启动
2005年12月	国发〔2005〕38号	《关于完善企业职工养老保险制度的决定》	正式实施“老人老办法，新人新办法，中间人逐渐过渡”的方案。实现养老保险制度全面覆盖

① 资料来源：人力资源和社会保障部：《2022年度人力资源和社会保障事业发展统计公报》。

续表

时间	发文字号	标题	主要任务
2009年9月	国发〔2009〕32号	《国务院关于开展新型农村社会养老保险试点的指导意见》	提出新农保制度，将个人缴费与集体补助以及政府补贴三者相结合
2011年6月	国发〔2011〕18号	《国务院关于开展城镇居民社会养老保险试点的指导意见》	切实落实社会统筹和个人账户相结合制度，建立个人缴费与政府补助贴相结合的城镇居民养老保险制度
2014年2月	国发〔2014〕8号	《国务院关于建立统一的城乡居民基本养老保险制度的意见》	完善基础养老金与个人账户养老金相结合的待遇支付政策，强化长缴多得与多缴多得等制度的激励机制
2015年1月	国发〔2015〕2号	《国务院关于机关事业单位工作人员养老保险制度改革的决定》	进一步改革基本养老金计发办法，建立职业年金制度，逐步实行社会化管理服务

2. 企业年金（职业年金）领多少

企业年金是一种补充性养老金制度。我国企业年金实行完全积累，为每个参加企业年金的职工建立企业年金个人账户，下设企业缴费子账户和个人缴费子账户，分别记录企业缴费分配给个人的部分及其投资收益，以及本人缴费及其投资收益。企业年金所需费用由企业和职工个人共同缴纳。企业缴费每年不超过本企业职工工资总额的8%，企业和职工个人缴费合计不超过本企业职工工资总额的12%。

知识窗

企业年金计算方法

《企业年金办法》规定职工企业年金个人账户中个人缴费及其投资收益自始归属于职工个人。职工企业年金个人账户中企业缴费及其投资收益，企业可以与职工一方约定其自始归属于职工个人，也可以约定随着职工在本企业工作年限的增加逐步归属于职工个人，完全归属于职工个人的期限最长不超过8年。

比如月工资为1万元，企业最高缴纳800元，并约定自始归属于职工个人，个人缴纳400元，合计为1200元。假设这一年的投资收益是5%，则一年后基金余额为1260元。如此逐月缴费并投资升值，直至退休。退休后可以选择一次性领取或分次领取，领取金额以基金积累额为限。企业年金的领取金额取决于积累额，而积累额取决于缴费和收益两方面。因此，缴费越高，领取的年金越高；收益越多，领取的年金也越多。

职业年金是指机关事业单位在参加基本养老保险的基础上，为其工作人员建立的强制性养老金制度。机关事业单位必须为其职工缴纳职业年金，具有强制性。可以把职业年金理解为机关事业单位的“企业年金”。但是职业年金单位缴费部分的积累方式与企业年金略有不同，对于财政全额供款的单位，不是按市场投资运营计息，而是按国家统一公布的记账利率计息。因此其运行机制计划性更强，而缺少市场化。其待遇领取方式与企业年金大体相同。

企业年金（职业年金）与基本养老保险有本质不同。养老保险是一种保险，只要领取人生存就可以一直领取。而企业年金（职业年金）是基金，只能领取基金积累的金额，领完为止，会出现领取人还生存，但是领不到钱的情况。

拓展阅读

根据《2022年度人力资源和社会保障事业发展统计公报》，2022年末全国有12.80万户企业建立企业年金，参加职工3010万人，企业年金投资运营规模2.87万亿元，自2007年开展运营以来，全国企业年金基金平均投资收益率为6.58%。

资料来源：人力资源和社会保障部，《2021年度人力资源和社会保障事业发展统计公报》。

3. 兜底基本生活费用

如何预测退休后的生活水平？这里我们引入养老金替代率的概念。

$$养老金替代率=\frac{养老金领取水平}{退休前工资收入水平}$$

养老金替代率是有效衡量退休前后收入对比的直观指标，能侧面反映出退休后的生活水平与退休前的差距。如果退休前工资是1万元，退休后养老金是8000元，那么养老金替代率就是80%。养老金替代率越高，退休生活质量自然越好。

根据世界银行的建议，要维持退休前的生活水平不下降，养老金替代率需要不低于70%，国际劳工组织建议养老金替代率最低标准为55%。在我国的养老保险制度设计中，企业人员缴费满35年的，退休后养老金目标替代率为59.2%[①]。公务员和事业单位员工工作35年后，退休养老金目标替代率较高。但是企业人员工作不满35年，缴费基数低于实际工资都会使养老金替代率低于59.2%。而且由于我国养老保险的缴费基数上限是社会平均工资的3倍，对于收入高于这个标准的人士来说，其养老金替代率也将低于59.2%。假设社会平均工资是1万元，则最高缴费基数是3万元。

表6-2是不同情形下的替代率情况。

① 资料来源：河北省人民政府，关于印发《完善企业职工基本养老保险制度宣传提纲》的通知，http：//info. hebei. gov. cn/eportal/ui？ pageId=1979351&articleKey=3413010&columnId=330098，2008-03-15。

可见很多情况会导致我们的养老金替代率小于59.2%，也就是退休后的生活水平相比在职时可能会有较大幅度降低。所以仅仅依靠养老金，只能做到温饱有余，无法满足高品质的退休生活需求，这也是社会保障制度的特性所决定的。

表 6-2　　不同情形的替代率情况

情形	缴费年限（年）	实际工资（元）	缴费工资（元）	养老金（元）	替代率（%）
目标情形	35	10000	10000	5917	59.2
缴费未满 35 年	25	10000	10000	3731	37.3
缴费基数低	35	20000	10000	5917	29.6
收入高于社会平均工资 3 倍	35	50000	30000	8692	17.4

（二）医疗保险

1. 城镇职工医疗保险报多少

城镇职工医疗保险是由个人和单位共同缴纳保险费，建立医疗保险基金，当个人因疾病需要获得必需的医疗服务时，由医疗保险经办机构按规定提供补偿的一种社会保障制度。

一般来说不同地区的经济发展情况不同，因此社保待遇也有所差异，以下就郑州市的城镇职工医疗保险待遇情况进行说明（见表6–3）。

参保人员在同一自然年度内出院后再次住院的，起付标准降低50%。职工医疗保险达封顶线后，可以启用大病保险继续报销，40万元封顶，两项保险最高可报销55万元。

从报销比例看，最低的报销比例都高达55%，是否说明医疗保险最少能报销55%的医疗费用呢？事实上报销范围仅针对社保范围内的医疗费用，自费的药品和诊疗项目是无法进入报销范围的，再考虑起付线和封顶线的限制，实际上报销比例达不到表6–3中所标示的那么高。

表 6-3　郑州市城镇职工基本医疗保险医疗费用报销比例一览表

<table>
<tr><td rowspan="4">门诊类</td><td rowspan="2">参保人员类别</td><td rowspan="2">封顶线</td><td>项目</td><td>社区医院、乡镇卫生院</td><td>其他定点医院</td><td colspan="2">三级甲等医院</td></tr>
<tr><td>起付线</td><td>无</td><td>40 元 / 次</td><td colspan="2">40 元 / 次</td></tr>
<tr><td>在职</td><td>1800 元</td><td>报销比例</td><td>65%</td><td>60%</td><td colspan="2">55%</td></tr>
<tr><td>退休</td><td>2300 元</td><td>报销比例</td><td>75%</td><td>70%</td><td colspan="2">65%</td></tr>
<tr><td rowspan="4">住院类</td><td rowspan="2">参保人员类别</td><td rowspan="2">封顶线</td><td>项目</td><td>社区卫生服务机构（含乡镇卫生院）</td><td>一类医疗机构</td><td>二类医疗机构</td><td>三类医疗机构</td></tr>
<tr><td>起付线</td><td>200 元</td><td>300 元</td><td>600 元</td><td>900 元</td></tr>
<tr><td>在职</td><td rowspan="2">15 万元</td><td>报销比例</td><td>95%</td><td>95%</td><td>90%</td><td>88%</td></tr>
<tr><td>退休</td><td>报销比例</td><td>97%</td><td>97%</td><td>95%</td><td>93%</td></tr>
</table>

资料来源：郑州市人力资源和社会保障局：《郑州市职工基本医疗保险办法》（郑政办〔2018〕3 号）；郑州市人民政府：《郑州市职工基本医疗保险门诊共济保障实施细则（试行）》（郑政办〔2016〕78 号）。

而且社保范围内的医疗费用也并不是全部进入报销比例的计算范围内的。医保药品目录和诊疗目录分为“甲类”和“乙类”，“甲类”和“乙类”所对应的药品和诊疗项目的报销范围有所不同。

参保人使用“甲类”药品时，可以全额纳入报销范围。参保人使用“乙类”药品时，需由个人按首自付比例先负担一部分的药品费用，其余部分列入医疗保险基金支付范围。

“甲类”诊疗项目全额纳入报销范围。“乙类”诊疗项目需要个人先行负担部分费用，其余费用纳入报销范围。

举两个例子以便更好地理解“乙类”诊疗项目。例如，三人间床位费60元，个人先行负担10元，其余50元纳入报销范围。又比如，头部X

线计算机体层（CT）平扫135元/次，个人先行负担8%，其余费用纳入报销范围。

- **小案例**

图6–2是一则职工医疗保险的报销实例。医疗费用总共花费152294.15元，其中医保报销95324.98元，报销比例为63%。图片中的医院是三类医疗机构，报销比例应为88%，但是由于起付线、乙类首自付和自费的原因，整体的报销比例是低于88%的。

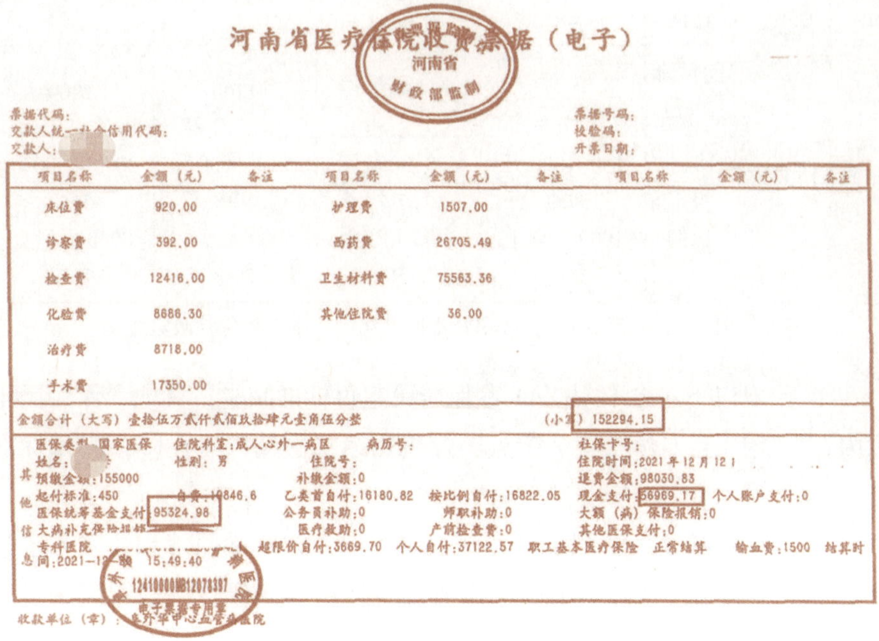
河南省医疗住院收费票据（电子）

票据代码：
交款人统一社会信用代码：
交款人：
票据号码：
校验码：
开票日期：

项目名称	金额（元）	备注	项目名称	金额（元）	备注	项目名称	金额（元）	备注
床位费	920.00		护理费	1507.00				
诊察费	392.00		西药费	26705.49				
检查费	12416.00		卫生材料费	75563.36				
化验费	8686.30		其他住院费	36.00				
治疗费	8718.00							
手术费	17350.00							

金额合计（大写）壹拾伍万贰仟贰佰玖拾肆元壹角伍分整　（小写）152294.15

其他信息：
医保类型：国家医保　住院科室：成人心外一病区　病历号：　社保卡号：
姓名：　性别：男　住院号：　住院时间：2021年12月12
预缴金额：155000　补缴金额：0　退费金额：98030.83
起付标准：450　自费：10846.6　乙类首自付：16180.82　按比例自付：16822.05　现金支付：56969.17　个人账户支付：0
医保统筹基金支付：95324.98　公务员补助：0　师职补助：0　大额（病）保险报销：0
大病补充保险报销：　医疗救助：0　产前检查费：0　其他医保支付：0
专科医院　超限价自付：3669.70　个人自付：37122.57　职工基本医疗保险　正常结算　输血费：1500　结算时间：2021–12–　15:49:40

收款单位（章）：

图6–2　河南省医疗住院收费票据

2. 城乡居民医疗保险报多少

城乡居民基本医疗保险是整合城镇居民基本医疗保险（简称“城镇居民医保”）和新型农村合作医疗（简称“新农合”）两项制度，建立的统一的城乡居民基本医疗保险（简称“城乡居民医保”）制度。

与城镇职工医疗保险类似，不同地区的社保待遇也不同，表6–4仍以郑州市的城乡居民基本医疗保险待遇情况进行说明。

表 6–4　郑州市城乡居民基本医疗保险费用报销比例一览表

	封顶线	医院类别	乡镇卫生院（社区服务）	一类医疗机构	二类医疗机构	三类医疗机构
门诊	150 元	起付线（元）	0			—
		报销比例	65%	55%	45%	—
住院	15 万元	起付线（元）	150	600	1200	2000
		报销比例	150~1000 元 80% 1000 元以上 90%	600~3000 元 65% 3000 元以上 75%	1200~5000 元 60% 5000 元以上 70%	2000~8000 元 55% 8000 元以上 65%

资料来源：郑州市医疗保障局：《郑州市城乡居民基本医疗保险政策指南》。

14周岁以下（含14周岁）参保居民起付标准减半；其他参保居民年度内在二类以上（含二类）定点医疗机构第二次及以后住院，起付标准减半。

值得注意的是，郑州市城乡居民基本医疗保险除门诊和住院外还包含重特大疾病医疗保障待遇、河南省城乡居民大病保险待遇和河南省城乡居困难群众大病补充医疗保险待遇。

● **小案例**

图6–3是一则居民医疗保险的报销实例。医疗费用总共花费11850.01元，其中医保报销5999.53元，报销比例为51%。图6–3中医院是二类医疗机构，报销比例应为60%~70%，但是由于起付线、乙类首自付和自费的原因，实际报销比例为51%。

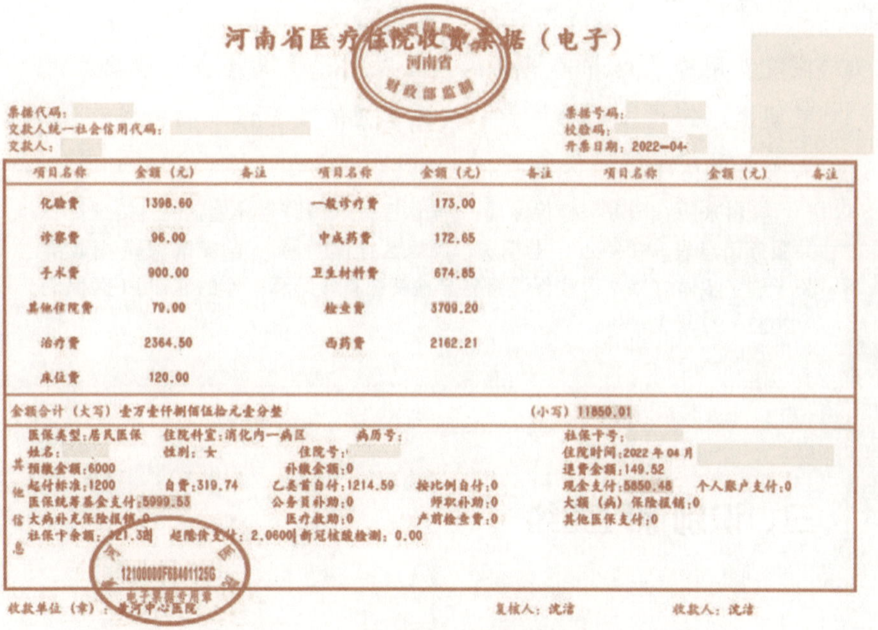

河南省医疗住院收费票据（电子）

票据代码：
交款人统一社会信用代码：
交款人：

票据号码：
校验码：
开票日期：2022-04-

项目名称	金额（元）	备注	项目名称	金额（元）	备注	项目名称	金额（元）	备注
化验费	1398.60		一般诊疗费	173.00				
诊察费	96.00		中成药费	172.65				
手术费	900.00		卫生材料费	674.85				
其他住院费	70.00		检查费	3709.20				
治疗费	2364.50		西药费	2162.21				
床位费	120.00							

金额合计（大写）壹万壹仟捌佰伍拾元壹分整　（小写）11850.01

其他信息：
医保类型：居民医保　住院科室：消化内一病区　病历号：　社保卡号：
姓名：　性别：女　住院号：　住院时间：2022年04月
预缴金额：6000　补缴金额：0　退费金额：149.52
起付标准：1200　自费：319.74　乙类首自付：1214.59　按比例自付：0　现金支付：5850.48　个人账户支付：0
医保统筹基金支付：5999.53　公务员补助：0　师职补助：0　大额（病）保险报销：0
大病补充保险报销：0　医疗救助：0　产前检查费：0　其他医保支付：0
社保卡余额：321.3　超限价支付：2.0600　新冠核酸检测：0.00

收款单位（章）：黄河中心医院　复核人：沈洁　收款人：沈洁

图6-3　河南省医疗住院收费票据

3. 兜底基本医疗费用

如以上两例中所示，经社保报销的比例为50%~60%，剩余的40%~50%仍需要自己进行支付，自付比例仍然较高。如遇重大疑难病症，涉及很多自费药品、自费诊疗项目，自付比例恐怕会更高，社会保险只能解决基础的看病问题。

拓展阅读

我国有跨省异地就医的报销服务。异地就医要先进行备案，有线下和线上两种渠道，报销方式有先垫付后报销和直接结算两种方式。截至2023年二季度末，全国普通门诊费用跨省直接结算联网定点医疗机构15.11万家，住院费用跨省直接结算联网定点医疗机构7.44万家。我国有望在2025年底前，住院费用跨省结算率提高到70%以上。我国跨省异地就医将更便捷。值得注意的是异地就医享受的是参保地的医保待遇，而不是就医地的医保待遇。

资料来源：国家医疗保障局：《全国医疗保障跨省异地就医直接结算公共服务信息发布（第五十七期）》；国家医疗保障局：《国家医保局 财政部关于进一步做好基本医疗保险跨省异地就医直接结算工作的通知》（医保发〔2022〕22号）。

三、识别保险契约

（一）商业保险是社会保险的补充

1. 生活更优雅从容

社会养老保险可以保障基本的生活需求，使老有所养，但是无法提供高品质的养老规划，助力老年人实现丰富维度的老有所乐。很多人期待着退休后终于有时间可以出门旅行，或培养一个新的爱好，但是这些支出项目是社会养老保险远远无法涵盖的，必须在年轻时进行额外储备才能得以实现。而商业养老保险既能够长期增值，又能够对抗长寿风险，是社会保险的有力补充。

2. 与疾病抗争更有尊严

医疗费用里起付线以下、封顶线以上、自付部分和自费部分都超出社会医疗保险的保障范围，实际的医疗费用报销比例较低，自付比例仍然较高。商业医疗保险可以补充报销医保外费用，比如可以报销自费药；商业医疗保险的封顶线也比较高，能够化解高昂医疗费的风险。有了商业医疗保险的保驾护航，可以采用更高水平的医疗手段，追求更好的治疗效果，而且在治疗过程中也能享受高规格的医疗服务，更大程度地保有体面和尊严。

3. 让住和行更有保障

人类在生产、生活过程中，风险无处不在。特别近年来极端天气频繁，每逢夏季六七月份，我国多个省市均会遭遇极端暴雨，多地出现强降雨天气，导致房屋、车辆被淹等。灾难过后，满目疮痍，如何降低损失程度，尽快重建家园，是每个人都要面对的现实问题。

老年人面临灾难时显得尤其无助，发生灾害时往往自救都比较困难，更别说保护贵重的资产了。因此如何保障房屋和车辆，是我们每个人都较为关心的问题。而商业保险中的财产保险恰恰是一种具有经济补偿功能的产品。它以个人财产及其相关利益为保险保障对象，以补偿个人经济损失为基本目的，在灾害发生后，可提供及时的资金支持，帮助人们重建家园。

（二）认识保单

1. 保单构成

人身保险的保险合同由保险单、现金价值表、条款、投保资料4部分构成（见图6–4）。家财险/车险保险单由身份信息、保险财产、保障内容、保险费信息、保险条款构成（见图6–5）。仔细地读完整本保险合同，是一个令人望而生畏的任务。而且保险合同中还夹杂了许多专业名词，叙述方式也不太“亲民”，这都给我们理解保险合同内容造成了障碍。如何提纲挈领地把握保险合同的主要内容呢？保险条款就好比保险合同的“纲”，保险单就好比保险合同的“领”，从这两处入手就可以高效地了解保险、分析保险。

（1）保险单。保险单简称“保单”，是保险公司和投保人签订保险合同的书面证明。保险单的主要内容包括：①双方对有关保险标的事

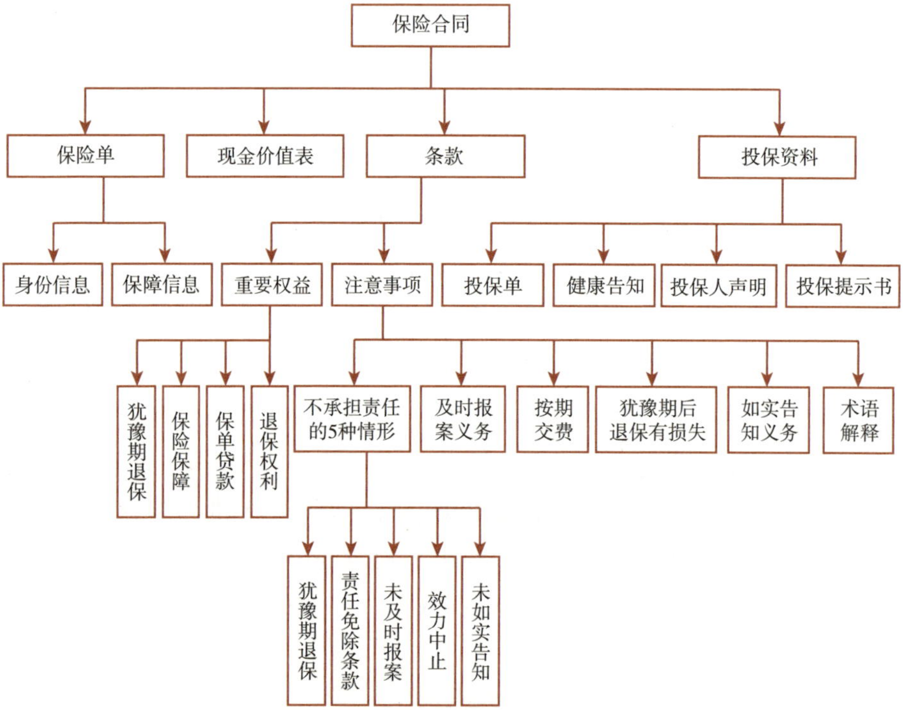

图6–4　人身保险保单构成

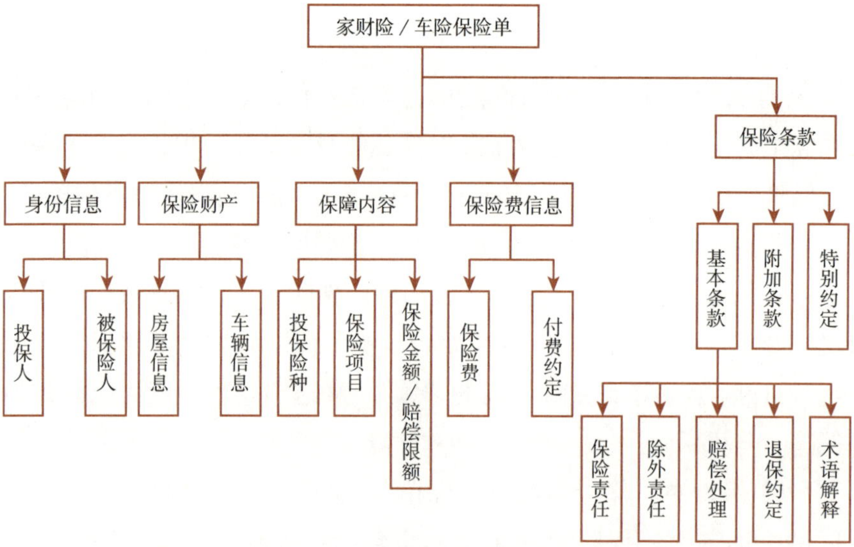

图6–5　家财险/车险保单构成

项的说明，包括被保险人身份信息、保险金额、保险期限、保险费等。②双方的权利和义务，如承担责任和不予承担的责任等。③附注条件，指保险条款或双方约定的其他条件以及保单变更、转让和注销等事项。

收到保单后，首先要核实其中关于投保人、被保险人和受益人的身份信息，包含姓名、身份证号、与投保人关系。

其次要关注险种信息。人身保险有严格的命名规则，从险种名称中就可以了解所购买的保险是什么类型，保障什么风险。特别需要注意的是，保单上的险种名称可能不同于保险销售人员宣传时所用的名称。产品宣传所用的名称可以理解为保险的昵称，主要用于广而告之，而保单上的名称则类似我们身份证上的“大名”。人身保险的定名符合下列格式：“保险公司名称”＋“吉庆、说明性文字”＋“险种类别”＋“设计类型”。比如“泰康乐享岁月养老年金保险（分红型）”，这个险种的险种类型是年金保险，设计类型是分红型。

除名称外，险种信息的保险期间和保险金额也是我们要关注的。保险期间是保险保障的时间。医疗保险和意外险一般保障1年，终身寿险保障至终身，年金保险既可保障至终身，也可以保障定期。基本保险金额简称保额，是保险保障的金额。比如意外险保险金额10万元，意味着因意外伤害事故导致身故时保险公司赔付10万元。

（2）保险条款。保险条款的内容较多，人身保险条款中会有一个阅读指引来帮助投保人更快地了解保险的关键信息。阅读指引中有重要权益、注意事项以及条款目录3个主要内容。

重要权益包含4项内容。

第一，在犹豫期投保人可以要求退还除工本费外的全部保费。犹豫期顾名思义就是允许犹豫和后悔的时间段，在犹豫期内，投保人如果不同意保险合同的内容，可以向保险公司申请撤销，保险公司要返还全部保费。犹豫期一般为10天或15天（在银行购买的为15天）。犹豫期的设立是为了保护投保人，使投保人有充足的时间了解保险合同。

第二，被保险人可以享受保险合同提供的保障。不同险种类型的保

拓展阅读

常见的险种类别

<table>
<tr><th>类别</th><th colspan="2">保险责任</th><th>设计类型</th></tr>
<tr><td rowspan="18">人身保险</td><td colspan="2">意外伤害保险</td><td rowspan="6">普通型保险</td></tr>
<tr><td rowspan="4">健康保险</td><td>疾病保险</td></tr>
<tr><td>医疗保险</td></tr>
<tr><td>失能收入损失保险</td></tr>
<tr><td>护理保险</td></tr>
<tr><td rowspan="9">人寿保险</td><td>定期寿险</td></tr>
<tr><td rowspan="4">终身寿险</td><td>普通型保险</td></tr>
<tr><td>分红型保险</td></tr>
<tr><td>万能型保险</td></tr>
<tr><td>投资连结型保险</td></tr>
<tr><td rowspan="4">两全保险</td><td>普通型保险</td></tr>
<tr><td>分红型保险</td></tr>
<tr><td>万能型保险</td></tr>
<tr><td>投资连结型保险</td></tr>
<tr><td colspan="2" rowspan="4">年金保险</td><td>普通型保险</td></tr>
<tr><td>分红型保险</td></tr>
<tr><td>万能型保险</td></tr>
<tr><td>投资连结型保险</td></tr>
<tr><td rowspan="2">财产保险</td><td colspan="3">机动车辆保险</td></tr>
<tr><td colspan="3">家庭财产保险</td></tr>
</table>

险合同提供的保障不同，具体保障内容详见条款正文，保险保障是保险合同的主要内容。

第三，如遇现金流紧张，投保人可以申请保单贷款。年金保险、终身寿险、两全保险、重大疾病保险等现金价值较高的保险可申请保单贷款。保单贷款的额度以现金价值的一定比例为限（通常是80%），贷款时长一般不超过6个月，在保单贷款期间，保单依然有效，保险效力不变。

第四，投保人有解除合同的权利。在整个保险期间内，投保人都可以解除合同。

知识窗

现金价值

在保险期限较长的人身保险中，如果投保人在犹豫期后要求退保，保险公司退还的价值叫作现金价值。在保险合同中，有现金价值表，从中可以查询到每一个保单年度末退保时，能获得的退保金。一般年金保险、终身寿险、两全保险、重大疾病保险的现金价值较高。

注意事项包括6项内容。

第一，某些情况下保险公司不承担保险责任。在以下5种情况下，保险公司不承担保险责任。①在犹豫期内解除保险合同的；②责任免除条款规定的；③若故意或重大过失未及时通知，致使保险事故的性质、原因、损失程度等难以确定的；④处于合同效力中止期间的；⑤若投保人因重大过失未履行如实告知义务，对保险事故的发生有严重影响的。

第二，保险事故发生后及时通知保险公司。我国《保险法》第二十一条规定："投保人、被保险人或者受益人知道保险事故发生后，应当及时通知保险人。"通知保险人是一项法定义务。人身保险的通知时限一般是10天，车险为48小时，家财险为24小时。但是，错过了通知时限也不用特别担心，不影响确定保险事故的性质、原因、损失程度的，保险公司还是会承担保险责任的，只是理赔过程会复杂些。

第三，投保人应当按时交纳保险费。分期交纳保险费的，在交纳首期保险费后，如果投保人在保险费应交日未交纳保险费，自次日起60日内为宽限期。宽限期内发生的保险事故，保险公司仍会承担保险责任，但在给付保险金时会扣除欠交的保险费。欠交保费超过60天，保险合同效力中止，保险公司不承担保险责任。

第四，解除合同会造成一定的损失。在犹豫期后解除合同，保险公司会退还合同的现金价值。现金价值很可能会低于已交保费，可能会给投保人造成经济损失。

第五，投保人有如实告知的义务。保险公司就投保人和被保险人的有关情况提出询问的——一般表现形式就是投保时填写的健康告知等投保资料，投保人应当如实告知。不论投保人故意还是重大过失未进行如实告知，出现保险事故后，保险公司都有可能拒赔。

第六，重要术语的解释。保险公司会在条款中涉及该术语时标明有释义，并在条款正文后集中进行解释。比如“毒品”指的是“《中华人民共和国刑法》规定的鸦片、海洛因、甲基苯丙胺（冰毒）、吗啡、大麻、可卡因以及国家规定管制的其他能够使人形成瘾癖的麻醉药品和精神药品，但不包括由医生开具并遵医嘱使用的用于治疗疾病但含有毒品成分的处方药品”。

以上的重要权益和注意事项就是给保险条款“划重点”，理解以上内容对于理解保险条款是至关重要的。在条款正文中，重要的内容也会加黑加粗进行提示。

2. 险种类型

世界上没有两片完全相同的树叶，世界上也没有“风险”完全相同的人。每个险种类型都是针对特定的风险而设计的，选择保险要建立在对自己风险特征的把控上，适合自己风险特征的保险就是最好的保险。

（1）意外伤害保险。意外伤害保险是指以被保险人因意外事故而导致身故、残疾或者发生保险合同约定的其他事故为给付保险金条件的人身保险。

外来的、突发的、非疾病的、非本意的客观事件直接致使身体受到的伤害，即为意外伤害。以上四个要素缺一不可。比如猝死，虽然是突发的和非本意的，但是来自自身而且和疾病相关的，就不属于意外伤害。

意外伤害保险专注于保障意外导致的人身风险，如身故、伤残等。相对于其他人身保险产品，意外伤害保险的费率较低，保险金额较高。

（2）医疗保险。医疗保险是指以保险合同约定的医疗行为的发生为给付保险金条件，为被保险人接受诊疗期间的医疗费用支出提供保障的保险。

医疗保险分为费用补偿型医疗保险和定额给付型医疗保险。费用补偿型医疗保险可以作为社保的补充，社保未报销的部分，扣除免赔额后（或有）可以按一定比例进行报销。定额给付型医疗保险是按约定的数额给付保险金的医疗保险，比如根据被保险人住院的天数或发生的手术项目给予补贴。

医疗保险按保险金额高低也可分为低端、中端、高端医疗保险。

①低端医疗保险代表产品有普通门诊险、小额住院险及住院津贴险。普通门诊险，是可以报销门诊费用的医疗保险，门诊发生率比较高，所以保险公司一般都会对保额和报销范围进行限制，费率较高。小额住院险，就是保额比较低（1万元至10万元）的住院医疗保险。住院津贴险，以住院天数为计算标准，如180元/天等，用以补贴医疗费用以外的支出。低端医疗保险的特点是保额相对较低，免赔额也低，只适用于解决小额医疗费用的开支。

②中端医疗保险代表产品有百万医疗保险、防癌医疗保险、海外重疾医疗保险、“惠民保”。百万医疗保险，得名于其高达百万元的保额，针对住院费用实报实销。保额从100万元到600万元不等，免赔额也较高，普遍在1万元左右；价格非常亲民，60岁左右投保，保费需要1500元左右。因其较高的性价比，百万医疗保险老少皆宜，适用于大部分普通人。

防癌医疗保险，就是专门保障治疗癌症产生的医疗费用的保险。保障范围比百万医疗保险窄，保额也高达几百万元，一般无免赔额。适合因健康原因（如“三高”、糖尿病等），买不了百万医疗保险的人群。费率与百万医疗保险大体相同。

海外重疾医疗保险，针对一些重大疾病，可以报销出国就医相关费用的医疗保险。保障的疾病范围介于防癌险和百万医疗保险之间。保额从300万元到上千万元不等。保障项目包括国际二次诊疗服务、协助预约医院医生、预订机票酒店、提供医学翻译等。涉及的相关费用由保险公司或相关服务商直接支付给医院、酒店或航空公司，不需要个人垫付。适合追求更发达医疗水平的中高端消费者。60岁老人投保，根据保障的疾病范围不同，保费2000元至5000元不等。

“惠民保”，又称城市定制型商业医疗保险。顾名思义，该产品定位“惠民”，以“低保费、高保额”著称，只需几十元到几百元保费，就可享百万保额。“惠民保”对两大人群具有极大吸引力。一类是老年人群。老年人可选择的商业医疗险有限，且价格一般较高。另一类是带病体。得过重大疾病的人群往往无法购买商业健康保险。

拓展阅读

截至2022年12月31日，我国29个省100多个地区推出了246款“惠民保”产品，2.98亿人次参保，累计保费规模约320亿元。

资料来源：南开大学卫生经济与医疗保障研究中心，圆心惠：《惠民保发展模式研究报告》，2023年3月27日。

③高端医疗保险相对而言，适合高净值人群购买。高端医疗保险保障和服务范围都很广。从保障范围来说，突破了医院的限制，全面涵盖公立、特需、国际部及私立医院，能提供一站式的医疗服务，如门诊、住院、急诊和牙科等都可以覆盖；从服务上来说，覆盖日常医学咨询、预约挂号、跨境转运等。保费也非常高，从几千元到数万元不等。

（3）终身寿险。终身寿险是指不定期的死亡保险。保险合同订立以后，被保险人无论何时身故（因疾病身故需要过等待期），保险人均应给付保险金。

有一类终身寿险的保险金额随保单年限的增长而增长，因此得名增额终身寿险。由于保险金额每年成倍增加（1.03倍左右），所以增额终身寿险的现金价值增长较快，相同条件下保单早期的保险金额低于普通的终身寿险，保单后期的保险金额高于普通的终身寿险。

终身寿险有三个作用。第一，保险保障。购买终身寿险，在意外、疾病、自然衰老导致的身故或全残发生时，即能履行保险责任，获得保险赔付，不给家人增添负担，终身延续生命价值，体现家庭责任。第二，终身寿险是在身故后给付保险金，它可以用来作为财富传承的手段。只要指定受益人，保险赔款就不是遗产不用走遗产程序，可以省去很多遗产继承的麻烦。第三，终身寿险稳定增值的特性又使得它可以作为财富增值的手段，既得钱又保命。相比股票、基金等投资品，终身寿险在增值水平上确实是要差一些，但是相对于股票、基金，终身寿险可以做到长时间的稳定增值，不用花费大量时间盯盘或选择合适时机交易。

（4）年金保险。

● 小案例

图6-6是一张1997年投保的养老金保单。这张保单主险是养老金保险，附加险是终身寿险，月缴保费578.8元，其中500元是主险保费，78.8元是附加险保费。

主险缴费期间为35年（420个月），从1997年10月到2032年9月，月缴保费500元，共缴保费210000元，被保险人可以在2032年10月一次领取1429460.5元。据精算师估算，主险年化收益率约为9.2%。目前同类保险产品的预定利率不超过3.5%。1997年一年期定期存款基准利率高达7.47%，目前已降到1.5%，但这张保单始终锁定当年9.2%的保单收益。现行监管制度规定年金保险必须分期给付保险金，目前已不销售这种一次性领取的养老金保险。

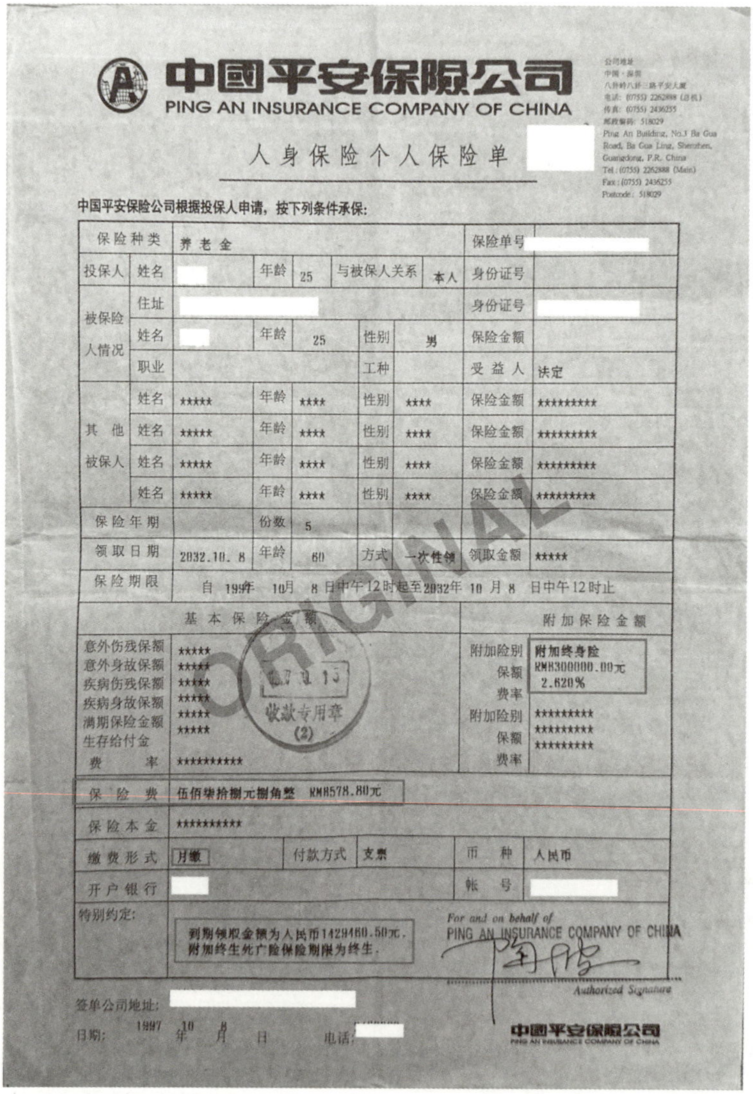

中國平安保險公司
PING AN INSURANCE COMPANY OF CHINA

公司地址
中国·深圳
八卦岭八卦三路平安大厦
电话：(0755) 2262888 (总机)
传真：(0755) 2436255
邮政编码：518029
Ping An Building, No.3 Ba Gua Road, Ba Gua Ling, Shenzhen, Guangdong, P.R. China
Tel: (0755) 2262888 (Main)
Fax: (0755) 2436255
Postcode: 518029

人身保险个人保险单

中国平安保险公司根据投保人申请，按下列条件承保：

保险种类		养老金				保险单号	
投保人	姓名		年龄 25	与被保人关系	本人	身份证号	
被保险人情况	住址					身份证号	
	姓名		年龄 25	性别	男	保险金额	
	职业			工种		受益人	法定
其他被保人	姓名	*****	年龄 ****	性别	****	保险金额	*********
	姓名	*****	年龄 ****	性别	****	保险金额	*********
	姓名	*****	年龄 ****	性别	****	保险金额	*********
	姓名	*****	年龄 ****	性别	****	保险金额	*********
保险年期			份数 5				
领取日期		2032.10.8	年龄 60	方式	一次性领	领取金额	*****
保险期限		自 1997年 10月 8日中午12时起至2032年 10月 8日中午12时止					

基本保险金额		附加保险金额	
意外伤残保额	*****	附加险别	附加终身险
意外身故保额	*****	保额	RMB300000.00元
疾病伤残保额	*****	费率	2.620%
疾病身故保额	*****	附加险别	*********
满期保险金额	*****	保额	*********
生存给付金	*****	费率	*********
费率	**********		

保险费	伍佰柒拾捌元捌角整 RMB578.80元		
保险本金	**********		
缴费形式	月缴	付款方式	支票
币种	人民币		
开户银行		帐号	

特别约定：
到期领取金额为人民币1429460.50元，附加终生死亡险保险期限为终生。

For and on behalf of
PING AN INSURANCE COMPANY OF CHINA
Authorized Signature

收款专用章 (2)

签单公司地址：
日期：1997年10月8日 电话：

中國平安保險公司
PING AN INSURANCE COMPANY OF CHINA

ORIGINAL

图6-6 投保保单（1997年）

年金保险与终身寿险恰恰相反，是在被保险人生存期间或一定时间，向受益人给付保险金的保险。无论是健康状态还是疾病状态，只要被保险人生存，就可以领取年金。年金保险能够预防被保险人因寿命过长而丧失收入来源或耗尽积蓄。

年金保险有两大用途。第一，规划养老，只要被保险人生存就可以领取年金，这和社保养老金如出一辙。如果在社保养老金之外再补充一笔商业养老年金保险，那老年的生活水平将得以提升。与其他储蓄方式不同的是，年金保险可以对抗长寿风险，无论多么长寿，都不用担心养老问题，而且越长寿，创造的价值就越高。第二，财富传承，可以将年金保险的受益人设为财富传承的对象，受益人可以定期领取年金，以达到资产逐步传承的目的。年金保险是有一定的增值比率的，目前大部分产品的增值水平在3.5%左右，增值时间越长，增值水平越高。长期来看我国的利率进入下行区间，而年金保险除投资连接型产品外都可以锁定确定的长期收益。年金保险增值水平受市场投资利率以及监管的双重影响。

（5）家庭财产保险。家庭财产保险是指面向城乡居民家庭并以其住宅及存放在固定场所的财产作为保险保障对象的保险。

家庭财产保险主要转嫁房屋建筑物及室内财产由于火灾、爆炸、雷击和其他各种自然灾害，空中运行物体坠落，外来建筑物和其他固定物体倒塌等导致的损失。

一般而言，房屋建筑物和室内财产［房屋内装修、装饰，家用电器和家具，生活资料（如衣物和床上用品）]，与他人共有的、代保管的、租用的财产均可作为家财险的投保标的。

（6）机动车辆保险。机动车辆保险主要包括国家强制机动车所有人必须购买的机动车交通事故责任强制保险（简称“交强险”）以及由投保人自愿选择购买的商业险两大类。

①交强险。交强险是国家强制规定机动车车主必须购买的机动车辆保险，如果车主或其允许的驾驶员驾驶机动车发生道路交通事故，交强险对本车人员、车主以外的受害人的人身伤亡、财产损失，在责任限额内予以赔偿。

按有无责任划分，被保险机动车的赔偿限额如表6–5所示。

表 6-5　　被保险机动车的赔偿限额

保障责任（本车人员、车主以外的）	赔偿限额	
	被保险机动车在道路交通事故中有责任	被保险机动车在道路交通事故中无责任
死亡伤残	18 万元	1.8 万元
医疗费用	1.8 万元	1800 元
财产损失	2000 元	100 元

②机动车商业保险。机动车商业保险具体分为两部分：一部分是基本险，包括机动车损失保险、机动车第三者责任保险和机动车车上人员责任保险；另一部分是附加险，包括附加绝对免赔率特约条款、附加车轮单独损失险、附加新增加设备损失险、附加车身划痕损失险、附加修理期间费用补偿险、附加发动机进水损坏除外特约条款、附加车上货物责任险、附加精神损害抚慰金责任险、附加法定节假日限额翻倍险、附加医保外医疗费用责任险和附加机动车增值服务特约条款。只有在投保基本险的前提下才能投保附加险。

③机动车损失保险。机动车损失保险主要保障由于火灾、爆炸、空中坠物、碰撞等意外事故；暴风、暴雨、台风、龙卷风、冰雹、雷击、洪水等自然灾害；被盗窃、抢劫、抢夺（经出险地县级以上公安刑侦部门立案证明，满60天未查明下落的）造成的损失，以及因被盗窃、抢劫、抢夺受到损坏造成的直接损失以及合理的施救、保护费用。

④机动车第三者责任保险。如果在使用被保险机动车过程中发生意外事故，致使第三者遭受人身伤亡或财产直接损毁，保险公司负责赔偿依法应负的经济赔偿责任。第三者不包括被保险人以及保险事故发生时被保险机动车本车上人员。

⑤机动车车上人员责任保险。如果在使用被保险机动车过程中发生意外事故，致使车上人员遭受人身伤亡，保险公司负责赔偿依法应负的经济赔偿责任。

⑥附加绝对免赔率特约条款。投保时协商确定，附加绝对免赔率为5%、10%、15%、20%，属于减费条款，免赔率越高，保费越低。赔偿时需扣除免赔部分，由投保人自行承担。

⑦附加车身划痕损失险。保障在使用被保险机动车过程中，发生的无明显碰撞痕迹的车身划痕损失。此附加险需要多缴保费，投保时可视情况附加。

⑧附加机动车增值服务特约条款，包括道路救援服务、车辆安全检测服务、代为驾驶服务、代为送检服务，投保人可自行选择。

3. 识别保单真伪

辨别假保单有三种简单有效的方法。

（1）投保前人员辨伪。到国家金融监督管理总局网站查保险代理人、经纪人合法性。日常生活中，我们都可能接到保险推销电话或遇到业务员营销保险，辨伪需要从第一刻就开始做起。电话或者当面进行保险推销的业务员都会主动表明自己的身份，如果对方没有主动亮明身份或者对自己的身份含糊其词甚至有意回避，我们一定要主动询问对方的姓名、营销员编号及所在保险公司的全名，还可以要求对方提供所在保险公司的咨询电话。在记录下相关信息之后，可以拨打保险公司官方服务热线或登录国家金融监督管理总局的网站，查询其是否为合法注册的保险营销人员。

（2）投保中谨慎缴费。谨慎将现金保费交到个人手中，谨慎向特定账号汇款。前期仔细查询的办法屏蔽掉不靠谱的保险营销人员之后，我们还有可能面临保险公司是真的，业务员也是真的，但最后买到的还是假保单的情况。出现这种情况是因为存在一些保险公司或者其分公司、保险中介机构、保险业务员因为私利，在收取了客户保费之后并没有进入公司账户，而是挪作私用，投保人的保单信息也没有录入保险公司的承保系统。一旦出险，被保险人将无法正常得到赔付。因此，在决定购买保险并且选定保险公司和保险产品之后，消费者对于缴费这一环节不能掉以轻心。根据相关规定，对于1000元以上的保险费是不能在保险公司营业场所以外收取现金的。所以缴纳保费的方式一般有两种，一是到保险公司的营业场所缴纳现金；二是用银行卡代扣代缴。如果遇到某些业务员当面或电话要求直接将钱存入某个特定账户的情况，我们千万要小心。

（3）投保后核对保单。收到保单后第一时间核对保单上的个人信息和险种信息，并仔细阅读保险合同，拨打官方客户服务热线或在保险公司官网上查询保单。在做到前两步的基础上，基本已经能够避免收到假保单，但是最后核对保单这一环节也非常重要，因为保单上出现信息遗漏或者信息不符，会对投保人和被保险人造成很大的损失。目前，几乎所有的保险公司都在自己的网站和客服电话中提供保单查询服务，投保后都可以在相应的系统中查询到自己的投保状况。保单生效后，保险公司也会制作印发正式的保险合同或保险单，附有正式发票和保单回执。投保人在收到保单之后，应该检查保险合同所载的个人信息和保险利益是否与自己投保时的内容一致，如有偏差，应该及时提出并且要求更正。

四、商业保险加持

（一）管理保单

1. 盘点已有保单

在盘点家中资产的同时也应做好保单的盘点。要检查保费缴纳情况，及时更新个人信息，也要审视保障范围和保险金额。

如果手机号码、家庭住址、与保单关联的银行账户等个人信息发生了变化，应在第一时间通知保险公司。可以拨打保险公司统一的客户服务热线，也可以到营业网点进行办理。

审视保障范围。盘点每张保单的保障责任和保险金额。如果当前面临重大资金收支变化，或者其他重大变动，在整理保单时应根据家庭情况适时作出保障范围及保额的调整。

2. 计算保障缺口

已经知道自己的风险所在，那购买多少保险金额合适呢?

对于医疗保险费用补偿型医疗保险是在治疗结束后用票据报销的，报销金额不会超过医疗费用，因此不需要重复购买，对普通人来说百万级别的额度足够了。家财险和车险，都是以财产为标的，赔偿金额不超过财产的价值，因此也不需要重复购买，超出房产和车辆价值的部分，保险公司也不会赔付。

人的价值是无限的。终身寿险和意外伤害保险（不含意外医疗保险）没有最高限额，理论上可以从不同的保险公司购买无限的保险金额，因此参考身价和预算来配置。年金保险也不设上限，买得越多，领得越多，为了退休后能达到理想的生活水平，可以按理想的生活标准为基础来配置。计算保障缺口就是计算目标值和已有保障（包括社保和商业保险）的差值。

（二）明明白白买保险

买保险是为了屏蔽风险，雪中送炭。但是关于保险的种种传言总是让人心生芥蒂，如果在保险事故发生后保险保不了，那么保险还能“保险”吗?只有消除信息不对称，了解事情的全貌，才能走出误区，理智客观地看待种种传言。

传言1：保险公司破产了怎么办?

我国《保险法》第八十九条规定：经营有人寿保险业务的保险公司，除因分立、合并或者被依法撤销外，不得解散。对于人寿保险业务，在《保险法》第九十二条规定：经营有人寿保险业务的保险公司被依法撤销或者被依法宣告破产的，其持有的人寿保险合同及责任准备金，必须转让给其他经营有人寿保险业务的保险公司；不能同其他保险公司达成转让协议的，由国务院保险监督管理机构指定经营有人寿保险业务的保险公司接受转让。转让或者由国务院保险监督管理机构指定接受转让前款规定的人寿保险合同及责任准备金的，应当维护被保险人和受益人的合法权益。

知识窗

保险公司十大安全机制：

机制一：保险公司设立条件严苛；机制二：保险公司注册资本雄厚；机制三：保险公司经营监管严格；机制四：保证金制度；机制五：责任准备金制度；机制六：公积金制度；机制七：保险保障基金制度；机制八：偿付能力监管；机制九：再保险机制；机制十：保险资金运用监管制度。十大机制助力保险公司稳健发展。

传言2：保险总是这也不赔那也不赔？

保险公司受国家金融监督管理总局的监督，受《保险法》的约束，拒赔都得有法可依，有章可循，是不能“找个理由”拒赔的。常见的人身保险拒赔原因有：①超出保障范围，比如现在原位癌已剔出重大疾病保险范围，但是带“癌”字，很多人会误以为能够得到理赔。②没有如实做健康告知，假如对健康告知故意隐瞒，保险公司有理由拒赔。③出现条款约定的责任免除情形，比如高风险运动是意外伤害保险的责任免除条款，出现这类情形是不赔的。④在等待期内出险。医疗保险、重大疾病保险和寿险都有等待期，在等待期内因疾病出险，是不予赔付的。以上4项都是在保险条款中反复强调的，所以只要充分地了解保险合同，照章办事就可以正常理赔。即使真的遇到了理赔纠纷，也可以通过协商、投诉、仲裁、诉讼等方式来解决。

传言3：大公司的保险比小公司更好？

实际上，只要是在正规的保险公司购买保险，不论公司大小，可靠性都是有保证的。但是在实际操作中，大小公司各具特点。一般来说，小保险公司可能价格更优惠一些。而大保险公司的优势就是营业网点多一些，服务便利性可能更好一些。在规划保险产品时，建议根据自己的保障需求，选择适合的保险产品，再去对比公司。因为即使是大保险公司产品，出险后不属于它的保险责任范围，对方也会拒赔。如果是小保险公司的产品，出险只要在合同约定范围内，那么也可获得赔付。

1. 居安思危——意外伤害保险

意外伤害保险性价比较高，很低的保费就可以获得很高的保障，是保险的入门产品，建议人手一件。

意外伤害保险有消费型和返还型两种分类。各自特点如表6-6所示。

表 6-6　　消费型意外险和返还型意外险对比表

对比项目	消费型意外险	返还型意外险
保险期间	较短，一般是一年及以下	较长，十年及以上
保费水平	较低，百元级	较高，千元级
投保流程	较便捷，无须体检	手续复杂，可能需体检

返还型意外险可以返还保费，而消费型则不可。对老年人来说，由于身体素质原因购买消费型的意外伤害保险更合适，而且每年续保，也具有一定的灵活性。

意外伤害保险分综合性保险和专项保险。综合性意外伤害保险就是保障生活中各种意外伤害；而专项意外伤害保险是针对某一种意外的保险，比如有交通意外伤害保险、自驾车专项意外伤害保险、航空意外伤害保险等。意外保险的费率随风险发生的概率而不同，风险发生的可能性越高，保费越贵。比起专项的意外伤害保险，综合性意外发生的概率较高，所以综合性意外伤害保险的费率较高。而航空意外事故的发生概率较低，所以相比其他交通意外伤害险，航空意外伤害保险的费率较低。如果消费者平时的交通需求较高，则要有针对性地加强交通意外伤害保障，如果消费者平时较少出门，综合性意外伤害保险就可以提供很好的保障。对于爱出门游玩的人士来说，购买旅游意外伤害保险是必不可少的。总之，购买意外伤害保险要与自身的风险活动相匹配才能起到最好的作用。

2. 病来山不倒——医疗保险

我国医疗支出的增长率高于物价增长率，高额医疗费用令人望而兴叹。商业医疗保险是社会医疗保险的补充，可以用来补偿大额医疗费用支出。

老年人往往有过身体不适，患有既往症，对这类人群，一般的商业医疗保险是拒保的，有条件的可以购买“惠民保”。“惠民保”带有一定的普惠性质，对于患既往症人群一般不拒保，而且一般也不实行差别定价，年轻人和老人保费相同，老年人费率比同类型商业医疗保险的费率低。

在购买商业医疗保险时要注意如实告知自身的健康情况，健康问卷问到的都要告知，否则理赔时会与保险公司产生纠纷。在选择产品时，要选择免赔额低、赔付比例高的产品，关注是否可以报销外购药，能否报销住院前后门、急诊，人工器官报销是否局限于心脏瓣膜。

3. 泽被后世，利在千秋——终身寿险

终身寿险在被保险人身故或全残后才能理赔。适合经济条件宽裕有资产传承需求的人群。利用终身寿险杠杆及保险法所赋予的功能，达成定向传承，使每一代都尽可能保有同等财富。

老年人购买普通的终身寿险，保险金额一般能达到保费的两倍。如果购买的是增额终身寿险产品，那么在早期会出现保费高于保额的倒挂现象，但是由于增额终身寿险的保险金额每年增加，若干年后，增额终

身寿险的保险金额将高于普通的终身寿险。

终身寿险的健康告知相比医疗保险要宽松一些，但是在购买终身寿险时同样要注意如实告知自身的健康情况，健康问卷问到的都要告知。

购买终身寿险产品，如果最关注保险保障，则应挑选费率较低的产品；如果最关注财富传承，那么就要挑选医疗和财务核保相对宽松的产品，以实现更高的保险保额；如果最关注财富增值，那么现金价值增长越快越好。

我们购买终身寿险要趁早，针对60岁以上人群的终身寿险比较少，而且随着年龄的逐渐增加，可选择的范围越来越小。

4. 颐养天年——养老年金保险

购买年金保险，要规避几个误区。

（1）认为年金保险可以在短期内受益。在购买最初的8到10年里，不少年金险的利益是显示不出来的。因为前几年返还给的钱其实很大一部分是曾经支付的保费，只是在还没有投资增值的时候又回到自己手上。所以，年金险是个长期规划的过程，只有经过多年的复利积累，才会逐渐看到收益。

（2）认为年金保险里的钱，随时可以取。事实上监管规定：年金保险产品，首次生存保险金给付应在保单生效满5年之后，且每年给付或部分领取比例不得超过已交保险费的20%。而且今后每年领的钱也会有一定限制。如果遇到紧急情况退保取出来，那会遭受金钱损失。所以，购买年金保险的钱应该是短期内用不到的。

（3）认为万能账户一定有高收益。年金保险常常搭配万能险一同购买，此时年金保险的生存金会转入万能账户继续升值。购买年金万能险产品过程中，营销员会用高档的利率去演示，但是实际上，万能险收益或高或低并不确定，要有面对低档收益的准备。

购买年金保险也要趁早，针对60岁以上人群的年金保险比较少，而且随着年龄的逐渐增加，可选择的产品数量会骤降。

5. 安居无忧——家庭财产保险

（1）一算——盘点资产。购买家财险时需要我们对家中的资产进行梳理，提前了解资产大概价值，可以从房屋主体及附属设备、房屋室内装修设备、室内财产三个方面入手。

（2）二查——识别风险。识别家庭资产会面临的风险。例如，台风、暴雨、洪水风险；火灾、爆炸，尤其年久的房屋的电气和燃气风险；北方城市相对较频发的水暖管爆裂风险；家庭养宠物的，由于宠物抓伤、咬伤导致的第三者的风险。

（3）三选——选择产品。目前市场上主流保险公司均有家财险产品，且保险责任大体相同，我们可以将家财险保险责任分为两大类——基本保障和其他保障。

基本保障——市面上大部分产品都会包含的，保费相对低廉，主要由三部分构成。一是房屋主体及附属设备，包括但不限于房子本身，以及水暖、气暖、供电设备、燃气管道等设备。二是房屋室内装修设备，包括但不限于吊灯、壁橱、玻璃、地板等。三是室内财产，如家具、电器等，以及一些贵重的衣服。

其他保障——在基本保障的基础上，由于家中产品不同的保障特色，保费与不同的保障责任挂钩，如水暖管爆裂、室内盗抢、居家责任、宠物责任等（见图6-7）。

6. 驾行无虑——机动车辆保险

为自己的爱车购买汽车保险是一种对自己和对他人负责的行为。购买机动车辆保险时，需注意以下几点：

（1）合理选择投保险种。由于机动车辆交通事故责任强制保险属于强制性责任险，故保险责任和费率都是统一的，机动车所有人只需自行购买即可。而商业车险由于不同机动车的驾驶条件不同，故可选性较多。我们在选择时应注意机动车商业险各险种都有各自的保险责任，假如车辆出现事故，保险公司只能依据当初订立的保险合同承担保险责任给予

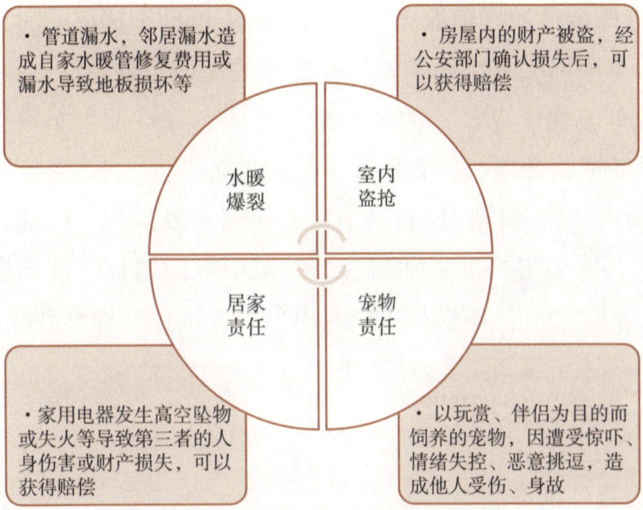

图6-7　家财险其他保障保险责任

赔付，而车主的其他一些损失有可能得不到赔偿。

（2）合理确定赔偿限额。机动车辆保险第三者责任赔偿限额可以根据自身情况灵活选择，但应注意赔偿限额要买足。我们在确定赔偿限额时，除第三者的财产损失外，重点应考虑第三者人员伤亡时的赔偿责任，根据交通事故死亡赔偿金的赔偿标准，发生交通事故造成第三者人员死亡的应根据城镇居民人均可支配收入的20倍计算死亡赔偿金。

拓展阅读

2021年北京城镇居民人均可支配收入为8.15万元，根据交通事故死亡赔偿金赔偿标准计算得出，如果发生交通事故造成第三者人员死亡的，死亡赔偿金为163.2万元。故在投保机车车辆保险第三者责任险时应注意赔偿限额不得低于163万元。

（3）选择合适的增值服务。老年人购买机动车辆保险时，尤其应投保附加机动车增值服务特约条款，并重点关注该条款中的道路救援服务、安全检测服务。由于老年人的体力精力有限，一旦发生车辆损失，由保险公司提供的道路救援可极大地减少我们的奔波。

此外购买车险应该根据自身情况，不要重复投保。比如，相较于年轻人，老年人驾车出行发生剐蹭事故的概率可能增加，加车损险就是必需的。买了车险之后，如果当年没有出事故，次年的保费会降低。

（三）轻轻松松用保险

1. 掌握怎么投保

投保流程一般分三步，如图6-8所示。

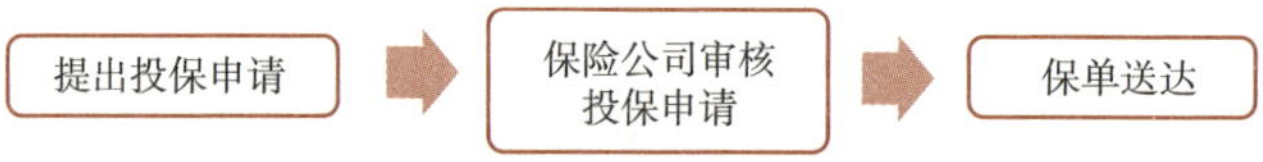

图6-8　投保流程

第一步：提出投保申请。

①填写保险公司提供的投保申请书。

②通过银行转账方式交纳保险费，在保险公司同意承保前将足额保险费存至保费扣款账户。

③如存在某些特殊情况，还需要提供相应的材料。例如，曾患病经医院门诊或住院治疗，需要提供相关病历文件。异常身份证：如身份证日期为非闰年的2月29日、出生日期与身份证号码中对应数字不符、真实性别与身份证号码中性别识别码不符，需要提供有效身份证件的复印件。

第二步：保险公司审核投保申请。

第三步：保单送达。

2. 清楚怎么变更

投保后如遇一些变动，也会涉及保险合同的变更。保险合同的内容变更项目如表6–7所示。

表6–7 保险合同的内容变更项目

通信地址、住址变更	保险金额变更
性别、出生日期错误更正	利差返还、红利领取方式变更
姓名、文字变更	领取方式、领取年龄变更
证件类别及号码变更	减额缴清
职业变更	补充告知处理
投保人变更	投保要约的确认
受益人变更	车辆所有人变更（车辆过户）

保险合同除了内容变更外，还有如下几项变更：保险合同效力的恢复、保险合同的解除、保险合同的补发、附加险加保、缴费期限的变更、保险单续保、借款、还款、可转换利益、保险关系转移等。如果被保险人出国工作、学习或定居，也要对保单进行相应的处理，以保障自身的权益。

保险合同变更需要由投保人提出，每个变更项目所需的证件资料及流程不一而足，因此需要投保人先咨询保险代理人、经纪人或拨打保险公司的客户服务热线。伴随信息技术的高速发展，很多变更项目可以自行在网站或App上进行。如果不善于操作电脑、手机或有其他不便，当然也可以在保险公司的营业厅内进行变更。

3. 知晓怎么理赔

风险无处不在，如果发生保险事故应当如何操作才能顺利理赔呢？索赔流程一般分5步，如图6–9所示。

图6-9 索赔流程

（1）报案。在事故发生后尽早报案，也就是拨打保单上的报案电话。

（2）向保险公司提供索赔资料及相关单证，主要有索赔申请书、医疗费用收据、门急诊病历、伤残鉴定书、死亡证明以及与确认保险事故的性质、原因等有关的其他资料等。

（3）查询索赔情况。在提供完整的索赔资料后，可以拨打保险公司客服电话查询索赔情况，或者使用网上查询的方法实时掌握理赔进度。

（4）查收保险公司赔付金。保险公司在接到齐全的理赔资料后，经审核资料无误后在30个工作日内将审核结果及理赔清单发送核对，若投保人或受益人无异议，保险公司会将保险赔付金划入账户。

（5）结案。客服人员将对客户进行电话回访，确认客户保险赔款到账，便可以结案。

拓展阅读

我国《保险法》第二十三条：保险人收到被保险人或者受益人的赔偿或者给付保险金的请求后，应当及时作出核定；情形复杂的，应当在三十日内作出核定，但合同另有约定的除外。保险人应当将核定结果通知被保险人或者受益人；对属于保险责任的，在与被保险人或者受益人达成赔偿或者给付保险金的协议后十日内，履行赔偿或者给付保险金义务。保险合同对赔偿或者给付保险金的期限有约定的，保险人应当按照约定履行赔偿或者给付保险金义务。

自测题

1. 张女士一时冲动买了一份保单，事后发现这份保单不能满足自己的需求，在什么期间内退保损失最小？（　　）

A. 犹豫期　　B. 等待期

C. 复效期　　D. 宽限期

答案： A

2.（多选）经常出门旅游的人士应该配置哪种类型的保险？（　　）

A. 旅游意外险　　B. 年金保险

C. 意外医疗保险　　D. 终身寿险

答案： AC

3. 如果养老出现费用缺口，应该配置哪种类型的保险？（　　）

A. 定期寿险　　B. 养老年金保险

C. 意外伤害保险　　D. 重大疾病保险

答案： B

4.（多选）有哪些关于年金保险的误区？（　　）

A. 认为年金保险可以在短期内受益

B. 认为年金保险里的钱，随时可以取

C. 认为万能账户一定有高收益

D. 认为年金保险可以锁定长期收益

答案： ABC

5.（多选）有资产传承需求可以配置哪几种类型的保险？（　　）

A. 年金保险　　B. 医疗保险

C. 意外伤害保险　　D. 终身寿险

答案： AD

6.（多选）和百万医疗保险相比，"惠民保"有哪些特点？（　　）

A. "惠民保"的健康告知更严格

B. "惠民保"带有一定的普惠性质，对于患既往症人群一般不拒保

C. "惠民保"一般不实行差别定价，年轻人和老人保费相同

D.“惠民保”比百万医疗保险保费更贵

答案：BC

7.（多选）哪些保险不是买得越多赔得越多？（　　）

A. 重大疾病保险　　B. 机动车损失保险

C. 补偿型医疗保险　　D. 定额给付医疗保险

答案：BC

8.（多选）下列保险与风险的对应关系正确的是（　　）。

A. 意外伤害保险——意外风险

B. 重大疾病保险——长寿风险

C. 年金保险——长寿风险

D. 医疗保险——疾病风险

答案：ACD

9.（多选）新购置一辆家用汽车，可以投保哪些商业车险？（　　）

A. 机动车损失保险

B. 机动车第三者责任保险

C. 机动车车上人员责任保险

D. 附加车身划痕损失险

答案：ABCD

10.（多选）家庭财产中哪些物品可以投保家庭财产保险？（　　）

A. 木地板　　B. 家用电器

C. 床品、衣物　　D. 自行车

答案：ABC

第七章

合理借贷

案例导入

2019年10月24日，中信银行在国内首推申请人年龄提升至70岁的老年专属信用卡——中信如意信用卡，并推出全新升级的“幸福年华1+6”老年客户服务体系。“幸福1+6”老年金融服务体系全面覆盖了老年人金融、健康、学习、娱乐、旅游、精神文化生活等多个方面，建立线上线下养老金融生态圈。

老年专属信用卡“如意卡”申请人年龄延长至70岁，附属卡持卡人年龄更可延长至75岁。“如意卡”体现了中信银行以客户为中心的经营理念，让持有信用卡不再是年轻人的专利，老年客户在享受国内外刷卡消费便利性的同时，还可尊享运动健身、便捷出行、人身安全及用卡保障等增值服务，全方位满足老年客户多元生活场景需求。

资料来源：中信银行.中信银行全面升级“幸福年华”老年客户服务体系 首推老年客户专属信用卡［N］.第一财经，2019-10-25。

一、银发经济活跃

（一）老年人消费特点

随着收入水平提升、消费便利化发展以及消费观念的转变，老年人消费也开始百花齐放、立上潮头，消费呈现出高水平、重质量、多元化的特点。

1. 消费心理分析

（1）注重实用性以及经济性。老年人普遍经历过艰苦的生活，受节约、谨慎、平衡、适度、和谐、集体取向等思想的影响，大多数老年人消费更注重实用性和经济性。但也有相关研究表明，社会交往对于老年人心理健康状况具有较强的影响。因此，即使身处现在的时尚旋涡中，生活条件也发生了极大的变化，但实际上身体的舒适和习惯上以及自私消费情绪仍然占据了很大的比重，在消费时更加追求质量。

（2）注重便捷性。由于年龄的增长，老年人身体的各个方面状况下滑，因此在消费方面也要考虑很多。对于多功能产品，操作比较复杂，老年人基本不会购买。同时，店员的服务态度、购物条件、商品陈列方式、大宗物件是否上门送货、售后服务质量等直接影响老年人的购买意愿和购买数量。

（3）注重利他性。在消费补偿心理的影响下，老年人消费大多花在家庭和孩子身上。在许多情况下，老年人为他们的孩子或第三代提供经济支持。老年人受制于时代的因素，自身的物质需求无法得到满足，因此不希望他们的孩子再重蹈覆辙；由于其利他心理特质，老年人选择尽最大努力给予他们的孩子经济上的帮助来以此表达对他们的爱。

2. 消费行为分析

随着居民财富增加和消费观念转变，老年人在教育、健康、文化生活上的消费开始多元化发展，逐步开始高品质、高质量的生活；银发经济促使消费升级，低龄老人以娱乐性消费居多，高龄老人以医疗消费和服务型消费为主。

（1）老年医疗保健开支上升。据调查，我国65岁以上老年人的发病率是青少年的数倍，人均患有 2 种以上慢性疾病。老年人各项身体机能减弱和退化，有较高的患病风险，加之老年人对养生保健相当关注，对医疗保健有较高需求，因此在医疗保健方面的投入会提高。近年来，农村人均医保支出快速增长，但城乡差距绝对值依然较大。城市老年人许多普通的医疗服务可能与农村老年人无关。

（2）老年文化娱乐服务消费增加。老年人退休后有着大量闲暇时间，文化娱乐活动成为老年人生活的重要组成部分。老年人更看重养生保健，愿意在运动和锻炼身体上投入更多时间和金钱。同时老年人在注重基本生理需求保障的同时，也在追求自我实现等更高层次的消费，一定程度上提升文化娱乐消费。

（3）老年旅游消费增加。很多人工作时假期较少，外出旅游机会不多；而且"上有老下有小"，面对沉重的家庭财务压力，往往不得不克制消费欲望。退休以后闲暇时间充裕，经济负担减轻，加之生命有限，许多老年人选择外出游历祖国大好河山，放眼看世界。在直接增加旅游消费的同时，也带动了交通、餐饮等相关行业的消费。

（4）老年人购物更青睐大型批发地和连锁超市。老年人对大型商超的商品比较信任，因为它们的商品价格更为标准透明，显示出老人追求"潮流"的同时对便捷和质量也有很高的要求。

（二）老年人借贷特点

1. 老年人消费贷款需求

伴随银发经济消费升级，消费需求结构的变动也带来了老年消费贷款的需求。根据农业银行某分行养老消费贷款业务的需求意愿调查结果发现，50.26%和40.98%的样本用户分别表示需要（愿意）养生健康和老年教育的老年金融消费服务；40.72%和35.31%的样本用户分别表示需要疾病管理和娱乐社交的养老消费增值服务；34.28%的客户需要旅游购物类型的老年消费贷款增值业务。但最为迫切需要的养老消费贷款业务依旧与老年疾病管理有关，"非常需要（愿意）"的占比达38.4%。说明养老金融消费有一定的市场需求且呈现多样化的特点。[①]

① 陆颖柳. 农业银行某分行养老金融业务客户需求调查研究［D］. 广西大学，2020.

2. 老年人借贷心理特征

老年人借贷存在以下心理特征：碍于情面、法律意识薄弱和缺乏时效观念和公证意识、贪图高利等。

（1）碍于情面。民间借贷多发生在亲戚和朋友之间或父母和子女之间，很多老年人碍于情面，不好意思让借款方开借条、找担保人或者拒绝接受借据，即使收到借条，一些借款人也没有贷款人的名字，没有签字和盖章。一旦诉讼成立，他们可能会因为不能提供明确的证据而败诉。有些老年人明知对方没有能力偿还贷款，却不好意思拒绝。

（2）法律意识薄弱。一是缺乏时效观念。我国《民法典》规定，此种债务纠纷向人民法院申请维权的诉讼时效为三年，即自约定的还款日期之日起满三年，债权人丧失胜诉权。有的老人面对“千年赖万年不还”的债务人，只知上门催讨，而致过了诉讼时效；或过了时效后才想起催讨、诉讼，以致失去法律的保护。二是缺乏公证意识。一般来说，经公证过的合同效力高于未经公证的合同，有些人因缺乏公证意识，以致所签合同意思不明而使权益受到损害。

（3）贪图高利。一些人为了牟取暴利，做出非法行为，如私下约定高利率，或明知对方借款用于走私、投机、贿赂、赌博等违法犯罪活动而借款，这都是法律禁止的；有的人轻信利息的许诺而借贷，结果却事与愿违。

二、合理使用贷款产品

（一）个人住房贷款

自古以来，“安家置业”在中国人的心目中享有崇高的位置，住房不仅是财富积累的象征更是家族传承的精神寄托。然而随着房价的上涨，全款买房对于大部分年轻人来说都很难实现，往往出现老年人倾其所有帮助下一代购房的现象，那么，个人住房贷款作为最重要的个人贷款产品是否能帮助老年人缓解经济压力呢？又是否有年龄限制呢？

个人住房贷款是银行向自然人发放的用于购买、建造和大修理各类型住房的贷款。根据《民法典》规定，个人一手房贷款和二手房贷款的期限由银行根据实际情况合理确定，最长期限都为30年。个人二手房贷款的期限不能超过所购住房的剩余的土地使用权期限。对于借款人已离退休或即将离退休的（日前法定退休年龄为男60岁，女55岁），贷款期限不宜过长，一般男性自然人的还款期限不超过65岁，女性自然人的还款年限不超过60岁。符合相关条件的，男性可放宽至70岁，女性可放宽至65岁。由此可见，个人住房贷款对于老年人还是具有一定适用性的，但是适用年限有诸多限制，因此在适用于部分老年人的一般性个人住房贷款基础上，很多地区还推出了专门针对老年人的“合力贷”。下面我们来简单了解下相关的知识。

1. 个人住房贷款种类

按照资金来源划分，个人住房贷款包括自营性个人住房贷款、公积金个人住房贷款和个人住房组合贷款。

（1）自营性个人住房贷款。自营性个人住房贷款，也称商业性个人住房贷款，是指银行运用信贷资金向在城镇购买、建造或大修理各类型住房的个人发放的贷款。

（2）公积金个人住房贷款。公积金个人住房贷款，也称委托性住房公积金贷款，是指由各地住房公积金管理中心运用个人及其所在单位所缴纳的住房公积金，委托商业银行向购买、建造、翻建或大修自住住房的住房公积金缴存人以及在职期间缴存住房公积金的离退休职工发放的专项住房贷款。该贷款不以营利为目的，实行“低进低出”的利率政策，带有较强的政策性，贷款额度受到限制。

（3）个人住房组合贷款。个人住房组合贷款是指按时足额缴存住房公积金的职工在购买、建造或大修住房时，可以同时申请公积金个人住房贷款和自营性个人住房贷款，从而形成特定的个人住房贷款组合。

按照住房交易形态划分，个人住房贷款可分为新建房个人住房贷款、个人二手房住房贷款。

①新建房个人住房贷款。新建房个人住房贷款俗称个人一手房贷款，是指银行向符合条件的个人发放的、用于在一级市场上购买新建住房的贷款。

②个人二手房住房贷款。个人二手房住房贷款是指银行向符合条件的个人发放的、用于购买在住房二级市场上合法交易的各类型个人住房的贷款。

按照贷款利率的确定方式划分，个人住房贷款可分为固定利率贷款和浮动利率贷款。[①]

2. 善用住房贷款促消费增福利

● 小案例

按揭住房贷款还是全款

张姐的儿子准备结婚买房，最近看上了一处房子，张姐想帮儿子付全款，可是如果全款支付就没有了装修的钱，儿子想自己办理按揭贷款，但是张姐很犹豫。因为张姐辛苦一辈子从没有借过钱，习惯了无债一身轻；而且贷款利息那么高，看起来就很不划算，一下子就要背上几十年的贷款，想想都觉得压力山大，尤其是几十年的房贷，产生的利息都要接近本金了。于是张姐就咨询了律师老王，老王帮她算了一笔账：

假设张姐的儿子按揭30年的话，张姐可以把更多的钱拿去理财，以100万元来计算，按照目前市面上的理财产品来计算的话，月度平均收益率大概为3.39%，30年下来可以拿到1220.4万元的利息。

如果是选择银行的定期存款的话，30年的收益有多少？一般来说，银行存款的利率在1.35%~2.75%。因为时间比较长，所以假设为2.75%，

① 中国人民银行.中国金融稳定报告2015［M］. 北京：中国金融出版社，2015.

那么30年下来，大概可以拿到82.5万元利息。

而房贷呢？贷款100万元，按揭30年，需要76万元的利息。张姐似乎觉得按揭贷款更划算。

住房贷款能从以下三个方面有效促进家庭和社会消费，改善家庭福利水平：

一是放松预算约束。居民使用住房贷款带来消费直接增加的部分，缓解了家庭的流动性约束，成为家庭消费扩张的一部分。

二是增加财富效应。居民在住房贷款的直接作用下促进消费增长，从而促进经济增长，进而带来居民收入增加，而收入增加带来的财富效应进一步促进消费增加。

三是提高边际消费倾向。住房贷款的使用改变了居民的消费观念，使居民从以前的谨慎消费转变为更加合理的现代化消费观念，适当的提前消费不仅使消费倾向提高而增加消费，也使经济增长促进收入提高而增加消费。

3. 一人贷款全家帮扶——用好“合力贷”

随着生活水平的提高，老年人也不再仅仅满足于“斯是陋室惟吾德馨”，越来越多的老年家庭出于对美好生活的向往，改善性住房需求不断增长。然而，老年人购房支付能力相对较弱，而且因年龄原因贷款年限也受限制，为了切实解决老年家庭购房中的实际困难，部分地区推出了“合力贷”个人住房贷款。

“合力贷”即借款人购房申请贷款时，因还贷能力不足或贷款期限过短而无法满足贷款需求的，通过选择自己的直系亲属作为共同借款人与自己共同偿还贷款。借款人与共同借款人在法律责任上，同时作为借款合同的主体，对借款合同项下的债务负有连带清偿责任。

（1）“合力贷”个人贷款适用范围。办理个人住房按揭贷款、个人商业用房按揭贷款、自营性个人私产住房贷款或个人商业用房再交易贷款的借款人均可以增加共同借款人，申请“合力贷”个人贷款。

（2）共同借款人的范围。第一，凡与借款人有直系亲属关系的，包括父母与子女关系、兄弟姐妹关系、夫妻关系，且按照自营性个人贷款的有关规定具备贷款的主体资格、符合贷款条件的，均可以作为共同借款人。第二，借款人以配偶收入作为共同还款来源的，借款人的配偶可以不作为共同借款人，共同借款人配偶的收入不纳入贷款的还款来源。第三，一般借款人只可提供一名共同借款人。

（3）贷款额度、贷款期限与首付款比例及贷款利率的确定。“年满18岁子女作为借款人（购房人）、其父母作为共同借款人（共同借款人及配偶为非购房人）或父母作为借款人（购房人）、年满18岁子女作为共同借款人（共同借款人及配偶为非购房人）”贷款购房时，将借款人和共同借款人的收入合并计算后，确定贷款额度。以借款人或共同借款人的最长可贷年限确定贷款期限。一般受理贷款时只调查借款人家庭已有房产套数情况，并根据借款人家庭已有房产套数情况确定首付款比例和贷款利率。不考虑共同借款人家庭已有房产套数情况。

（4）借款人家庭。借款人家庭包括借款人、配偶及未成年子女。

● 小案例

全龄友好住宅项目+合力贷

2022年8月4日，北京市住建委官方公众号“安居北京”发文称，近年来，北京市为积极应对人口老龄化，满足老年人日益增长的美好生活需要，作出了系统安排并采取了一系列举措。2022年北京选取昌平区平西府、顺义区福环、顺义区薛大人庄等三宗地进行试点，在配套设施、室内空间、交通流线设计、公共空间、智慧应用与安全保障、服务等方面进行适老性建设，也兼顾其他年龄段市民居住需求，打造适合全龄居住的社区和住宅产品。

考虑到多数老年家庭购房支付能力相对较弱，因年龄原因贷款年限也受限，为了切实解决老年家庭购房中的实际困难，经市政府批准，对中心城区老年家庭（60周岁及以上）购买上述试点项目，并把户口迁至试点项目所在地的，给予一定的支持政策。其中包括，老年家庭名下无住房且无在途贷款的，购买试点项目普通住房执行首付比例35%、非普通住房执行首付比例40%，并享受相应的贷款优惠利率；购买试点项目140平方米以下住房的，按首套房首付比例35%、二套房首付比例60%执行；其子女可作为共同借款人申请贷款。

深圳等地也在试点"一人贷款全家帮扶"政策。通过设置"申请人的配偶、父母、子女不论有无缴存住房公积金均可以作为共同申请人"条款，让购房者借助全家的力量，提升收入水平，进而拥有更高的贷款额度。

资料来源：北京市住房和城乡建设委员会官方公众号。

（二）住房反抵押贷款——以房养老

案例导入

目前，我国住房自有率显著增加，然而很多老年人的生活状态却是"房子富翁，现金穷人"。高房价导致人们将大部分工资收入用来还房贷，而捉襟见肘的积蓄却难以覆盖未来高昂的养老成本及医疗费用。随着人均寿命的延长和人们对于生活质量要求的提升，养老成本将会持续走高。此外，计划生育政策所导致的"四二一"的家庭结构，使得成年子女赡养老人的负担越来越重。如今随着计划生育政策的放开，一对夫妻抚养多个子女，赡养四位老人的现象普遍，许多家庭生活拮据。空巢老人更是面临无子女赡养的问题。这种情况下，盘活老年人的既有房产，将原本锁住的房产价值转换为现金流，能有效缓解老年人及其子女的经济压力。

资料来源：孟亚旭.积极应对老龄化 描摹"老有所依"蓝图［N］.北京青年报，2021-03-10.

住房反抵押贷款又称住宅产权反向抵押贷款，是指老年人（抵押人）将自有住房的产权抵押给贷款人（银行、保险公司等金融机构），将房屋价值转化为现金，以提高收入水平。抵押人无须支付任何利息和偿还本金，直到作为借款人的房屋所有权人死亡或者永久搬离，然后将其住房出售，所得收益用于支付贷款，归还贷款后的剩余部分再由其子女继承。抵押人保留住房的土地使用期限直至其死亡。20世纪80年代，住房反抵押贷款在美国随“房子富翁，现金穷人”现象应运而生，并逐渐成为一种深受许多拥有住房的老年人喜爱的金融产品。反抵押贷款最大特点是把产权住房变成储蓄，把不动资产变现为流动现金，增加了老人收入，促进了人们的消费意识。因其操作过程与传统抵押贷款业务相反，所以被称为“反抵押贷款”。①

与传统抵押贷款比较，住房反抵押贷款具有如下特点：

第一，贷款对象是拥有房屋产权的老年人，且对年龄有一定规定，如在美国、澳大利亚、加拿大等国家要求是62岁以上的老年人。

第二，贷款目的是增加老年人收入，提高老年人生活水平，减轻国家、企业、个人养老的压力。

第三，要求抵押人居住在抵押的房屋中，一旦抵押人去世或者永久搬离，贷方有权出售房屋。但是，即使当贷款额度超过了房屋的市场价值，贷方也不能要求抵押人搬离或者出售。抵押人在贷款期间，可以出售或者转让房屋，但是必须偿还从贷方获得的金额，包括利息以及其他费用。

第四，无追索权，即贷方不能要求抵押人用其他资产来抵偿贷款；支付形式多样，可以采用年金支付、期间支付、一次性总额支付等形式。

第五，与一般按揭贷款“时间越长，风险越小”的普遍规律不同，对于贷款机构来说，反向抵押贷款的风险则会随着时间的推移而增大。贷款者寿命越长就意味着贷款机构要支付的现金越多，而抵押品的价值也根据房地产市场的走势存在着不确定性。因此，月领取额的确定需要

---

① 李时华. 住房反抵押贷款：扩大老年消费需求的新途径［J］. 消费经济，2007（1）：64–67.

经过详细的测算。

推行反向抵押贷款还有助于优化社会资源配置，刺激内需，给予老年人更丰富的融资渠道。每月额外的现金流收入使得老年人及其子女资金更加富余，增加他们的消费能力。哪怕对于那些尚未有贷款需求的居民来说，了解自己未来可以做到“以房养老”，也有助于减少整个社会对于养老的危机感，增加支出在家庭收入中的占比，有效地加速经济内循环，刺激我国经济的可持续发展。

● 小案例

有一张姓户主，现年40岁，65岁退休，在退休时向贷款机构申请住房反向抵押贷款。经过资产评估机构评估后，该住宅价值为150万元。假定张某能活到80岁，他的贷款期限就是15年，贷款机构根据住房反向抵押费率计算，张某从66岁起以领取养老金的形式获得贷款，到其逝世后一共能够领取875250元的养老金，平均每年58350元。意味着张某退休后，除了可以领取退休金，还可以通过住房反向抵押贷款增加87万多元收入，使其晚年生活得到更好保障，生活水平也得以提高。

资料来源：卢锦薇．发展住房反向抵押贷款对老年居民收入与消费的影响分析［J］．经贸实践，2017（19）：71–72.

（三）养老也能靠贷款

1. 农商银行消费“养老贷”

养老也能靠贷款。例如，山东临沂罗庄农商银行推出了“养老贷”，可缓解老年人及其子女购买养老服务的压力。“养老贷”是面向辖内符合条件的自然人发放，用于自身或父母、配偶、子女向养老机构购买养老服务使用权、养老服务会员卡等养老服务的特色贷款。遵循“合作准入、互惠共赢、快捷高效、分期还款”的原则，贷款金额一般不超过购买养老服务总金额的50%，原则上不超过100万元。还款方式根据贷款用途、贷款期限及借款人收入情况、还款能力等合理确定，可根据需要采取等额本息、等额本金、定期结息、按还款计划表分期等多种还款方式。

2. 农业银行“农民养老贷”

农民养老也能靠贷款。在农村城镇化的过程中，大量的失地农民在补缴社保的过程中遇到了困难，一款“农民养老贷”便应运而生，它是中国农业银行针对城镇化进程中失地农民补缴社保类资金需求推出的农户养老贷产品。该产品对符合社保养老补缴条件但无法一次性足额补缴养老保险费用的农民进行小额自然人贷款，补缴后可在退休时每月领取固定的退休养老金，让农民老有所养。申请“农民养老贷”的对象为农村县域里年满50周岁及以上（女）或年满55周岁及以上（男）的农民，农业银行对客户进行资格审查和信用评级后对符合条件的农民发放贷款。

与传统农户小额贷款比，“农民养老贷”具有期限长、利率低、准入易等特点，期限最长可达15年，利率可在基准利率档次下浮10%，担保方式为信用方式。在实际操作中，由农业银行、社保部门、被征地农民多方签署协议，贷款发放和归还实行资金封闭运行，借款人养老金及抚恤补助优先用于还款，既满足农民客户贷款需求，又确保贷款风险可控。[①]

（四）汽车贷款

如今驾驶汽车已不再是年轻人的专利，也开始成为许多老年人的时尚，在不远的将来可能普及成为基本技能。根据最新机动车驾驶证申领和使用规定，申领C1、C2机动车驾驶证申领机动车驾驶证的起始年龄为18周岁以上，没有年龄上限；C类机动车驾驶证的使用年限是无期限，只是在70岁之上的人群需要每年提交体检报告，体检合格才能够继续使

---

① 姚兵. 以“养老贷”破解被征地农民养老难［N］. 湘声报，2017-08-12（002）.

用机动车驾驶证。各商业银行针对这种情况，相应地推出了适用于低龄老年人的汽车贷款，并适当放宽了贷款年龄限制。比如，中国工商银行个人自用车贷款期限最长5年，申请年龄要求在18（含）至65（含）周岁之间，即最长汽车贷款年龄可以延伸到70周岁以内。因此，汽车贷款也能成为部分老年人提升生活品质的好帮手，为老年人购买置换汽车缓解经济压力。

1. 汽车贷款的种类

个人汽车贷款是指银行向自然人发放的用于购买汽车的贷款。个人汽车贷款所购车辆按用途可以划分为自用车贷款和商用车贷款。自用车贷款是指借款人申请汽车贷款购买的、不以营利为目的的汽车；商用车贷款是指借款人申请汽车贷款购买的、以营利为目的的汽车。

个人汽车贷款所购车辆按注册登记情况可以划分为新车和二手车。二手车是指从办理完机动车注册登记手续到规定报废年限一年之前进行所有权变更并依法办理过户手续的汽车。

2. 汽车贷款的运转模式

个人汽车贷款实行“设定担保，分类管理，特定用途”的原则。其中，“设定担保”指借款人申请个人汽车贷款需提供所购汽车抵押或其他有效担保；“分类管理”指按照贷款所购车辆种类和用途不同，对个人汽车贷款设定不同的贷款条件；“特定用途”指个人汽车贷款专项用于借款人购买汽车，不允许挪作他用。

目前个人汽车贷款最主要的运行模式包括“间客式”与“直客式”两种。

（1）“间客式”模式。“间客式”运行模式在目前个人汽车贷款市场中占主导地位。该模式是指由购车人首先到经销商处挑选车辆，然后通过经销商的推荐到合作银行办理贷款手续。汽车经销商或第三方（如保险公司、担保公司）协助银行对贷款购车人的资信情况进行调查，帮助购车人办理申请贷款手续，提供代办车辆保险等一系列服务，部分经销商为借款人按时还款向银行进行连带责任保证或全程担保。在这种情况下，由于经销商或第三方在贷款过程中承担了一定风险并付出了一定的人力和物力，所以他们往往要收取一定比例的管理费或担保费。

简单来说，“间客式”运行模式就是“先买车，后贷款”。其贷款流程为：选车—准备所需资料—与经销商签订购买合同—银行在经销商或第三方的协助下做资信情况调查—银行审批、放款—客户提车。

（2）“直客式”模式。与“间客式”的“先购车，后贷款”相反，纯粹的“直客式”汽车贷款模式实际上是“先贷款，后买车”，即客户先到银行申请个人汽车贷款，由银行直接面对客户，对客户资信情况进行调查审核，在综合评定后授予该客户一定的贷款额度，并与之签订贷款协议。客户在得到银行贷款额度后即可到市场上选购自己满意的车辆。在选定车型之后，到银行交清首付款，并签署与贷款有关的其他合同，由银行代客户向经销商付清余款，客户提车，之后就是借款人按月向银行还款了。

“直客式”运行模式的贷款流程为：到银行网点填写个人汽车贷款借款申请书—银行对客户进行资信调查—银行审批贷款—客户与银行签订借款合同—客户到经销商处选定车辆并向银行交纳购车首付—银行代理提车、上户和办理抵押登记手续—银行放款—客户提车。由于在这种模式下，购车人要先与贷款银行做前期的接触，由银行直接对借款人的还款能力以及资信情况进行评估和审核，所以这种信贷方式称为“直客式”模式。

（五）互联网贷款——用好“双刃剑”

1. 识别互联网贷款产品

互联网贷款简称“网贷”，是指商业银行或者互联网公司运用互联网和移动通信等信息通信技术，基于风险数据和风险模型进行交叉验证和风险管理，线上自动受理贷款申请及开展风险评估，并完成授信审批、合同签订、贷款支付、贷后管理等核心业务环节操作，为符合条件的借款人提供的用于消费、资金周转、经营周转等贷款。[①]

（1）互联网贷款的特点。

①线上化。互联网贷款采用大数据等信息技术，线上自动受理贷款申请，线上开展风险评估，线上完成授信审批、合同签订、贷款支付、贷后管理等环节，借款人与贷款机构无须线下接触。

②门槛低。对借款人资质要求低，借款人申请贷款时，无须提供房产、车产等抵押物，凭个人信用便能申请贷款。

③放款快。传统贷款需要线下申请、评估、审批、签约、授信、抵押、家访等手续，放款速度较慢，一般需要1个月以上时间。互联网贷款办理程序简便，只要借款人符合一个最低要求，最快几分钟可以到账。

④操作简单。互联网信贷一般只需要借款人提供个人基本信息，贷款机构即可依托大数据及个人征信实现快速放款。

⑤额度低。因为没有抵押物作担保，贷款机构需要承担较大风险。贷款机构为了降低风险，给借款人的授信额度不会太高，最大化分散风险。目前互联网贷款单笔上限一般在50万元以下。

⑥利息高。贷款机构控制信贷风险的手段，除了控制贷款额度以外，还提高了贷款利息，一般正规平台年息在4%~24%，因此借款人申请贷款前最好根据自己的还款能力确定贷款额度、期限，以免还款压力过大影响正常生活。根据《最高人民法院关于审理民间借贷案件适用法律若干问题的规定》，借贷双方约定的利率超过年利率36%，超过部分的利息约定无效。借款人请求出借人返还已支付的超过年利率36%部分的利息，人民法院应予支持。

（2）互联网贷款与传统银行贷款的区别。

①模式不同。传统银行的经营模式是吸收存款和发放贷款，银行自身承担贷款风险与损失。但互联网平台主要采用中介或助贷模式，它们

① 中国银保监会：商业银行互联网贷款管理暂行办法。

资金很多来源于传统银行，助贷模式下自身并不承担贷款风险与损失。

②定位不同。互联网金融主要聚焦于传统银行服务不到或者重视不够的长尾客户，利用信息技术革命带来的规模效应和边际成本较低优势，解决长尾客户因交易规模小和市场分散而无法获得金融服务的问题。

③重心不同。互联网贷款追求跨界创新，新技术应用不断拓展市场边界，寻求规模扩张和赢家通吃，突出客户体验、服务效率与应用场景优化。传统贷款以产品为中心，专注于垂直领域或市场细分的专业化服务，执着于内在的功能完善与强大，通过规范的制度流程和严密的风险控制，最大化地提高投入产出效率。

④形式不同。互联网贷款以线上服务为主，同时注重线上向线下拓展，利用便捷技术，努力把业务做深做实。传统银行具有深厚的实体服务基础，线下向线上进行拓展，努力把原有基础更充分地利用起来，提升服务便捷度。

⑤思维方式不同。传统银行思维方式是“二八定律”，即从20%的重点客户身上挖掘80%的盈利空间，目标市场是“近尾”；而互联网贷款崇尚长尾理论，即“倒二八定律”，其商业模式主要出发点来自对80%数量占比的“长尾”客户的高黏性和高效控制，以及规模递减的边际成本优势。

2. 互联网贷款产品案例

（1）建行“快贷”。“快贷”是中国建设银行推出的全流程线上自助贷款业务，可前往建行营业网点办理，也可通过建行手机银行、网上银行进行自助办理，包括实时申请、批贷、签约、支用和还款都可在网上进行。建行“快贷”有四种产品：信用方式“快e贷”和“车e贷”、信用或房产抵押方式“融e贷”、质押方式“质押贷”。

办理建行“快贷”需要的条件包括：年满20~55周岁，具有完全民事行为能力的自然人；具有当地常住户口或长期居住证明，有固定的住所；有稳定合法的收入来源，具有按期偿还贷款本息的能力，借款人家庭年收入为2万元以上；具备建行评定或认可的BBB级含以上信用等级；信誉良好，在中国人民银行个人征信系统无不良信用记录。

“快贷”开通后，信用良好的建行个人客户，只要在建行办理业务（如存钱、购买理财产品、申请贷款、代发工资等），都可能获得“快贷”额度，且办理业务越多，额度越高。

（2）招行“闪电贷”。“闪电贷”是指招商银行通过手机银行等线上渠道向个人客户发放的，用于借款人企业经营或者合法消费的个人网络贷款。“闪电贷”资金可用于借款人经营实体流动资金周转或者借款人综合消费。“闪电贷”可一次性放款，也可循环式放款。

招行“闪电贷”申请条件：申请人在招商银行办理过业务，开通了“一卡通”；在招商银行有大额存款；在招商银行购买过理财产品；持有一张招商银行的信用卡；没有不良信用记录；年龄在18岁以上，持有效身份证件；有稳定的经济收入，能够按时还款；招商银行要求的其他条件。

“闪电贷”利率在5.74%~14%浮动，80%的人在7%以下。“闪电贷”最高贷款不超过100万元。“闪电贷”的贷款期限最长为5年。“闪电贷”的担保方式支持纯信用、质押等方式。“闪电贷”还款方式可以选择按月付息到期还本还款法、等额本息还款法、等额本金还款法、一次性还本付息还款法等方式。

（3）腾讯“微粒贷”。“微粒贷”是腾讯微众银行面向微信和QQ用户推出的个人小额信用循环消费贷款。微粒贷采用邀请制的形式，仅对部分用户开放。个人贷款总额度在500元~20万元，单笔最高可借4万元。如果你的微信钱包有“微粒贷借钱”就可以申请开通。微粒贷目前只对部分用户开放，判断标准是用户的个人信用，无法主动申请权限，后续会邀请更多用户使用。“微粒贷”给用户的授信额度为100~20万元，依据个人综合情况而异。单笔借款可借100元~4万元。日利率为0.02%~0.05%，1万元一天利息为2~5元。

“微粒贷”具有以下特点：

①无抵押、无担保。传统金融机构提供的个人贷款，大部分要求借款人提供抵押等担保，无法提供担保或者名下没有固定资产的个人用户很难获得贷款。“微粒贷”无须抵押和担保，不需要提交任何纸质材料，能够较好地满足信用良好的用户的小额融资需求。

②7×24小时服务，最快1分钟完成放款。“微粒贷”依托严谨的风险控制规则及完备的技术支持体系，提供7×24小时线上服务，办理手续便捷高效，全部流程都在手机上操作完成，借款最快40秒到账。

③提前还款无手续费。传统金融机构大多要求用户在还款日当天还款，用户如果希望提前还款，需要申请并缴纳手续费。除常规默认代扣还款外，“微粒贷”也支持用户随时结清贷款，且不收取任何其他额外手续费用。

知识窗

“微粒贷”利息如何计算?

“微粒贷”默认还款方式为等额本金，但同时支持提前还款并按日计息，所以我们在计算微粒贷利息的时候，可以直接套用公式：利息=剩余借款金额×日利率×借款天数。譬如从“微粒贷”借3000元，日利率为0.05%，借款天数为10天，那么利息=3000×0.05%×10=15（元）。需要注意的是，由于“微粒贷”采用等额本金的还款方式，如果你的借款期限超过了下一个还款日，那么剩余借款金额会相应的减少。譬如从“微粒贷”借3000元，第一期还款日一共还了373.5元，其中本金为300元利息为73.5元，那么剩余借款金额只有2700元。因此第二期的利息=2700×0.05%×30=40.5元，并且以后每期的利息都会逐渐减少，因为你的剩余借款金额一直在减少。

三、警惕贷款陷阱

（一）警惕“以房养老”成骗局

君子不立危墙之下。随着“以房养老”的兴起，一些诈骗手段也“与时俱进”地将此概念作为行骗的伪装和掩盖。近几年部分不法公司和人员打着“以房养老”的旗号，对老年人实施欺诈，导致受骗老人陷入房财两空的境地，有些受骗老人还会被第三方告上法庭。那么“以房养老”套路贷都是怎样操作的呢？这种诈骗手段有何特征？怎样识别？我们又该怎么维权？

1.“以房养老”套路贷的花式外衣

很多不法分子对“以房养老”进行各种演绎，经常夸大宣传甚至打着国家政策的旗号，以权威机构为“噱头”或宣称自己有官方合作背景蒙骗老人。比如，一家名为“中安民生养老服务有限公司”的机构向老人们兜售所谓“以房养老”产品，打着国家政策鼓励的旗号，宣称“以房养老是政府大力扶持的产业”。但实际上，他们所说的“以房养老”，和国家鼓励的以房养老，根本不是一回事。

骗子们不仅以高额利息为诱导，而且还会以免费旅游、免费“名师”上课、答谢会等名义诱骗老人参加，在此过程中，公司人员会向老人灌输“以房养老”的种种好处。

实施套路贷的经营者，经常安排其工作人员作为代办房屋出售或者抵押登记手续等全套事务的受托人甚至出资方。合同架构复杂，要签的合同多、条文杂，如借款合同、抵押合同、委托合同、代为还款合同、养老服务协议等；这些合同会在法律上形成“闭环”，不具备相应专业判断能力的人很难分辨其中的利害关联。

● 小案例

“以房养老”合同变借款合同，老人被骗失去房产

上海市人民检察院在“上海检察”微信公众号上提醒老年人小心“以房养老”类骗局，避免钱房两空。

被告人广某某用“以房养老”骗局骗得老年人钱房两空。他以项目开发为由引诱老年被害人对其进行“投资”，让老人签下数份合同。但实际上，老人们签署的并非“以房养老”的合同，而是借款合同和委托书。在委托书中，老人将自己房屋的抵押、买卖、产权转移、纳税等权利全部委托给了他人。广某某利用委托书将老人的房产以远低于市场价的价格卖出，导致老人不仅没有挣到钱，甚至还失去了房产，无家可归。

经审查，被告人广某某共诈骗7500余万元并将诈骗款用于赌博等违法活动，检察院以涉嫌集资诈骗罪对其提起公诉。最终，被告人广某某被判处无期徒刑，剥夺政治权利终身，并处没收个人全部财产，责令其退赔被害人的经济损失。

轻信“以房养老”理财项目，实为“套路贷”

最高法于2021年发布的老年人权益保护典型案例显示，2016年，高某经人介绍参加“以房养老”理财项目，与王某签订借款合同，约定王某出借220万元给高某。高某将案涉房屋委托龙某全权办理出售、抵押登记等，如高某不能依约归还，则龙某有权出卖案涉房屋偿还借款本息，双方对相关事项进行了公证。

后龙某作为高某的委托代理人为案涉房屋办理抵押登记，并出卖给刘某。房屋转移登记至刘某名下后，龙某自称系刘某亲属，委托房屋中介机构再次寻找买家，同时，刘某为房屋办理抵押登记，登记的抵押权人为李某。王某、龙某、李某等人在本案交易期间存在大额、密集的资金往来。

后高某起诉请求判决龙某代理其签订的房屋买卖合同无效，并判令刘某将案涉房屋过户回高某名下。

“以房养老”竟变成低价卖房？法院判决“买方”返还房屋

北京市海淀区人民法院日前通报一起“以房养老”骗局案件。原告陈先生诉称，彩虹公司人员向其推荐了一个养老项目，具体为由陈先生用其名下的房产办理抵押，彩虹公司支付陈先生200万元的利息，且陈先生可以去彩虹公司的养老院养老。合同期满后，房本也会返还，合同期内不影响陈先生在房产内继续居住。陈先生遂与彩虹公司签订了养老合同，并在其居住的房屋上办理了抵押，收了200万元。

后彩虹公司的工作人员联系陈先生，告知其因要变更抵押权人，需重新签订合同，陈先生便与彩虹公司的工作人员前往不动产登记中心办理相关手续。由于陈先生年事已高，且对彩虹公司过于信任，在没有看到合同内容的情况下就签字了，后来才发现签订的是与刘先生的房屋买卖合同。

陈先生表示其并没有出售房屋的真实意思，且相关房屋过户手续均是彩虹公司员工代为办理，房款也未实际给付，故其与刘先生的房屋买卖合同应为不成立，刘先生应协助将房产变更登记至陈先生名下。

最终，法院判决陈先生与刘先生就涉案房屋签订的买卖合同不成立，刘先生协助陈先生办理涉案房屋的产权过户手续，过户至陈先生名下。

资料来源：养老诈骗典型案例系列四：“以房养老”骗局骗房又骗钱［EB/OL］. 中国经济网.

2.“闭环”骗局

“以房养老”套路贷往往由于诈骗人熟悉法律、精心设计，会形成对被骗老人极为不利的“闭环”骗局。往往从形式上看，诈骗人的证据链是完整的、规范的，而被骗老人则除了陈述之外，什么证据都没有。

（1）“闭环”骗局的形式。一种是骗子将房屋买卖合同混在各种文件中，浑水摸鱼，骗取老人签字；还有一种是诱骗老年人签订委托公证，这种形式会在法律上给予骗子出售老人房屋的授权。除此之外，在一些

"以房养老"骗局中，骗子机构会为老人联系金融机构办理房屋抵押贷款，老人将贷款转给骗子机构购买虚假理财产品；骗子再用所谓的理财收益为老人还贷；为了稳住老人，骗子会先还掉几期贷款，并支付给老人相应的收益，再溜之大吉；而收不到款的金融机构就会要求老人还款，否则将拍卖房屋。

这种骗局中，如果金融机构对骗局不知情，主观上也没有参与骗局时，老人的权益会变得难以维护，"闭环"骗局就形成了，骗子机构则在这种交易流程中得到了最方便转移的现金流。

（2）"闭环"的骗局运作流程。在这一流程中，老人先将自己的房屋进行抵押，并与出钱的出资方签订借款合同，再将借到的钱"投资"到所谓"以房养老"的"理财项目"中，以"收益"作为养老金；而推出"理财项目"的理财方，则向借钱给老人的出资方支付利息。

在这个过程中，老人会在所谓工作人员的安排下签下一系列相关合同，委托理财方的工作人员代为办理房屋出售和抵押登记手续。其中，一些精明的不法分子还会带着老人进行公证，经过公证的抵押合同就被赋予了强制执行力。

理财方汇集了大量资金，这些资金被挪作他用后，理财方达成了自己的目的，开始"脱钩"，不再替老人还款；这时，手拿抵押合同的出资方就可以申请强制执行老人所抵押的房屋，老人的房屋就这样被强制执行了。

3. 识破"以房养老"骗局与维权

（1）鉴别正规"以房养老"业务和"以房养老"套路贷诈骗。正规的"以房养老"是一种保险产品，全称叫"住房反向抵押养老保险"，而假的"以房养老"就各有各的套路。如果有人说"以房养老"是投资理财的项目，还保证"稳赚不赔"的，可就要注意了。区别如下：

第一，正规的会由专业的保险机构经营，非正规的则会出现其他金融机构；

第二，正规“以房养老”不会出现借款合同、房屋买卖合同、理财合同；

第三，正规的“以房养老”保险公司只要房子抵押权，房屋所有权始终归老人（也就是房屋的所有人）所有，只有在老人身故后，保险公司才可以进行处置。

（2）防范“以房养老”骗局。

第一，签订合同要慎重，要分析服务背后的商业逻辑，对反常之处保持足够警惕。在“以房养老”相关合同书上签名、按指印时要慎重，最好寻求专业人士帮助辨析合同的内容。签订合同时，不管多忙，也不管对方催得多紧、需要签字的东西有多少，我们千万不要嫌麻烦图省事儿，需要签字确认的东西一定要看仔细后再签字，到了法院这就是证据。对于多页的合同，建议每页都签，并且所有协议自己手中必须留存一份，以防对方替换。

第二，提高防范诈骗的意识，对于宣称低风险甚至无风险、高收益的养老投资项目，要提高警惕，对超出自己判断能力的问题，及时寻求专业帮助。

第三，不该贪的便宜别贪。俗话说“拿人手短”，许多骗子会以小利“钓大鱼”，先用精美的礼品吸引注意，套个近乎降低心理防线，再利用人们抹不开面子的心理，以推荐的名头行推销之实。

第四，增强自己保存和收集证据的意识与能力。[①]

（3）发现被骗后该如何维权？如果出现纠纷，建议向有关部门、公安机关进行举报，请求追回被骗钱财。这么做有利于及时保存证据；目前，“12337智能化举报平台”已经开通“养老诈骗”举报通道，许多地方设立了“养老诈骗”线索核查专班。举报人可通过登录相应平台或直接拨打电话12337，向12337智能化举报平台反映问题。如果这些途径无法解决，或者有争议而无法作出判断时，再起诉到法院。

---

① 张建.“以房养老”诈骗案老人房产或被强制执行 如何防范养老骗局？［N］.新京报，2022-08-20.

（二）火眼金睛识破“套路贷”

1. 巧识套路“消费贷”

（1）认识套路“消费贷”。消费贷，顾名思义是对消费者个人发放的，用于购置耐用消费品或支付其他费用的贷款，包括教育、旅游、房屋装修、买车、买手机等。“数万额度、无须抵押、几分钟放款，只需身份证和手机号即可线上申请。”越来越便捷的借款方式，让“消费贷”一时间成为“香饽饽”。

然而看似便捷的消费贷背后却潜藏着各种套路、陷阱，一不小心就会使我们陷入巨额债务的泥淖之中。

● 小案例

稀里糊涂办了“美容贷”

急需用钱的张姐，找到一家贷款中介公司。中介公司告诉她，正好有个美容消费贷款项目，流程简单、放款快、利息低，还款只需还2个月就可以不还了。

于是，张姐跟着贷款中介公司的职员老王来到一家美容医院。老王指导她填写了一份美容消费贷款申请，并且虚构了她的工作情况和整容项目。整个过程只需要一张身份证和审核有无征信问题，很快张姐就拿到了扣除2万元中介费后的2.9万元贷款，可她名下实际需要偿还的贷款却是9万多元。经过调查，还有多名被害人与张姐遭遇相同，8名犯罪嫌疑人被依法批准逮捕。

0元购机要小心

“不花一分钱就能拿走一部手机”，走在街头的老陈被一家手机店的“0元购机”活动所吸引。店家称，只需要提供身份证、联系电话等信息即可办理手机的贷款手续，配合返现App使用，“尽管是贷款，但不需要你出一分钱”。

于是在店家的帮助下，老陈立刻办理了相应的贷款业务，下载了指定的App，当天便“拿走”了一台标价2800余元的“免费”手机。可一个月后，老陈不仅再也收不到App的返现，还接连接到了两家贷款公司的催收电话，金额也变成了7000多元。

经查，该手机店主吕某联系多家小额贷款公司，用顾客个人信息在分期贷款公司重复信用贷款，且每次贷款金额均远高于手机价格。吕某已被检察机关以涉嫌诈骗罪依法批准逮捕。

身份信息谨慎透露

几个月前，张姐的一位朋友来找她，希望她陪同一起去手机店，用其身份信息办理分期业务，帮忙购买几部手机。这位朋友承诺贷款全部由她来还，张姐什么都不用管。张姐没多想就答应了，帮这位朋友办理了四单手机分期业务，每部手机价值3000多元，一年还清。办完之后朋友就将手机拿走了。

张姐原以为只是帮朋友一个小忙，可一个多月后她收到催款短信和电话时，才发现事情远没她想得那么简单。随着时间的推移，张姐已经欠款近2万元，每个月要还款1000多元，而朋友早已杳无音信。目前，张姐的这位朋友因涉嫌诈骗罪被检察机关依法批准逮捕。

资料来源：揭开“消费贷”的套路，小心“心动”变“心痛”[EB]. 宁夏回族自治区金融工作局，2019-7-9.

（2）远离套路“消费贷”。

①识别“消费贷”的本质。从字面角度对“消费贷”进行拆解，可解读为为消费而办理的贷款。“消费贷”在本质上给客户提供的是提前享受商品、服务的功能。然而在上文的案例中，被害人却把“消费贷”当成了能为自己创造经济收益的方式，被不法分子所谓的“每日返现”“高额回扣”所蛊惑，陷入了“即使办理贷款也无须自己偿还”的错误认识，最终蒙受损失。“谁申请，谁还款”是贷款业务的核心原则，我们应对其熟记于心，避免不必要的损失。

②对不法分子的常见套路“脱敏”。一些不法分子的套路与话术确实极具诱惑性，他们侃侃而谈、声情并茂、“真情”流露，加大了人们的防范难度。对此，只有“多见、多听、多掌握”才能对其骗术“脱敏”，减少受骗的可能。

听到“只要……就……，后续内容都不用自己管”的语句需提高警惕；遇到要求提供身份证、银行卡等个人信息的行为更应打开自身的预警雷达。在认为有利可图的时候，应该首先思考对方所描述的内容是否符合常理，“无须付出而纯获利益”的故事有违市场的基本价值，不论不法分子怎样描绘，都难以掩盖背后实系阴谋的事实。

③敢于对朋友的不合理要求说“不”。在第三个案例中，被害人张姐在面临朋友所提出的“出示个人信息以贷款购买手机”的要求时加以应允，并最终受骗。该类事件在日常生活中较为常见，面对身边人的请求，碍于友谊与情面，难免会卸下一些防备。对朋友施以援手固然合情合理，但也应建立在维护自身权益的基础上。倘若对方的请求牵涉自己的隐私信息或明显存在不合理之处，敢于说“不”才是保护自己的最好方式。

2. 拒绝不知情搭售

金融机构在营销宣传过程中应当依据金融产品或者服务的特性，及时、真实、准确、全面地向金融消费者披露相关重要内容，并以适当方式供金融消费者确认其已接收完整信息。然而在实际金融服务中仍存在一些侵害消费者知情权、自主权，违规搭售的情况。

● **小案例**

金融消费者于2020年11月在A银行办理借记卡ETC签约业务后收到一条A银行发送的“您尾号＊＊＊＊的卡开通的惠民贷扣款××元，请按时还款”的短信。王某表示自己并未在A银行办理过任何贷款，银行不可随意扣款。

经核实，王某曾在A银行营销人员的介绍下，通过手机银行申办了借记卡ETC签约业务。A银行同时为其开通了一项“惠民贷”消费贷款业务。当高速通行费用产生后，如果银行卡账户余额不足，就会自动启动“惠民贷”业务。由于王某不清楚具体使用规则，导致该业务被触发。应王某要求，在贷款还清后A银行协助其关闭了“惠民贷”业务，并提醒王某在过高速前卡内留存充足资金，王某表示理解。

资料来源：金融知识宣传金融消费纠纷典型案例（上篇）[EB].南京市人民政府网站.

本案中，相关金融机构在进行营销宣传的过程中，对其金融业务的介绍存在漏洞，消费者对该业务未进行充分了解的情况下选择签约，因而对消费者的知情权和自主选择权造成一定程度的侵害。因此，在业务事前、事中、事后各个环节中，金融机构应始终奉行消费者权益保护理念，言简意赅地向消费者推介金融产品，防范因产品设计复杂、解释不到位、披露有歧义等情况导致侵害消费者权益事件的发生。同时，消费者也应认真审阅相关金融服务条款，关注签约账户变化。

3. 合理评估网贷借款风险

（1）高额逾期费用。对于逾期费用，不同网贷平台的名称不同，收费标准也不同。不管是叫逾期罚息、逾期管理还是其他五花八门的名字，收费标准都非常高。大学生在校园贷平台借款几千元逾期几个月没还滚到上万元的新闻，屡见不鲜。

（2）平台花式催收。催收一般分为三个阶段：第一个阶段，刚逾期几天，平台客服轻声细语、温馨提醒，告诉你已经逾期，请按时还款；第二阶段，逾期较长时间，平台客服严肃警告，威胁再逾期不还将面临严重后果；第三阶段，逾期很长时间，平台不再好言相劝，有的不法平台甚至采用暴力等手段。

（3）欠款的严重后果。①信用受损。网贷平台都建有黑名单制度，黑名单各平台之间已开始互通。在一家平台借款逾期不还，在其他平台再借就十分困难。除此之外，网贷平台还会将黑名单通过微信、微博等网络渠道，甚至火车站、飞机场大屏幕公示出去，让全国人民都知道，这些“老赖”借钱不还！当然，除了恶意欠款的人，一般借款人不会走到这一步。

②征信污点。以后网贷平台借贷逾期不还，将会和银行贷款、信用卡逾期一样被记录到中国人民银行的征信系统中，产生信用污点。如果说之前的后果仅仅是颜面扫地的话，那么征信产生污点后将会影响到实际生活，想买房没办法贷款，想买车没办法按揭等。

③被告上法庭。借贷之后长时间逾期或者故意不还，可能会构成诈骗犯罪，有被网贷平台告上法庭的危险。一旦法院判决网贷平台胜诉，那么借款人除了要支付需要还的款项外，还要支付双方诉讼费用和巨额罚款，甚至面临牢狱之灾。如果不按时执行，将会被法院列为纳入失信被执行人名单，依法对其进行信用惩戒。

4. 警惕高利贷陷阱

（1）高利贷的定义。高利贷是指索取特别高额利息的贷款。它产生于原始社会末期，在奴隶社会和封建社会，它是信用的基本形式。在现代，高利贷属非法行为。

民间借贷的利率可以适当高于银行的利率，各地人民法院可根据本地区的实际情况具体掌握，但最高不得超过银行同类贷款利率的四倍（包含利率本数）。超出此限度的，超出部分的利息不予保护。出借人不得将利息计入本金牟取高利。

（2）高利贷的影响。由于高利贷有主体分散，个人价值取向、风险控制无力等特点。高利贷活动不可避免地会引发一定的经济和社会问题。一些利率奇高的非法高利贷，经常出现借款人的收入增长不足以支付贷款利息的情况。当贷款拖期或者还不上时，出借方经常会采用不合法的收债渠道，如雇佣讨债公司进行暴力催讨等。于是，因高利贷死亡、家破人散、远离他乡、无家可归的现象数不胜数。这些人已经被高利贷吸去了最后一滴血，往往都是身无分文，在外流浪，也成为社会不安定的因素。由于民间“高利贷”利率普遍高于银行基准利率，受利益驱动。一部分人便将自有资金用于民间借贷，对地方金融机构（尤其是农村信用社）吸收存款造成很大压力。

又由于其贷款机制灵活、便利，也在一定程度上造成对银行信贷的冲击。另外由于民间“高利贷”多为私人之间的协议，大多没有信贷担保和抵押，而且对借款人的资信仅凭个人的主观判断，主观性和随意性很强，对风险的产生也无从控制，因此隐藏了极大的风险。如果借款人不能归还贷款，对贷款人来说打击是巨大甚至是终身的，因而极易冲击正常的金融秩序。

四、不信不立，不诚不行

（一）珍爱信用——无信不立

1. 珍爱信用莫逾期

贷款客户对贷款银行告知的还款日和宽限期应重视，按期足额还款，珍惜征信记录；对确属征信记录记载错误的，要及时向有关方面提出异议并提供证明材料，以便更正错误信息，维护合法权益。银行应查明造成客户逾期的具体原因，确属非客户原因形成逾期，且符合《征信业管理条例》相关要求的，有义务协助客户消除不良征信记录。

● **小案例**

未按时还款影响个人征信

王女士于2016年6月在某银行网点申请了个人住房贷款，与银行签订贷款合同约定的还款日是每个月的1号，因王女士没有按时还贷（已有8次逾期），造成个人征信系统有不良记录。王女士认为，其爱人在该行的信用卡还款有三天宽限期，且了解到其他商业银行贷款也有宽限期，所以主观认为该行贷款也应该有宽限期，而银行工作人员在办理贷款时未告知其办理的贷款没有宽限期，没有尽到提示客户及时还款的义务，故于2019年4月向该行总行反映问题，要求银行帮其消除个人征信的不良记录，否则将在网上、通过新闻媒体曝光银行不合理的服务，维护自己的正当权益。

该银行网点在接到客户反映的情况后，及时进行多方面核查，了解到具体情况如下：首先，在客户申请贷款时，该银行网点客户经理已告知王女士还款日为每月1日，合同中约定的住房贷款宽限期为0天。为尽到提示义务，客户经理在为客户申请贷款时已为客户王女士签订了银信通协议。每月还款日前银行会通过客服号码向王女士发送提示还款的短信，以提醒客户每月1日按时还款。值得注意的是，王女士自2016年7月至2017年10月都是按时还款，还款记录良好无逾期记录，说明王女士是知道贷款还款日的。其次，王女士知道该行信用卡还款有3天宽限期，主观上认为该行个人住房贷款还款也是有宽限期的，从2017年11月开始第一次逾期后未引起足够的重视，随后又陆续产生未按时还款的记录，截至2019年4月共有8次逾期还款记录。王女士认为不用每月1日准时还款，只要把贷款还了即可，不会产生什么重要影响，却不知道因借款人未按时足额还款造成的征信逾期记录是无法核销的。最后，贷款还款宽限期不是每个银行都有的。该银行给王女士调阅其贷款合同，合同中已明确告知贷款是无宽限期的，并已为其办理短信通知服务提醒其按时还款，这种情况是无法消除逾期记录的。

综上，王女士因自身原因未及时还款，银行已经对还款注意事项从短信通知、贷款合同以及申请贷款三个方面进行了告知，王女士所说的不知情是不符合实际情况的，征信记录相关信息不存在错误的情况，故该银行未对征信记录进行更改，王女士对银行处理结果未表示异议。

资料来源：本刊编辑部. 谨防延时还款导致个贷逾期——金融消费者权益保护纠纷典型案例二则［J］. 中国银行业，2020（6）：98-100.

2. 遵守诚信勿挪用

擅自改变贷款用途属于欺骗手段。资金申请的用途是影响贷款风险的重要因素，因此，也成为实践中贷款风险度测定的重点并构成了借款合同的必备条款。中国人民银行《贷款通则》第七十一条就改变贷款用途做了专门限制，并明确列举了“用贷款在有价证券、期货等方面从事投机经营”这一行为，主要是因为它的投机性及其对金融安全造成的风险。骗取贷款罪客观要件中的“欺骗手段”，是指采取虚构事实、隐瞒真相等手段，骗取银行或者其他金融机构的信任，如虚构假项目、提供假证明、使用假担保等骗取贷款，或者贷款资金没有按申请用途去使用，均属于欺骗。

（二）管理信用额度——量入为出

信用额度受到个人以往的交易行为及其自身的年龄、职业、性别等自然属性特征影响，如何管理个人信用，有效提升信用额度，不妨试试下面的建议：

1. 优先偿还大额债务

偿还大额债务不仅会缩减最大债务漏洞，还能节省利息费用。个人信用评分很大程度上是基于循环债务，且循环债务总额越小，信用评分越高。

2. 准时偿还债务

没什么方法比准时还贷能够更好地提升信用评分。还贷记录在信用评分系统中占据较高份额，即使错过一次还款期限，也会严重影响个人信用，还要承担滞纳金。而准时还贷的最简单途径便是签订自动还款协议，并设置手机提醒，以便准备好还款资金。

3. 办一张信用卡

没有信用是不是就好呢？答案是否定的。如果没有个人信用记录，就无法证明个人的信用情况，这种情形和那些信用差的人几乎没有区别。当前最能体现个人信用的就是信用卡的还款记录，只有办理了信用卡，才能在信用机构里留下自己的记录，成为一个有信用的人，因此，想提高个人信用，可办理一张信用卡。

4. 不用的信用卡及时注销

很多人办卡并不是真正有需要，而是由于被办卡送的礼品吸引，或是帮朋友完成任务而办信用卡，这样的卡很容易就变成了睡眠卡，这些卡如果久放不用，欠了年费，也会出现逾期和欠款。因此需要将不用的卡片及时注销，以免产生逾期，否则就得不偿失了。

5. 每次还款金额最好超过最低还款限额

每月若是只按最低还款限额去偿还信用卡债务，发卡机构可以从中获得利息收益，但对于持卡人来讲，每次仅仅依据最低限额来还款未免有些得不偿失。

自测题

1.（多选）住房贷款能从以下哪几个方面有效促进家庭和社会消费，改善家庭福利水平？（　　）

A. 放松预算约束　　B. 增加财富效应

C. 提高边际消费倾向　　D. 贷款无须偿还

答案：ABC

2.（多选）“养老贷”遵循以下哪几种原则？（　　）

A. 合作准入　　B. 互惠共赢

C. 快捷高效　　D. 分期还款

答案：ABCD

3.（多选）“农民养老贷”应满足以下哪几种条件？（ ）

A. 农村县域里满50周岁及以上（男）

B. 农村县域里满55周岁及以上（女）

C. 农村银行对客户进行资质审查和信用评级符合条件

D. 农村县域里满50周岁及以上（女）

E. 农村县域里满55周岁及以上（男）

答案：CDE

4.（多选）与传统农户小额贷款比，“农民养老贷”具有什么特点？（ ）

A. 期限长 B. 利率低

C. 准入容易 D. 无须考虑偿还时间

答案：ABC

5.（多选）“微粒贷”具有哪些特点？（ ）

A. 无抵押、无担保 B. 7×24小时服务

C. 放款速度快 D. 提前还款无手续费

答案：ABCD

6.（多选）以下关于“合力贷”支持政策说法正确的有（ ）。

A. 老年家庭名下无住房且无在途贷款的，购买试点项目普通住房执行首付比例35%、非普通住房执行首付比例40%，并享受相应的贷款优惠利率

B. 购买试点项目140平方米以下住房的，按首套房首付比例35%、二套房首付比例60%执行

C. 老年家庭名下有住房或者有在途贷款的，购买试点项目普通住房执行首付比例35%、非普通住房执行首付比例40%，并享受相应的贷款优惠利率

D. 其子女不可作为共同借款人申请贷款

答案：AB

7. 彩虹公司的小陈联系到老王，向其介绍“以房养老”项目，并约定向老王偿付高额利息，并提供免费旅游、免费“名师”上课、答谢会等活动。如果你是老王你会相信小陈吗？（　　）

A. 相信　　B. 不相信　　C. 不确定

答案：B

8. 下列属于网贷借款风险的是（　　）。

A. 高额逾期费用　　B. 平台花式催收

C. 征信污点　　D. 被告上法庭

答案：ABCD

9. 贷款未按时还款会影响个人征信吗？（　　）

A. 会　　B. 不会　　C. 不确定

答案：A

10. 擅自改变贷款用途属于欺骗手段吗？（　　）

A. 属于　　B. 不属于　　C. 不确定

答案：A

第八章 借钱容易还钱难

案例导入

莎士比亚在《哈姆雷特》中写道："不要轻易借钱给别人，也不要轻易向别人借钱；借钱给别人会让你人财两失，向别人借钱会让你挥霍无度。"2020年11月，中国金融学会会长周小川在财经年会上表示，虽然我国储蓄率仍居世界第一，但近年来中国居民的总负债不断"上升"。截至2022年，我国居民负债总额超过200多万亿元，相当于人均负债14万元。随着中国从"储蓄大国"转变为"债务大国"，民间借贷关系也日益频繁，如果处理不当，"借钱容易还钱难"可能引发困扰，甚至对簿公堂。

2022年6月，蚌埠市禹会区人民法院公开开庭审理了一起民间借贷纠纷案。被告王某因生意经营急需资金，于2020年9月找到朋友赵某借款8万元，并出具了借条。赵某碍于朋友情分，通过银行转账的形式将8万元交付王某。后原告赵某急需用钱，多次找被告王某催要该笔借款，被告均以各种理由拒不还款。无奈，赵某一纸诉状将王某告上法庭。法庭经审理最终认为，被告借款本金8万元事实清楚，双方均无异议，法院予以确认。原告要求被告归还借款本金8万元，符合法律规定，被告应予归还，支持原告的诉讼请求。

自古以来，亲戚朋友之间遇到困难时互相借钱借物以解燃眉之急本是常态，是正常的人情往来。一般借方会有些不好意思开口，到了约定的还款时间若还不上一定会提前告知并表示歉意。但不知从何时起，借款人和贷款人双方角色互换了，贷款人要回属于自己的钱时要考虑借款人目前的经济状况、要想好措辞，还要提前练习要求还钱的语气，找朋友还钱成了最令人尴尬的事情之一。如果我们缺乏风险意识和相关知识，又碍于人情世故，在民间借贷关系中往往会面临不少困惑。

作为老年人，我们有必要厘清借钱还钱应遵循的基本原则和应掌握的风险控制手段，搞清楚借不借、如何借、借给谁、借多少、如何防范风险，如何事后维权等基本问题，让借钱和还钱都能少些尴尬和烦扰。

一、借钱还钱天经地义

伴随社会和经济快速发展，人与人之间的金钱往来也变得越来越频繁。自古就有“欠债还钱，天经地义”之说，意思是欠别人的财物一定要去还，这本来就是合情合理的事情。但不少人总因为各种各样的原因，无法按时偿还债务。

（一）“借钱还钱”受法律保护

借钱还钱包含两个方面：一是债务人主动还钱；二是债权人要求债务人还钱。民间借贷关系是一种民事法律关系，受法律保护。借钱不还不仅牵涉个人道德品质，还会涉及法律责任。

1. 民间借贷是一种民事法律行为

民间借贷形式灵活、手续简便，是相对于国家正规金融机构（银行等）以外，自发形成的民间融资信用形式。债权债务关系是中国民事法律关系的重要组成部分，借贷双方通过签订书面借贷协议或达成口头协议形成特定的债权债务关系，从而产生相应的权利和义务。民间借贷具有下列法律特征：①借贷主体的自然人属性，即借贷主体中总有一方是自然人；②资金大多数属于民间个人自有的闲散资金，因此民间借贷具有自由性、广泛性的特征；③借贷关系的合法性，指符合民间借贷的主体在法律保护的范围内进行的借贷关系，方能适用民间借贷法律关系，否则就超出了民事保护的范畴，权利人应在行政法或刑事法律关系范畴内寻求司法救济途径。

这种民事法律行为具体表现为出借人和借款人的合约行为。《民法典》第六百六十七条、第六百六十八条明确规定：借款合同是借款人向贷款人借款，到期返还借款并支付利息的合同。借款合同应当采用书面形式，但是自然人之间借款另有约定的除外。借款合同的内容一般包括借款种类、币种、用途、数额、利率、期限和还款方式等条款。借贷双方是否形成借贷关系以及借贷数额、借贷标的、借贷期限等取决于借贷双方的书面或口头协议。

2. 民事法律关系受法律保护

《民法典》第六百七十九条规定：自然人之间的借款合同，自贷款人提供借款时成立。因此，在《民法典》施行以后，民间借贷关系成立的前提是借贷物的实际支付，即自然人之间是否形成借贷关系，除对借款标的、数额、偿还期限等内容意思表示一致外，还要求出借人将货币或其他有价证券交付给借款人，这样借贷关系才算正式成立。这一规定明确将自然人间的借款合同定性为实践合同，在司法实践中，如果借款没有实际交付，借款人是无权申请人民法院强制执行的，更不能要求对方承担违约责任。

根据《关于审理民间借贷案件适用法律若干问题的规定》，民间借贷关系只要满足以下任一条件，即可生效：①以现金支付的，自借款人收到借款时；②以银行转账、网上电子汇款或者通过网络贷款平台等形式支付的，自资金到达借款人账户时；③以票据交付的，自借款人依法取得票据权利时；④出借人将特定资金账户支配权授权给借款人的，自借款人取得对该账户实际支配权时；⑤出借人以与借款人约定的其他方式提供借款并实际履行完成时。

一般来讲，公民与公民之间，公民与法人之间，法人与法人之间用于生产、生活的借款行为，作为一项民事法律行为，只要协议内容合法，民间借贷关系一旦正式形成便受法律的保护。《民法典》第六百七十四条、第六百七十五条和第六百七十六条明确规定：借款人应当按照约定的期限支付利息；借款人应当按照约定的期限返还借款；借款人未按照约定的期限返还借款的，应当按照约定或者国家有关规定支付逾期利息。法律既保护借贷人的合法权益，也保护借款人的合法权益。无论作为民间借贷的哪一方当事人，我们老年人都要学会用法律武器保护好自己的权益。

（二）"天经地义"还需合理合法

"欠债还钱，天经地义"是一种笼统而概括的说法，其背后蕴含着内在的逻辑前提，即债权必须合法有效才能获得法律的强制保护。虽然在道德上，欠债还钱，天经地义，但是随着法律制度的完善，如果我们在合同不明确、意图不清晰的情况下出借，尤其是违法借钱，法律是不保护的。因此，只有当债权处于无瑕疵的效力状态时，债权人可要求对方履行债务，债务人也有主动履行债务的义务；倘若债权丧失了法律强制保护力这身"盔甲"，那么债权的行使将变得无力而被动。

根据《关于审理民间借贷案件适用法律若干问题的规定》，下列五种情形的民间借贷合同应认定为无效，不受法律保护：①套取金融机构信贷资金又高利转贷给借款人，且借款人事先知道或者应当知道的；②以向其他企业借贷或者向本单位职工集资取得的资金又转贷给借款人牟利，且借款人事先知道或者应当知道的；③出借人事先知道或者应当知道借款人借款用于违法犯罪活动仍然提供借款的；④违背社会公序良俗的；⑤其他违反法律、行政法规强制性规定的。

根据上述规定，如果生活中出现以下情形，可能会导致民间借贷合同无效，不受法律保护。

（1）合同不“清晰”的借款。借贷协议应写明借款人、借贷人、借款金额、利息、借款时间、还款时间、还款方式等。如果在借贷合同上没有明确这些要素的话，相关权益可能难以受到法律保护。例如，《民法典》第六百八十条第二款规定：借款合同对支付利息没有约定的，视为没有利息。第三款规定：借款合同对支付利息约定不明确，当事人不能达成补充协议的，按照当地或者当事人的交易方式、交易习惯、市场利率等因素确定利息；自然人之间借款的，视为没有利息。因此，民间借贷的当事人之间如果借款利息约定不清楚，对出借人来讲就是很不利的。

（2）用银行贷款资金出借的借款。借贷资金应当来源于出借人自有资金，套取银行信贷资金转贷的，借贷合同将被认定为无效，情节严重的，需承担刑事责任。

● **小案例**

甲向朋友乙借款，乙以资金不够为由拒绝。于是，甲出主意：“你的信用好可以去银行办理信用贷款，利息我来付，等我资金周转开，再把本金还上。”乙听取朋友甲的建议，去银行申请消费贷款8万元，银行放款后，将钱借给甲，甲出具欠条，承诺还款期限并载明了借款期内的利息。但是，甲没有按时还款，乙起诉至法院。法院认为，乙套取金融机构信贷资金后转贷给他人，合同无效，判决甲返还给乙本金8万元，但对利息不予支持。

（3）高利放贷的借款。《民法典》第六百八十条第一款规定：禁止高利放贷，借款的利率不得违反国家有关规定。《关于审理民间借贷案件适用法律若干问题的规定》第二十五条规定：出借人请求借款人按照合同约定利率支付利息的，人民法院应予以支持，但是双方约定的利率超出合同成立时一年期贷款市场报价利率（LPR）四倍的除外。简单来讲，就是最高利息是LPR的四倍。比如说一年期的LPR利率为3.85%，那么法律能支持的最高利率是15.4%。如果民间借贷合同所约定的利率超过这一上限，法院不予支持。

（4）“套路贷”和“砍头息”等非法借贷。“套路贷”通常是指在贷款人不懂得条款规定的情况下“被迫”签订借贷、抵押、担保等一系列相关的协议。“砍头息”则意味着贷款人将直接以手续费的形式从本金中扣除部分利息，但同时要求借款人按照原有约定的本金计息。这些都是国家明令禁止的非法借贷形式。因此，不是在自己意愿下，而是遭到别人“恐吓”和“逼迫”不得已才签订的借贷合同也是无效的，这类借贷通常只需要归还本金和相应的利息。

（5）用于不法途径的借款。如果出借人事先知道或者应当知道借款人借款用于违法犯罪活动仍然提供借款的。例如，借贷人在明知借款人所借的钱将用于赌博或者是用来购买违法物品等不法用途的，依旧选择将钱借给对方，这种欠款其实是不受法律保护的。假设借款人不还款，即使借贷人起诉，法律也不会获得支持。

（6）个人身份信息被冒用或向无民事行为能力人的借款。互联网大数据时代，信息共享在为人们生活带来便利的同时也产生了不少信息隐患。俗话说“人在家中坐，祸从天上来”，有时候自己明明没有借过任何钱，但却遭到追讨。这种因个人身份信息被盗或者泄露形成的借贷属于无效借款。此外，向未成年人、精神疾病患者等无民事行为能力人放贷，就算借款人同意，也不会受到法律保护。

（7）超过了诉讼时效的借款。诉讼时效一般是三年，出借人应当在约定还款期限届满或者借款人明确表示不还款后三年内向法院起诉主张权利。如果超过三年还没提起诉讼，超出诉讼时效，将面临丧失法律强制保护，失去胜诉权的风险，出借的钱款可能无法追回。

（三）“父债子还”和“夫债妻还”有前提

1.“父债子还”没有强制法律依据

在传统思想下，人们认为欠债还钱是天经地义的事，如果债务人去世了，“父债子偿、子债父偿”就变成了应有之义。那么这一说法是否有明确法律依据？个人债务问题是否会导致家庭背上莫须有的还款义务？

首先，现行法律没有关于“父债子偿”的强制性规定。父母和成年子女在法律上都是独立的民事主体，各自拥有独立的财产，各自享有不同的权利、承担不同的义务。债是一种典型的相对性权利，仅在债权人与债务人之间产生效力，债的关系原则上不能对抗第三人。所以，如果债务的相对方是父母，那么孩子就不需要替父母偿还债务。但是，如果孩子出于道德上的考虑，自愿为父母偿还债务，法律也不会多加干预。

其次，民间借贷的法律关系仅对当事人有约束力。我国法律规定十八岁以上的公民是成年人，可以独立进行民事活动，是完全的民事行为能力人。所谓“完全民事行为能力”是指个人可以对自己的行为依法确定、变更和废止民事法律关系，并承担最终结果。由此可见，不管是其父母借了多少钱，只要借款人具有完全民事行为能力，并且其所借款项的用途与其他人无关，则民间借贷的法律关系仅对当事人有约束力，只有借款人才有还款的法定义务。

最后，继承人清偿被继承人债务遵循“自愿继承”和“限定继承”的原则。《民法典》第一千一百六十一条规定：继承人以所得遗产实际价值为限清偿被继承人依法应当缴纳的税款和债务。超过遗产实际价值部分，继承人自愿偿还的不在此限。该法条从保护继承人的角度出发，规定了自愿继承和限定继承的原则，彻底否定了“父债子还”。自愿继承是指继承人可以依自己的意愿自主地决定接受继承还是放弃继承，如果被继承人遗留的债务超过了财产，继承人完全可以选择放弃继承从而不必替被继承人偿还债务。限定继承是指即使继承人选择接受继承，也只需以继承的财产为限对被继承人生前所欠债务负偿还责任。在继承人以被继承人遗留的全部财产抵偿债务后，无论债务是否已清偿完毕，继承人都没有义务以自己所有的财产继续清偿，除非继承人本身自愿。

综上所述，“父债子偿”的“子”并不特指子女，而应包括继承债务人遗产的继承人。在世的债务人不管跑到天涯海角只要具备完全民事行为能力，同时债务不涉及他人，那么他就得自己还钱，其子女没有替其还债的义务。但如果债务人因故离世，生前举债，就会出现两种情况：一是被继承人死后没有遗产，或者继承人放弃遗产继承，则继承人不必替被继承人还债；二是被继承人死后留有遗产，则继承人仅在遗产继承的范围内替被继承人还债，但继承人自愿偿还的不在此限。

● 小案例

“江苏城市频道零距离”报道过这样一则案例：江苏南京一男子白某做餐饮投资，向朋友郭某借款20万元，借款期限为3年，自2019年1月1日起至2021年12月31日止。同时借条上还约定了白某的违约责任，如果他没有按期还清，还要向郭某支付本金的20%（4万元）作为违约金。不料，白某在这期间意外去世，好在白某名下有两套拆迁安置房，虽然登记在白某名下，实际上是家庭共有财产，还在白某的妻子和一双儿女的使用中。

郭某发现后，担心自己的债权落空，赶紧找到白某妻子，要求她偿还这笔借款。可是，白某的妻子和一对儿女均表示放弃继承白某的遗产，拒绝偿还这笔借款。无奈之下，郭某将白某的妻子及儿女起诉至法院，要求他们在继承白某的遗产范围内向自己返还20万元并支付违约金4万元。

法院受理之后，认真了解了双方的意见，调查了涉案两套房屋的权属及占有使用情况。经过庭审质证辩论后，法院作出如下认定，白某向郭某出具借条，郭某向白某汇款20万元，双方建立了自然人之间的借款合同，该合同合法有效。现在借款期限届满，白某已经去世，白某的遗产应该先用来清偿债务。由于白某并未立下遗嘱，虽然白某的妻子及儿女声称放弃继承白某的遗产，但他们仍然在使用含有白某遗产份额的房产，实际上说明他们没有放弃处理白某的遗产，更没有将遗产管理权移交给当地的民政部门或村民组织，所以他们就应该承担起遗产管理人的职责。

法院最后判决白某的妻子及儿女从白某的遗产中向郭某返还借款本金20万元。至于郭某要求的4万元违约金，法院没有立即支持，而是判决了一个计算方式，即从2022年1月1日起（毕竟借款届满的日期为2021年12月31日）到实际付清之日止以20万元为基数按照一年期LPR的四倍，且前述金额不得超过借条约定的4万元。

知识窗

《民法典》设立的遗产管理人制度

我国《民法典》新设立遗产管理人制度，能够保障被继承人的债权人债权得到及时处理，避免债权人因为无法掌握被继承人的遗产而面临债权落空的境地。

《民法典》第一千一百四十五条规定，继承开始后，遗嘱执行人为遗产管理人；没有遗嘱执行人的，继承人应当及时推选遗产管理人；继承人未推选的，由继承人共同担任遗产管理人；没有继承人或者继承人均放弃继承的，由被继承人生前住所地的民政部门或者村民委员会担任遗产管理人。

《民法典》第一千一百四十七条规定，遗产管理人应当履行下列职责：处理被继承人的债权债务。

2.“夫债妻还”需视情况而定

俗话说“亲不过父母，近不过夫妻”，在中国社会道德观念里，夫妻一直被认为应当同甘共苦。法律也规定：夫妻共同债务由夫妻共同承担。因此，夫债不一定妻还，只有当债务属于夫妻共同债务时，“夫债妻还”才成立。

什么是夫妻共同债务？《民法典》第一千零六十四条规定：夫妻双方共同签名或者夫妻一方事后追认等共同意思表示所负的债务，以及夫妻一方在婚姻关系存续期间以个人名义为家庭日常生活需要所负的债务，属于夫妻共同债务。夫妻一方在婚姻关系存续期间以个人名义超出家庭日常生活需要所负的债务，不属于夫妻共同债务；但是，债权人能够证明该债务用于夫妻共同生活、共同生产经营或者基于夫妻双方共同意思表示的除外。因此，债权人主张夫妻一方所负债务为夫妻共同债务的，应当提供相关的、真实有效的证据，以证明该债务的存在。

夫妻共同债务主要包括以下方面：①婚前一方借款购置的财产已转化为夫妻共同财产，为购置这些财产所负的债务；②夫妻为家庭共同生活所负的债务；③夫妻共同从事生产、经营活动所负的债务，或者一方从事生产经营活动，经营收入用于家庭生活或配偶分享所负的债务；④夫妻一方或者双方治病以及为负有法定义务的人治病所负的债务；⑤因抚养子女所负的债务；⑥因赡养负有赡养义务的老人所负的债务；⑦为支付夫妻一方或双方的教育、培训费用所负的债务；⑧为支付正当必要的家庭社会交往费用所负的债务；⑨其他夫妻协议约定为共同债务的债务。

● **小案例**

老刘向老李借款1万元用于支付儿子上大学的学费。老刘向老李出具了借据，但借据上没有妻子的签名。后老刘因意外身亡，则其妻子要对这1万元借款负偿还责任。因为借款用于儿子的学费，属于家庭共同生活的支出，应当认定为夫妻共同债务。

老张和老王经常结伴去赌场赌博。某日，老张输钱后向老王借款10万元欲翻本，最后输得分文不剩，在赌桌上吐血身亡。因为老王明知老张借钱是为赌博还将钱借给他，举债目的非法，因此不得认定该笔借款为夫妻共同债务，老张的妻子没有偿还义务。

（四）个人破产不等于欠账不还

随着经济社会的发展，有越来越多的企业、自然人参与到市场经济活动中。自然人遭遇经济危机、市场波动的抵御能力较弱。截至2023年6月，全国法院累计发布失信被执行人名单823万人，意味着全国每200

个人里，就有1个人因无力偿债被列入黑名单。

长期以来，我国缺失个人破产的相关法律法规，个人资不抵债后，往往出现债主苦心追债，债务人四处逃债的局面，有的甚至造成家庭惨剧。因此，根据国际经验引入个人破产制度的呼声日益高涨。

1. 个人破产制度呼之欲出

作为重要的市场经济制度，破产制度是经济运行与市场信用的基础保障。个人破产法，是指作为债务人的自然人不能清偿其到期债务时，由法院依法宣告其破产，并对其财产进行清算和分配或者进行债务调整，对其债务进行豁免以及确定当事人在破产过程中的权利义务关系的法律规范。个人破产制度发端于古罗马时期，在中世纪时的意大利与英国得到较大发展。

2006年8月，我国《企业破产法》通过实施，该法适用范围限定为企业法人，自然人并不适用。鉴于个人信用体制不健全，立法部门担心造成有人利用破产程序逃债的问题，个人破产法的立法就此搁置，使我国企业破产法被戏称为“半部破产法”，无法真正解决债权问题，甚至会陷入“救得了企业却救不了老板”的窘境。

2019年2月27日，最高人民法院在《关于深化人民法院司法体制综合配套改革的意见》中，首次提出研究推动建立个人破产制度。2019年7月，国家发展和改革委员会等13个部门联合印发《加快完善市场主体退出制度改革方案》，正式提出“要构建和完善自然人破产制度，研究建立个人破产制度”。2020年5月11日，中共中央、国务院在《关于新时代加快完善社会主义市场经济体制的意见》中要求“健全破产制度，改革完善企业破产法律制度，推动个人破产立法”。

2021年3月1日起，《深圳经济特区个人破产条例》经深圳市人大常委会表决通过开始施行，开启了我国个人破产制度的先河。2021年11月8日，深圳市中级人民法院裁定我国内地首宗个人破产清算案件，宣告债务人呼某破产，其现有140余万元债务，在3年免责考察期后，如果能通过法院审查，可免去剩余债务。此后，江苏、浙江、山东等地陆续开启个人债务集中清理程序（类个人破产制度）试点，引发社会广泛反响。

2. 个人破产不等于恢复自由身

实施个人破产制度后，一旦出现个人欠债不还、逃债的情况，债权人可以依法申请宣判债务人破产。债务人如果资不抵债，也可以依法申请破产保护，在生活受到极大限制、个人声誉受损的条件下，债务可以得到一定免除，防止出现背上沉重债务后四处逃债甚至自杀的现象。也有很多人担心，如果轻易确立个人破产制度，有人可能借此事先恶意借贷并大肆浪费，而后再申请个人破产，实现“假破产，真逃债”的卑劣目的。

个人破产之后就恢复自由身了？当然没这么简单。个人破产制度推出，是一个国家经济成熟的必经之路，其确立的前提是个人信用制度发达，使多数人不敢轻言破产。个人破产制度旨在保护诚信的债务人，绝不会纵容“老赖”。依照国家发展和改革委员会印发的改革方案和地方法院的限制条例，经法院裁定个人破产后接下来6年都是破产期，法院会联合多个部门对其及家庭财产和个人消费情况进行监控，相当于还要坐6年的“经济监牢”，主要措施如下：①3年内个人信用受限，禁止生活、工作必需之外的一切高消费；②6年内若家庭年收入超过12万元，超过部分的50%要拿出来清偿未偿债务；③6年内若发现未申报重大财产，存在欺诈、恶意减少、转移财产或者其他逃废债行为的，债权人可以要求恢复按照原债务额进行清偿，拒不配合的，法院有权强制执行。

也就是说，成为个人破产者，必须有代价，个人破产后6年内不能高消费；除基本生活保障，赚的钱还是要拿出来还债。最大的区别就是，自己和家人不用再承受催债带来的巨大压力，而债权人的利益在法律层面还会保留6年有效期，对方若东山再起，仍有希望拿回部分欠款。相对来说会形成一个令借贷双方都勉强接受的折中方案。

3.“诚实而不幸”的借款人有机会获得重生

如前所述，个人破产制度简单来说，就是欠债的个人无力清偿到期债务，由法院宣判破产，在对其财产进行清算和分配后，其余债务可以得到一定免除。通过附条件的债务免除、诚信财产申报、合理确定“生活必需品”以实现破产制度中豁免财产的制度目的等途径，个人破产制度的建立有助于规范个人破产程序。在完善的个人财产监控体系和强大高效的破产惩戒机制配套下，为社会稳定和经济发展构建出风险缓冲区，显著减少债权人因债务人经营不善，采用暴力手段讨债、逼债的恶性事件发生，让一批“诚信而不幸”的个人能够通过破产程序退出市场，加速债权人债权清偿同时，获得经济再生、东山再起的机会。

● **小案例**

2019年10月9日，温州中院联合平阳县法院，通报了中国首例具备个人破产实质功能和相当程序的个人债务集中清理案件情况。债务人蔡某系温州某破产企业的股东，经生效裁判文书认定其应对该破产企业214万余元债务承担连带清偿责任。经调查，蔡某仅在就职的瑞安市某机械有限公司持有1%的股权（实际出资额5800元），另有一辆已报废的摩托车及零星存款。此外，蔡某从该公司每月收入约4000元，其配偶胡某每月收入约4000元。蔡某长期患有高血压和肾脏疾病，医疗费用花销巨大，且其孩子正就读于某大学，家庭长期入不敷出，确无能力清偿巨额债务。

2019年8月12日，平阳县法院裁定立案受理蔡某个人债务集中清理一案后，指定温州诚达会计师事务所担任管理人。管理人对外发布债权申报公告暨第一次债权人会议公告后，平阳县法院于9月24日主持召开蔡某个人债务集中清理第一次债权人会议。蔡某以宣读“无不诚信行为承诺书”的方式郑重承诺，除管理人已查明的财产情况外无其他财产；若有不诚信行为，愿意承担法律后果，若给债权人造成损失，依法承担赔偿责任。最终，蔡某提出按1.5%的清偿比例即3.2万余元在18个月内一次性清偿的方案。同时，蔡某承诺，该方案履行完毕之日起6年内，若其家庭年收入超过12万元，超过部分的50%将用于清偿全体债权人未受清偿的债务。2019年9月27日，平阳县法院签发了对蔡某的行为限制令，并终结对蔡某在本次清理所涉案件中的执行。该案得以顺利办结。

二、合理借钱需谨慎

清代周希陶的《增广贤文》里写道："贫居闹市无人问，富在深山有远亲。"生活中，如果你有钱了，难免会遇到被亲戚朋友借钱借物或寻求短期融资融物的情况。这个时候，即便是我们手里有钱，或者关系再亲，也必须牢记"借钱需谨慎"，遵循借钱的原则底线，合理选择对象、时机、用途、额度等，避免人财两空，有借无还。

（一）救急不救穷，借短不借奢

借钱最重要的一个原则就是救急不救穷，借短不借奢。

何为"救急不救穷"？这句话的意思是：救助急需要救助的而不去帮助一直需要被帮助的人，帮助遇到困难的而不帮助懒惰的人。"救急不救穷"的"穷"不单纯指穷困，扶弱帮困是全社会倡导的善举，借钱应当遵循"扶贫不扶懒，帮困不帮愚"的原则。"家勤则兴，人勤则俭""不怕家里穷，就怕出懒虫"，我们可以帮助有上进心的穷人脱贫致富，但不能帮助那些自甘堕落的懒汉。因为救急帮困对方会感谢你的雪中送炭，而救穷帮懒只会让他人更加依赖你，而不去解决问题的根本。因此，我们可以救助那些急需要帮助的人，比如因治病就医、天灾人祸、各种突发事件等急需用钱；但是不能帮助那些人穷志短、好逸恶劳、好吃懒做的人。帮助有急难的人，他们会感激你，并且可能发愤图强，最终还上你的钱；帮助不思进取的穷人，只是杯水车薪，解决不了实际问题，还会让他们形成依赖感，认为一切都是理所当然，将这种帮助当成你应尽的义务。当你停止帮助时，获得的往往不是感激而是埋怨，甚至最后演变成“斗米恩，担米仇”。

何为借短不借奢？“短”指一时缺钱缺物，因家里突遇难处，比如遭遇灾祸、短期失业、家人生病、孩子上学等，急需短期周转融通。这类借款人一般都较有诚信，难关过去后会及时还款。即使还不了，这种情况下借钱借物给人，也是行善积德之事，自己也能安然接受。而“奢”，即奢侈、挥霍。帮助他人要雪中送炭，不要锦上添花。借钱供人用于挥霍，等于把钱扔进了无底洞。这种人往往游手好闲，高消费充门面，寅吃卯粮，拆东墙补西墙，甚至有人借钱去投机炒股炒房，更有甚者用钱去赌博、吸毒等，借给这种人的钱，想要回是不太可能的。

（二）借少不借多，少借不如送

如果说“救急不救穷”体现出的是关于借钱的一种是非观，那么“借少不借多，少借不如送”则体现了关于借钱的一种智慧。

何为“借少不借多”？这里的“少”是指适当，适量地去借给别人钱，量力而行，不要打肿脸充胖子，觉得没面子。别人要多少都给，甚至有些人还去向朋友借钱再借出，虽然尽了哥们义气，却让自己日子过得狼狈不堪，甚至连累家人。我们老年人借钱一定要考虑自己的经济能力，控制在自己经济允许的范围之内，有时我们实在抹不开面子那就尽量少借点。即使别人没有按时归还，借少也不会给自己造成多大的麻烦和压力，更不会伤害到彼此间的感情；如果借多了，对方不还，最后的结果是既伤害双方感情，又让自己蒙受损失。因此，“借少不借多”主要是为了控制风险。借钱给亲戚朋友也是一种风险投资，投资的是人脉。正如曾国藩在家书中所言：“银钱则量力资助，办事则竭力经营。”如果我们要借钱给对方，先问自己两个问题：第一，对方不能如期还怎么办；第二，对方有可能还不上怎么办。想好这两个问题以后，我们再来做决定借与不借，这样作出的决定就不会影响到我们的生活，因为我们已经把最坏的结果和可能的风险及应对方法都想好了。

何为“借不如送”？杨绛在回忆钱钟书的文章里说，钱先生从来不借钱给人，凡有人借钱，一律打对折奉送。借一万，就给你五千，再加上一句：“不用还了。”钱先生的睿智通达令人钦佩。当亲戚朋友向你借钱借物时，究竟是借还是不借，这是老年人常常遇到的问题。钱只要离开自己的口袋，就有回不来的可能；东西一旦借出去，就可能被对方用坏、弄丢。尤其是把财物借给至亲好友，上述情况更有可能发生，做好事反而把人给得罪了，不仅失去金钱，还可能同时失去亲情、友情，甚至与人反目为仇。这个时候，与其整日盘算着如何把财物要回来，不如放宽心，把财物送给他们。这样，虽然在财物上蒙受损失，却收获了人情，也不失为一种智慧。

《羊皮卷》中说：“借钱给朋友，将以失去友情作为利息。”作家三毛说：“与朋友之间不要有金钱来往，不要借钱给朋友，如果借了，就不要求还。”张爱玲说过：“摧残爱情的方式很多，不过连根拔起的狂风暴雨，却是借钱。”因此，我们老年人别轻易向他人借钱，更不能轻易借钱给别人。一旦有人张口向你借钱，要么说“不”，要么根据承受能力和交情厚薄，送些钱物给对方。聪明的商人，宁可勒紧裤腰带当慈善家，也不要抱着借据当债权人。

这里的借不如“送”其实有两层意义：一是表面上是借给对方，也言明归还期限和利息，但可持有财物“一去不回头”的想法，能还就还，不还就当作“送”。这种态度很阿Q，但却不会影响感情，既顾及了朋友间有难相助的道义，自己也不会因为对方还不起钱物而难过。二是在力所能及的情况下明确表示帮对方解决困难，不用归还，必要时也可以如钱钟书先生那样打折。这样做不仅兼顾了情义，也表明“我已竭尽所能”，令对方不好意思再借。总而言之，少借不如送，财物不用斤斤计较，人生的真正幸福和欢乐是浸透在亲密无间的家庭关系及友情中的。

（三）借亲不借疏，借近不借远

何为“借亲不借疏”？这句话是说我们可以借钱给关系亲密的亲朋好友，因为知根知底，了解对方的收入状况和道德品行，便于控制风险；最好不要借钱给关系疏远的亲朋好友，因为对他们的情况不了解，借钱不还的概率较大。

何为“借近不借远”？这句话的意思是说好久没有联系你的人，或者平时疏远的人，突然找你借钱，要谨慎对待。俗话说“新人不知道你的旧事，旧人不知道你的新事”。隔得太远的朋友，长期没有来往，即使你们之前关系特别要好，但是隔得久了，人会随着时间和经历有所变化，你可能不了解对方的具体情况。如果这时候他来套近乎借钱，有很大的风险。有句老话叫“无事献殷勤，非奸即盗”，这种人的目的性很强，把朋友当成猎物，借钱“肉包子打狗一去不回”的概率很高。

（四）响鼓不用重锤，高情商婉拒

日常生活中，好久没联系的亲戚朋友忽然联系你，寒暄几句后，直奔主题借钱，遇到这种事，你借不借？不借吧，容易得罪人；借吧，又真心不愿意。现实生活中，很多老年人遇到这种情况总是抹不下面子拒绝，不是问人家借钱干吗，就是问借多少，直到最后才拒绝。对方本以为你问这么多，应该会借给他，最后却遭到了拒绝，那他能高兴吗？因此，别人找你借钱，你确实不想借又不想伤感情，问“借多少”是笨方法，那我们该怎么做呢？

俗话说“响鼓不用重锤敲”。当我们不愿借钱给对方时，要懂得善用“直接拒绝+突出难处+陈述事实+安慰同情”的话术婉转拒绝。这样做既保全了对方的面子，又会让对方知道我们也有难处。

首先是开门见山，直接拒绝，比如“真是太不好意思了，我这次真的帮不了你”。拒绝的时候，一定不要绕太多的弯子，你弯子绕得越多，问得越多，给对方的希望就越大，等到最后再拒绝时，对方就越会埋怨你，觉得你不够意思。

接下来要突出你的难处，向对方说明自己目前也急用钱，比如“我最近手头也特别紧张，近来公司不景气，房贷、车贷要还，还有准备孩子出国上学的费用，压得我都快喘不过气了”；或者向对方说明因投资理财，近期钱动不了；或者说明借钱自己无法做主，需要与家人商量。

再接下来就是陈述事实，为你的难处罗列具体证据，比如“你看，我这房贷月供多少，车贷多少，孩子留学费用……”

最后一步是感情安慰，比如：“我知道你难，凭咱们的交情，有钱的话我肯定二话不说就借给你。这次帮不上你，我心里也难受，希望你能理解。”一般这样说了，通情达理的人都能理解，如果仍是一副借不到钱不罢休的态度，那这样的人也没有办法再做朋友，就需用“重锤”，直接明了告知对方“帮不到你，另想办法”。

上述原则主要站在出借人角度考虑。事实上，如果你是借款人，生活中也会同样面临“难借款”的尴尬处境。俗语说，一个人真正成年的时候，是开口向亲友借钱的时候。“谈钱伤感情”，金钱问题如果处理不当，不仅会产生财务纠葛，还有可能影响彼此之间的关系。借款人可以从前述原则中掌握成熟的借钱之道。首先，我们需要理性判断自己和对方的感情，不能道德绑架别人，能借到就借到，借不到也别责难对方。其次，我们需要合理的借钱理由。最后，要有明确的还款承诺和协约，最好在借款的时候正式打个欠条，明确告知对方还款时间。

三、亲兄弟明算账

古语有云：“亲兄弟，明算账。”言下之意，即使是同胞兄弟，也要在钱财方面算清账目，泛指人际关系再亲密的人在钱财上也必须有透明度。“账目清楚才是最好的人情”，可实际执行起来，结果往往是既算不清账又伤感情。这就需要我们在处理民间借贷关系时，不仅重视事前风险防范，明晰权责，还要做好事后合法维权，债权债务两清，力求将民间借贷的相关风险降到最低。

（一）事前防范

俗话说，防火重于灭火。生活中，如果面临非借不可的情况，为避免陷入“借钱容易要钱难”的处境，我们可以做哪些预防？特别是老年人，往往因警惕性不高、风险评估能力较弱、证据保全意识不强等，草率将大额资金出借，极易造成后续维权或被诉时举证困难，成为“追债苦主”。因此，我们更要留有戒心，注意甄别债务人的还款能力，不被人情绑架，在生活中“擦亮眼睛”，做好事前防范，捂好自己的钱袋子。

1. 量力而为，全面评估

谁的钱都不是大风刮来的，我们需要理性面对亲朋好友借钱借物的要求，不能草率做出让自己后悔的决定，要根据自身经济和心理承受能力，全面评估各种可能风险，在与家人协商一致的基础上谨慎决策。

借钱之前应当了解清楚借款者的人品信用、财产等情况。全面评估，不仅需要评估自身的出借能力和意愿，还需要评估对方的亲疏远近、借款用途和目的、实际经济状况和还款能力、道德品行和还款意愿等。信用良好或者有担保财产或者担保人的，可以选择出借，反之谨慎出借。

2. 事前契约，明确约定

面对亲友借钱，以下这些措施是必要的。

（1）口头借贷有风险，书面凭证要留存。作为借款合同的一种类型，反映民间借贷双方存在借贷合意的书面载体主要包含借条、借款合同、欠条等。出借人在借贷时应当签订内容详尽的借款协议或者由对方出具借条。如遇特殊情况，当场无法书写凭证的，也应有第三人作证，事后补上借条。现实生活中，往往因对方是亲朋好友，碍于情面或出于信任，借贷时没有让对方出具书面字据，这就存在无法证明借贷合意的风险。口说无凭，一旦借款人否认，出借人就很难保障自身债权，即使诉至法院，也会因无法举证而陷入败诉的结局。

（2）借条书写要规范，相关要素应齐全。书写规范、内容明确、没有歧义的借条能够更好地保护借贷双方合法权益。需要注意的是，“借条”千万别写成“收条”，这在法律上存有歧义。收条在法律上不一定能被认定为借款凭据，有时对贷款人不利。一个完整的借贷合同或借条一般应当载明借贷双方的姓名（最好留存身份证复印件，以备后续维权，避免因不能确定被告的主体身份，而导致出借人起诉不符合条件的情形）和地址（约定诉讼文书送达的地址，发生争议时可以减少诉讼成本和时间）、借款的币种、金额、利率（借款利息须写明，否则视为没有约定利息）、用途、借款期限、还款方式、保证人和违约责任等条款，签字画押，双方各执一份，妥善保存。有担保的应注明保证方式及担保人亲笔签名或盖印。若夫妻共同借款的，应要求两人共同签署借款合同或借条。

（3）借钱要让人知道，公证担保有保障。借钱最好有见证人，若有需要，可对借款协议进行公证，要求借款人提供担保或抵押。民间有“借小不借老”“六十不交钱”的说法，意思是说钱最好借给年轻人，不借给上了年纪的老人，以防借钱的老人突然去世导致债权失去主张。因此，按旧时的规矩，上了年纪的人来借钱，必须有他家里的年轻人在场认可或者作保，方可借钱给他。此外，有担保和质押的债权也要注意风险。有时候出借人虽拿着借款人的房产证，但双方未去不动产登记中心办理抵押登记，抵押权不成立。出借人接受担保应审慎核实，妥善设定。提供保证的，需要保证人书面明确是一般保证还是连带保证；提供抵押的，应办理抵押登记；提供质押的，应移交质物。

3. 转账留痕，证据保全

（1）现金交付难“留痕”，银行转账最稳妥。对于贷款金额较大的，比如几万元、几十万元甚至更大数额的民间借贷，老年人最好通过银行、微信、支付宝等转账方式支付款项，并备注是“借款”，而不要以现金支付。出借人应保留好转账凭证，这样可以避免发生纠纷时陷入款项来源及支付举证的困境。若因特殊情况只能交付现金的，也要保留好现金来源的证据或有见证人在场，并要求借款人出具收条。

- **小案例**

我们来看一则出借人仅依据金融机构转账凭证提起民间借贷诉讼并最终胜诉的案例。王某向沂源县人民法院起诉：被告赵某于2020年11月2日至2020年11月11日期间，多次向原告王某借款，共计234000元，被告也承诺支付利息。原告多次向被告索要所欠款项，被告均以无钱为由推诿拒付。赵某辩称：原告诉求的款项不是借款，该款系其与原告王某合伙做生意时王某投资的款项，合伙期间的债务还未清算。沂源县人民法院经审理查明：王某与赵某系朋友关系。2020年11月2日至2020年11月11日期间，王某通过自己名下的中国工商银行账户转账给赵某610000元，同时期赵某转账至原告该银行账户420000元；2020年11月3日至2020年11月11日，王某通过支付宝转账给赵某114000元，同时期赵某通过支付宝转账给王某100500元。此外，赵某还通过微信方式转账给王某44388元。综上，王某转账给赵某724000元，赵某转账给王某564888元，款项差额159112元。

法院裁判的要点是：原告仅依据金融机构的转账凭证提起民间借贷诉讼，已完成初步举证责任，被告抗辩转账系偿还双方之前借款或者其他债务的，被告应当对其主张提供证据证明。被告无法证明其占有涉案款项系偿还双方之前借款或其他债务的，应承担举证不能的法律后果，即在此情况下应当认定原告与被告之间民间借贷关系成立，并判决被告对涉案款项承担还款责任。

（2）证据保全很重要，举证困境要规避。对于一般民间借贷的民事案件，是否存在借贷关系及借贷数额等事实由出借人承担举证责任，是否已经偿还借款则由借款人承担举证责任。打官司就是打证据，证据保全至关重要。实践中，不少老年人忘性较大，法律风险防范意识不强，证据留存意识不够，主要表现就是在借贷形式上较为随意，没有借据、欠条等债权凭证，也未妥善保管收据、转账记录等收付款证据，导致在案件审理过程中陷入举证困境，难以直接查明案件事实。

此外，当事人在借款到期催讨债务期间，也要重视证据保全。为防止超过三年诉讼时效，借款到期后，出借人要及时向对方追款，并保留催讨债务的各种证据，如电话和约见（录音）、短信、微信、QQ、邮件、通话记录、催收函（用EMS邮寄）等，证明自己一直在主张权利；也可以让借款人重新出具借条或还款计划，以延长诉讼时效，避免债权受损。

● 小案例

温州鹿城法院审理一起涉老民间借贷纠纷案时，帮助74岁的老人完成手机取证，成功追回欠款。市民汪大爷在农贸市场摆摊，经营过程中与李阿姨认识。2019年11月至2020年1月，李阿姨以生活所需为由，陆续向汪大爷借款共计20万元。2021年7月，李阿姨偿还5万元，并就剩余15万元出具借条一份。之后汪大爷多次催讨，李阿姨拒不还款。无奈之下，2022年6月，汪大爷一纸诉状将李阿姨告至鹿城区法院。

汪大爷起诉李阿姨时仅向法院提供借条，未提供款项交付凭证等其他证据。对于李阿姨是否曾在微信聊天中承认借款、手机里是否有5万元的还款记录，汪大爷也说不清楚，陷入举证困境。为查明案件事实，保护老人合法权益，承办法官休庭，启动适老型诉讼机制，让汪大爷的朋友陪同诉讼，使用方言详细告知诉讼的权利和义务，介绍案件涉及的法律规定，并帮助不会使用智能手机的汪大爷成功调取了转账记录、李阿姨手持借条的照片、承诺还款的聊天记录等相关证据。法官很快复庭并结合在案证据判决李阿姨偿还汪大爷借款15万元。

（二）事后维权

借债还钱，天经地义。但是，有时欠债难，要债更难，要朋友的债难于上青天！小品《礼下于人》中，要账的黄世仁给欠钱的杨白劳下跪，杨白劳竟然盼着黄世仁去告他。小品惟妙惟肖地描绘了当今黄世仁和杨白劳的倒置关系。作为小品剧情，确实滑稽可笑，但是对那些现实生活中亲历借贷纠纷的人来说，笑过之后难免心中隐隐作痛。

民间借贷还有一个面子问题，借钱的人容易开口，因为大家感情不错，信得过你，才向你开口借钱；而讨债的人反而很难启齿，因为讨债大多是在对方不愿偿还或者无力偿还时采取的行动，反倒成了落井下石、无情无义。

当交往中诚信缺失，出现“站着借钱，跪着要债”的现象时，这种“黄世仁”和“杨白劳”的权责畸形倒置无疑会让人们谈“借”色变，也告诫人们捂住钱袋子，不要轻易借钱给别人，以防“刘备借荆州——有借无还”。

拓展阅读

《三国演义》中刘备借荆州的故事，恐怕是历史上最大的一场“借贷纠纷”。孙刘结盟共同抗曹，赤壁之战后，刘备去京口“借荆州”，请求孙权把南郡、江夏郡划归自己管辖。于是孙权把南郡以及南郡以西的荆州长江沿岸地区借给了盟友刘备。之后，刘备的势力逐渐强大起来，东吴便向刘备索还荆州，但刘备不允。于是公元215年，东吴派吕蒙袭长沙、桂阳、零陵三郡，刘备则命令关羽引兵来争。在战争一触即发之际，曹操准备攻打汉中，威胁到了刘备的益州。于是刘备与东吴讲和平分荆州。公元219年，东吴趁刘备荆州镇守大将关羽欲北上攻打曹操的时机，为避免曹操背后偷袭，东吴对曹操称臣，争取了时间。吕蒙白衣渡江计谋袭取荆州，杀了关羽，占据了荆州。虽然东吴最后把自己借出去的东西硬生生地要了回来，但是两次出兵，代价惨重。

但是，当我们真遇到“要账”困难时，也不要慌张，要有方式方法。

1. 机智催账技巧和话术

国学经典《鬼谷子》中说：“口者机关也，所以关闭情意也。”意思是：嘴巴是思想的开关，与人交谈的时候，要懂得用嘴巴来隐藏或传达自己心里的想法。生活中，为了维系好人际关系，出借人需要用合适的方法来催对方还钱，如果担心直接开口讨债得罪人，可考虑以下催账技巧。

（1）以彼之道，还施彼身。既然对方借了我们的钱，我们当然也可以陈述合适的理由，大大方方向对方借钱，并把金额控制在等于或略大于对方借款金额以上。这时，对方只有两种选择：要么他记得以前欠我们钱，别无选择，只能接受暗示，心照不宣地把账清了；要么他忘了以前欠我们钱，此时经提醒一定会想起来，而又不会显得尴尬。我们收到钱后，去掉属于自己的部分，还差价即可。

（2）山穷水尽已无路。老年人催还钱最担心的问题，其实就是当面撕破脸太过尴尬。但是，当我们身处绝境时，没人会尴尬，对方也不可能说三道四。那么，我们在提醒对方还钱时，就可以陈述自己身处资金周转困难，急需用钱的绝境，让对方无法拒绝。退一万步讲，如果对方还是选择拖延或者拒绝，这个朋友其实可以绝交，不用担心撕破脸皮。

● 小案例

主持人窦文涛在《圆桌派》节目中曾分享过自己的催账经历。他曾借给一位朋友16万元，而且出于友情，没有让对方写欠条。后来，因家人病重入院，急需用钱，于是他在请这位朋友吃饭喝酒之后鼓足勇气向其催账：“哥们，上次我借给你16万元，我现在需用钱，你能不能还给我？”对方一听就不乐意了：“我不是不还给你，一共是15万元，我记得清清楚楚，分3次借的，怎么现在变成16万元了？你是不是记错了？”于是窦文涛当场拿出借钱的流水证据。朋友十分生气，最终只还了15万元，然后就把他拉黑了。

节目嘉宾马未都告诉窦文涛说："你错就错在太直接了。你不应该当着他的面不给面子，你应该把他叫出来，然后说借给了他14万元，让他觉得自己占便宜了1万元。然后你们再坐下来对账，结果一对账就会发现是16万元，这个时候主动权就回到了你的手里，这叫要债的技术。如果你说16万元，他说15万元，他会觉得你想要利息，或者说你太计较这1万元的差价，觉得你这人不够意思。但如果你说16万元是对的，那么他就很没面子，明明欠债16万元只还15万元，你让他没了自尊，怕你说他贪心。因此，不管怎么样，都是你不对。"

2."欠钱不还"可诉诸法律

民间借贷如果"欠钱不还"，通常有五种事后解决方法：一是双方进行协商处理；二是双方协商不成的，可向所在地人民调解委员会提出书面调解申请；三是调解失败的，债权人可向有关机构提起仲裁；四是仲裁不成的，债权人可收集相关证据向法院提起诉讼，申请支付令。显然，当他人欠钱不还时，最好是先尝试与其沟通协商。如果协商不成，调解和仲裁无效，对方仍不还钱的，可通过最后选择——法律途径解决，包括向法院起诉并保全对方名下财产。

（1）民间借贷的法律责任。借钱不还，属于民事纠纷。民事权利是以维权为目的，立案要求与款项数额没有直接关系。因此，理论上无论欠款金额是多少，只要起诉到法院，都是会立案的。也就是说，只要是有人欠钱不还，不管多少钱，你都可以到对方的户籍地或经常居住地法院起诉，法院都会立案。

单纯欠款是不会被判刑的，但是如果在出借方提起诉讼，并取得生效判决，向法院申请了强制执行的情况下，借款人有能力履行而不履行，就会被追究法律责任。根据《中华人民共和国刑法》第三百一十三条规定：对人民法院的判决、裁定有能力执行而拒不执行，情节严重的，处三年以下有期徒刑、拘役或者罚金；情节特别严重的，处三年以上七年以下有期徒刑，并处罚金。

（2）民间借贷诉诸法律所需证据。民间借贷纠纷若上升到司法程序，就必须提交有效证据。打官司就是打证据，当事人一定要在起诉前准备好证据，否则容易败诉。这些证据包括：借款协议或借据；借贷关系有担保人的，有关担保的证据；借贷双方交付、收到钱款的凭证；债务人借款用途的证明；债务人应当支付利息的证明；无利息约定，债权人要求债务人偿付逾期利息，或者不定期无息借款经催告不还，债权人要求偿付催告后利息的，应有到期不还或经催告不还的证据；债务人下落不明的，应有证明债权凭证真实性及清偿债务的相关证据；付款付息凭证等。

（3）民间借贷的诉讼时效。诉讼时效是指权利人在法定期间内不行使权利即丧失请求人民法院依法保护其民事权利的法律制度。有人可能对民间借贷的诉讼时效感到困惑，难道时间能够掩盖对方欠债的事实，欠债可以不还？

知识窗

民间借贷的诉讼时效

《民法典》第一百八十八条规定：向人民法院请求保护民事权利的诉讼时效期间为三年。法律另有规定的，依照其规定。诉讼时效期间自权利人知道或者应当知道权利受到损害以及义务人之日起计算。法律另有规定的，依照其规定。但是自权利受到损害之日起超过二十年的，人民法院不予保护；有特殊情况的，人民法院可以根据权利人的申请决定延长。

民法典规定诉讼时效的意义不是鼓励债务人想方设法拖延义务的履行，也不是鼓励债务人不劳而获，不履行债务，而在于：①稳定财产关系。免得财产关系长久处于不稳定状态。②有利于促使权利人及时行使权利。在规定期限内不行使权利而又无正当理由，说明权利人已不关心自己权利的实现。③有利于法院更好地收集证据，解决纠纷。如果没有时效限制，年代久远而造成纠纷难以解决。

古希腊有一句谚语："法律不保护躺在权利上睡觉的人"。出于维护社会关系稳定、保护交易安全和第三人利益等方面考虑，债权人理应为自己怠于行使权利的行为承担应有的不利后果。因此，我们作为债权人，利用法律武器维护自身权益一定要及时作为。需要说明的是，债权并不会单因时间的推移而消灭。换句话说，即使过了诉讼时效，债之关系本身依旧存在，只不过此时的债权权能是不完整的，"即诉权"归于消灭，权利人不能请求法院强制执行，成为一种自然债。自然债对当事人亦仍有拘束力。在诉讼时效期间届满的情况下，债权人依然可主张债权，倘若债务人放弃时效抗辩，或者是根本不知道时效期间届满的事实，主动还钱或作出愿意继续履行的意思表示，债权人可以受领或寻求法院的强制保护，债务人则不得反悔或者以不知道诉讼时效期间届满为由主张诉讼时效的效果。

● 小案例

下面我们看一则欠款超过诉讼时效丧失胜诉权的案例。2005年9月12日罗某向李某借款3万元，并出具借条。借条记载："今借到李某现金3万元整，做加油站的资金周转，于2006年3月30日以前归还。"2006年12月20日罗某又向李某借款5万元。罗某出具的借条记载："今借李某5万元整，做某会所装修工程使用。"此后，罗某未归还借款，李某遂于2013年7月8日诉至法院。

法院裁判认为：双方之间的借款关系成立。2006年12月20日罗某向李某借款时双方并未约定还款期限，系无期限的借贷，李某可以随时要求罗某偿还。因此，法院支持李某要求罗某偿还该笔借款5万元的请求。李某向罗某主张权利后，罗某应按银行贷款基准利率向李某支付资金占用利息。2005年9月12日罗某向李某借款3万元时约定的还款期限是2006年3月30日，借款期限届满后罗某未偿还借款，李某就已经知道其权利受到侵害，诉讼时效开始起算。李某没有举示证据证明其在诉讼时效期限内曾向罗某主张过债权，罗某也否认李某曾向其主张过债权，其诉讼时效届满之日为2008年3月30日。李某要求罗某偿还该笔借款3

万元及利息的请求已经超过诉讼时效，丧失了胜诉权，因此，对李某要求罗某偿还借款3万元及利息的请求，法院不予支持。

（4）民间借贷诉讼需权衡成本。需要强调的是，向法院提起诉讼借助的是强制力，民间借贷纠纷打官司是有成本的，当事人需要综合利弊作出权衡。一方面是有形的经济成本。诉讼、执行是有一定成本的，当事人起诉需要承担诉讼费的预交义务，可能得不偿失（有的省市只要胜诉，法院会退还案件受理费，改为向被告征收），当然聘请律师也需要付出高额成本。有律师指出，从成本考虑，1万元以下的债权追偿最好不要采用向法院提起诉讼的办法，5万元以上的债权才值得。另一方面是无形的时间成本。向法院提起诉讼有一套程序，先去立案庭立案，然后等待传票，开庭之前还要调解，调解不成再开庭，开庭之后等判决，之后半个月看是否有上诉，如对方不主动还钱，可以申请强制执行。一般来说，如果涉案数额不大，审理期限短则两三个月；如果数额大，则审理期限可能为6个月。

此外，诉讼成功并不等于执行成功。如果债务人名下没有财产，无偿还能力，也就是平常所说“执行难”，法院也束手无策，只能等待其有还款能力时执行。如果债务人逃逸，从立案到宣判再到执行，要公告三次。如果要评估、拍卖债务人的资产，则还要公告，时间可能会延长至一年以上，其间债权人要投入比较多的时间和精力。

综上所述，我们催要欠款，最好采取法律手段，不要委托要账公司。有人到期欠债不还的，应尽快向法院起诉要求还款，一旦超过诉讼时效，会丧失胜诉权。胜诉之后，如果对方在履行期未履行法院判决，可以申请法院强制执行。法院在受理强制执行后，会依法查询债务人名下的房产、车辆、证券和存款；另外债务人名下如果没有可供执行的财产而他又拒绝履行法院的生效判决，会有逾期还款等负面信息记录在其个人信用报告中并被限制高消费及出入境，甚至有可能会被司法拘留；如果对方有能力而拒不执行，会涉嫌拒不执行判决、裁定罪，可能处三年以下有期徒刑、拘役或者罚款。

四、有借有还，再借不难

（一）借钱见人心，还钱见人品

诚信是做人最起码的道德品质。有句话说得好，我可以请你吃几千块钱的饭，但是我借你的100块必须还。因为这事关诚信和人品。借钱最大的难处是人与人之间的信任和感情，借钱时见人心，还钱时见人品。

拓展阅读

在这个现实的社会，帮你是情分，不帮你是本分。落难才知情真，落雪才知冬寒。在你落难的时候，能够伸出温暖的手，借钱给你的人是信任你的人，要懂得感恩和珍惜，不能因此毁坏了自己的诚信，更不能透支别人的善良，寒了好人的心。正如一首网络说唱歌曲《借钱还钱》的歌词所述："我寻思跟你要钱怎么这么具有难度，就像是扛着火车跑过弯弯山路。你还说这点钱而已，干嘛这么顽固。记得你说月底就会把钱给我还清，现在你说来催债哥们做得不够良心。有些话我真的不想说得那么难听，如今咱俩关系你也别想万古长青。"

感情经不起伤，也经不起折腾。不管是朋友还是亲人都不要牵扯太多的利益问题。社会上总有一些人，别人借钱给他，自己也保证及时还钱，但是到了约定的日子，就扮演失忆，或者能拖则拖。这样一来，在别人眼中就成了不守信用的人，往往真的遇到了什么困难别人也不会再帮忙。对待这种人品不好的人，我们绝不能盲目善良，拿自己的钱砸自己的脚。

● 小案例

湖南衡东人民法院通过庭前调解成功调解一起十余年的金融借款合同纠纷。谭某是一位年近60岁的老兵，退伍成家之后为搞活经济，于1996年4月3日向衡东县信用合作联社借款5万元用于做香烟批发生意，约定年底归还。后因生意出现亏损，自己又生有三个小孩生活开支较大，导致不能及时归还本金，只好慢慢支付利息。2003年之后，谭某与家人外出打工赚钱，因联系方式变更，信用合作联社工作人员无法与其取得联系，致使该笔贷款拖延未还。信用合作联社诉至法庭。谭某接到法院传票后，及时与原告取得了联系，并进行了有效沟通，为表示自己并非赖账，当场就向原告支付了5000元利息。

“账，我认；钱，我还”“借钱还钱，天经地义，我保证月底还清”，谭某尽管经济困难，但承诺却是掷地有声，用实际行动践行了诚信乃人之根本的人生信条。次日谭某又主动到法院请求组织调解。后在庭前调解中，法院承办法官建议原告考虑到谭某目前经济又确实困难，且该笔贷款年限较长并非被告恶意拖欠或逃避，所以在利息上给予部分调整。经过沟通，原告同意谭某于本月底一次性支付本息共计8万元。

（二）人情只能“五入”不能“四舍”

前面我们讲到亲兄弟应明算账，通过事前防范和事后维权，厘清债权债务关系。既然账目清楚才是最好的人情，那么具体怎么做才能“明算账”？在民间借贷关系中，可能有人会疑惑，为什么从亲友那里借钱借物还要支付利息或租金呢？很多人在和亲友的经济交往中，常常受到这样的指责：“你怎么还赚我的钱？”有些老年人碍于面子，不忍心向亲友收取利息、跑腿费用乃至于借款成本，最后往往弄得自己苦不堪言。好一点不过是被亲友视作理所当然，不好的情况下反而还要落埋怨。这也是一种道德绑架。

我们大概都听过亲友说这样的话：“这个钱借给你，不用还利息；

这个东西卖给你，成本价。”仔细想想，这其实是一种非常不公平的做法，在这样的一笔借贷关系里，亲友损失了可能的投资收益和利润，承担了交易成本，而你获取了货币价值，等于是亲友将其投资利润赠送给你。你在这种无息借贷关系中获利，而亲友却受到损失。借物也是同样的道理，你借住朋友的房子，借开朋友的车，如果不支付相应的租金和费用，那么房子和车子的维护成本，还有按市场价格出租的机会成本将成为朋友的损失。不明白这个道理的人，往往把掠夺亲友的利润当成天经地义的事情，就是不懂得“明算账”的道理。

● **小案例**

人情宁可“五入”千万别“四舍”，这一道理置于民间借贷关系中同样成立。不明白这个道理，我们往往在和亲友的经济交往过程中，节省了不该节省的，花费了不该花费的。最要命的是，得罪了不该得罪的，失去了自己的人品。网上有人分享自己的心情小故事：同事让他帮忙抢车票，好不容易抢来了车票，结果同事却少给了他5毛钱零头，他一怒之下把好不容易抢来的票退了。让别人辛苦帮忙还要倒贴钱，很多时候你以为的感情和面子真的敌不过5毛钱，作为同事的两个人从此以后可能就会剑拔弩张。

人情往来，有来有往才能长久，不能次次都是别人帮你。借你财物，即使对方很富有，你不能对等回报，也应有所表示才行。借人钱财，不仅应按约定及时足额偿还，最好能用合适的方式，参考银行利率和市场租金计息计租，或通过请对方吃饭、送对方礼物等方式表达感谢。很多时候，有借有还，并给予对方适当补偿和感谢，不仅会带来再借不难的效果，还会为你赢来好的口碑，为人际关系添彩加码。

（三）别把征信不当财富

诚信是中华民族的传统美德，建设和完善信用体系是社会主义法治国家建设的重要内容，而个人征信则是整个社会信用体系建设不可或缺的部分。近年来，个人征信越来越频繁地走入普通公民的视野中，其作用也越发凸显。那么，维护好个人征信究竟有何价值？民间借贷关系会不会影响个人征信？个人如果欠钱不还，成为“老赖”，将会面临怎样的尴尬处境？

1. 维护个人征信的价值

征信是由专业化的、独立的第三方机构为个人或企业建立的信用档案。第三方机构依法采集、整理、保存、加工自然人、法人及其他组织的信用信息，并对外提供信用报告、信用评估、信用信息咨询等服务，帮助客户判断、控制信用风险，进行信用管理。个人征信就是征信机构对个人信用水平的集中体现，对外具有提供重要参考凭据的作用。

个人征信的内容主要体现在个人的征信报告里。征信报告是由中国人民银行征信中心出具的记载个人信用信息的记录，无论是征信机构，还是商业银行等信息提供者都无权随意更改或删除。通常主要包括以下几个方面的内容。

（1）身份情况的基本信息，主要包括个人的姓名、身份证号码、家庭住址、工作单位等内容，这些内容主要是用来证明你的身份。

（2）信用历史记录，主要包括个人过往的信贷信息尤其是违约未还款的记录，如房贷、车贷、助学贷款，以及帮他人担保而他人未按时还贷的情况，还有信用卡信息（授信额度、还款记录等）。

（3）个人征信报告的查询记录，主要体现哪些机构或个人本人于何时查询过个人信用报告。

对于商家来说无信不立；对于个人来说，没有信用很多事情寸步难行。特别是在当今大数据时代，征信已经成为一个人无形的财富。拥有一个良好的征信，做很多事情都会游刃有余；相反如果个人征信不良，甚至有征信黑点，对申办银行卡、贷款，以及求学、工作、出行甚至下一代都会有深远的影响，可谓“一处失信，处处受限”。正因如此，拥有良好的征信已成为人们的共识，越来越得到人们的重视。

但是一直以来大家对征信的理解都只是停留在一个简单的层面，很多老年人认为只要自己不申请贷款或者信用卡，征信对于自己来说根本没有什么用。实际上，良好的征信需要日积月累，并不是说等你需要了再去打造，已为时过晚。

2. 民间借贷也会影响个人征信

通常我们存在认识上的误区，认为只有借了银行的钱，如信用卡透支不还才会影响征信，而民间借贷纠纷不会影响个人征信。事实上，虽然民间借贷在被起诉阶段不会对个人征信有影响，但是，在民事判决书生效后，如果存在法律规定的情形，则会被纳入失信被执行人名单，影响个人征信。

《最高人民法院关于公布失信被执行人名单信息的若干规定》第一条规定：被执行人未履行生效法律文书确定的义务，并具有下列情形之一的，人民法院应当将其纳入失信被执行人名单，依法对其进行信用惩戒：有履行能力而拒不履行生效法律文书确定义务的；以伪造证据、暴力、威胁等方法妨碍、抗拒执行的；以虚假诉讼、虚假仲裁或者以隐匿、转移财产等方法规避执行的；违反财产报告制度的；违反限制消费令的；无正当理由拒不履行执行和解协议的。通俗来看，就是说当民间借贷纠纷判决后，进入强制执行，借款人还是没能力偿还或者有意不还，法院就会将其列入失信被执行人名单，即通常所说的“老赖”黑名单。

3.“老赖”失信，寸步难行

守信走遍天下，失信寸步难行。长期以来，债务人欠债不还，逃避债务，规避、抗拒执行已成为一类社会顽疾。尤其是法院裁判文书生效后，有70%以上的债务人不自觉履行法律文书确定的义务，严重损害权利人的合法权益，影响经济社会健康有序发展，破坏了“诚信守约”的社会风尚。2014年1月16日，中央文明办、最高人民法院、公安部等八部门和企业宣布会签了《“构建诚信、惩戒失信”合作备忘录》，拉开了联合惩戒失信被执行人的序幕。

如果被执行人由于失信被法院纳入了失信黑名单中，将会面临失信联合惩戒。“失信惩戒”的作用就是经济惩罚手段和道德谴责手段并用，将市场经济活动中有严重经济失信行为的企业和个人从市场主流中剔除出去。

信用惩戒的范围：一是禁止部分高消费行为，包括禁止乘坐飞机、列车软卧；二是实施其他信用惩戒，包括限制在金融机构贷款或办理信用卡；三是失信被执行人为自然人的，不得担任企业的法定代表人、董事、监事、高级管理人员等。此外，一旦纳入失信黑名单成为被执行人后，对子女也会有影响。比如：一些“985”“211”及军事类院校，对考生的资格审查比较严格，考生很有可能会因为父母的失信行为而无法被学校录取；也会因限制高消费，不能给孩子购买高额保险产品，不能送子女就读高收费的私立学校等。

自测题

1.（多选）不受法律保护的无效民间借贷合同包括（　　）。

A. 高利放贷的借款合同

B. 套取银行信贷资金转贷的借款合同

C. 向无民事行为能力人放贷的借款合同

D. 约定还款期限届满两年的借款合同

答案：ABC

2.（多选）继承人清偿被继承人债务应遵循的原则包括（　　）。

A. 父债子偿　　B. 夫债妻还

C. 自愿继承　　D. 限定继承

答案：CD

3.（多选）出借人合理借钱应遵循的基本原则包括（　　）。

A. 救急不救穷，借短不借奢　　B. 借少不借多，少借不如送

C. 扶贫不扶懒，帮困不帮愚　　D. 借亲不借疏，借近不借远

答案：ABCD

4. 对于金额较大的民间借贷，支付款项应尽量避免采用（　　）方式。

A. 银行转账　　B. 微信转账

C. 支付宝转账　　D. 现金支付

答案：D

5.（多选）完整有效的民间借贷协议（借条）应当载明的基本内容包括（　　）。

A. 借贷双方的姓名、地址

B. 借款的币种、金额和利息

C. 借款的用途、借款期限和还款方式

D. 借款的保证人、违约责任

答案：ABCD

6.（多选）民间借贷诉诸法律所需的有效证据包括（　　）。

A. 借款协议或借据

B. 借贷双方交付、收到钱款的凭证

C. 债务人债务到期不还或经催告不还的证据

D. 借贷关系有担保人的，有关担保的证据

答案：ABCD

第九章

婚姻是『资产重组』

案例导入

长辈去世后，家庭纷争不断

2007年6月23日，59岁的侯耀文因突发心源性心脏病在北京的家中去世。侯耀文是我国著名相声作家、表演艺术家、国家一级演员。自幼受其父侯宝林的熏陶，1960年登台，有47年的艺龄。侯耀文死后，其兄侯耀华安排了侯耀文的葬礼。侯耀文与第一任妻子的女儿侯瓒在侯耀文死后起诉侯耀华，要求分割遗产。侯耀华在侯耀文死后，将其存折上留有100多万元取出，还掉了侯耀文生前欠款，以及退还预收企业的20万元广告费；另有60多万元的份子钱。侯耀华认为这些钱不能作为遗产分割，因为这些是要还回去的。最终庭外和解结束了这场闹剧，但侯耀文的骨灰在等了整整四年后才得以下葬。

无独有偶，2013年12月20日，云南柏联集团总裁郝琳在法国意外坠机身亡。郝琳身故后，围绕柏联集团的股权问题，郝琳90多岁的父亲与妻子（柏联集团法人刘湘云）就遗产分割问题争执不下，双方对簿公堂。这场涉及200亿元遗产纠纷的官司至今未有定论。

由此可见，如果不提前对自己财产做好规划，将来后患无穷。只有居安思危，未雨绸缪，懂得如何在婚姻中做好财产规划，才能让每一个家庭更和睦，每一段婚姻更幸福美满，每一对相爱之人白头偕老。守护财产，是彼此对婚姻的经济保障作出努力。守护爱，是对幸福婚姻的诠释和展现。

一、婚前准备要做足

（一）夫妻共同财产当平分，个人特有财产属个人

《民法典》规定了我国的夫妻财产关系，主要包括夫妻婚前财产与婚后财产的分配，家庭生活费用的承担，夫妻债务的偿还，离婚阶段夫妻财产的分割等内容。但归根结底，夫妻婚前财产与婚后财产的归属权是上述所有内容的核心。

我国法律对夫妻财产关系的总规定是：婚姻关系存续期内，夫妻两人所得的财产都属于“夫妻共同财产”，归夫妻双方共有，夫妻二人对“夫妻共同财产”享有平等的财产所有权。夫妻之间有特殊约定的或法律认定的个人特有财产除外。一言以蔽之就是非特殊约定则夫妻二人平分。

1. 个人财产与共同财产

具体来看，《民法典》中规定的夫妻婚内所得只属于一方的个人特有财产和双方共同财产，如表9–1所示。

表 9–1　《民法典》对一方个人财产与夫妻共同财产的规定

财产范围	民法典
一方个人财产 第一千零六十三条	一方的婚前财产和婚前财产在婚后的孳息和自然增值
	一方因人身受到伤害获得的赔偿或补偿。例如，军人伤亡保险金、伤残补助金等
	赠与合同或遗嘱中明确说明只归属一方的财产。例如，一方父母出钱购买的产权登记在自己子女名下的房产，这在法律意义上理解为一方父母对自己子女的赠与
	一方专用的生活用品等
夫妻共同财产 第一千零六十二条	夫妻任意一方的工资、奖金、劳务报酬
	夫妻任意一方生产、经营、投资的收益
	夫妻任意一方知识产权的收益
	夫妻任意一方应得的住房补贴、住房公积金、养老保险金、破产补偿安置费等

2. 夫妻双方可作出约定

《民法典》一千零六十五条又继续规定了夫妻双方可以自行对婚内财产和婚前财产的归属权作出约定，可以约定婚前财产和婚内财产各自所有或部分各自所有等。需要注意的是，约定必须采用书面的形式且约定对双方均具有法律效力。如果夫妻之间没有约定，则一律适用《民法典》第一千零六十二条、第一千零六十三条，即若非特殊约定和法律规定的个人特有财产，一律视为夫妻的共同财产，为夫妻二人平分。

（二）生活中的财产哪些算“个人特有”？

1. 一方因受到人身损害获得的赔偿或者补偿

一方身体受伤得到的工伤赔偿款、交通事故赔偿款、商业保险理赔；军人的医药费、伤残补助金、伤亡保险金等都属于个人特有财产。

2. 赠与合同或遗嘱中明确规定只归夫妻一方的财产

例如，丈夫的父母立遗嘱，把他们生前的财产只留给丈夫一个人，那么这些就只是丈夫的个人财产，不是夫妻共同财产。

3. 一方专用的生活用品

丈夫或妻子个人的衣服、手机等就是个人财产。这里要注意理解两点：一是一方专用，强调的是归属，也就是归属于一方的私人用品。二是生活用品，强调的是价值，生活用品不能是贵重物品和奢侈品。例如奢侈品箱包、首饰、珠宝等，虽然是个人专用，但因为价值过大已经超出了生活用品的范畴，便不会被当作个人专用生活用品对待，而是夫妻共同财产，理应夫妻双方平分。夫妻一方在竞赛中获得的证书、奖牌、奖金等荣誉，是个人荣誉，具有特定的人身性质，所以法律上将其视为个人特有财产。

4. 其他应当归一方的财产：不动产

一方父母出资为子女购买的产权登记在子女名下的不动产，法律上理解为父母对己方子女的赠与，所以是归一方所有；但若是由双方父母出资购买的产权登记在一方子女名下的不动产，则通常而言，双方按各自父母的出资份额共同所有该不动产，当然另有约定的话另当别论。

5. 其他应当归一方的财产：一方的婚前财产和婚前财产婚后的孳息或自然增值

如果一方婚前的房产在婚后市场价值增加了200万元，那么这200万元就属于自然增资，属于一方的个人财产；一方的婚前存款产生的利息属于孳息，也是一方的个人财产。但是需要的注意的是，如果一方的婚前财产是因为进行了生产经营、投资等行为，在付出了精力、智力、劳动等的情况下发生增值，那就不属于自然增值和孳息，也不是一方的个人财产，而是属于夫妻共同财产。例如，婚前房产在婚后价值的上涨属于婚前财产的自然增值，也属于个人财产；但如果一方的婚前房产在婚后用于出租，租金收入则属于经营性收入，不能算作个人财产。

（三）是否为夫妻，法律说了算

究竟怎样才算是法律意义上的夫妻呢？这个问题直接关系到法律对“夫妻共同财产”的保护，所以至关重要。

我国法律仅认为在“婚姻存续期间”的两人是具有婚姻关系的夫妻。婚姻关系存续期间仅指男女双方从登记结婚之日至完成协议离婚手续或法院作出离婚判决并开始生效的这段时间。那么生活中一些常见的情况究竟算不算法律意义上的“夫妻”呢？

1. 同居

案例导入

事实婚姻，不用领证？

王大爷和张大娘在“一起”15年了，王大爷说：“有人告诉过我，只要一起居住满8年就是事实婚姻了。所以，我们两人的财产当然是一人一半啦！”

知识窗

法律不承认事实婚姻

《最高人民法院民法典婚姻家庭编司法解释（一）》司法解释第七条，1994年2月1日民政部《婚姻登记管理条例》公布实施前，男女双方已经符合结婚实质要件的，按事实婚姻处理。1994年2月1日之后，未补办婚姻登记的，不再承认事实婚姻一说。

很多老人子女不在身边，离婚或丧偶后长期独居生活。有了新的感情后为了彼此有个照应便自然而然住到了一起，甚至以丈夫与妻子互称。久而久之，儿女和社区邻居也都误解（接受）他们是“夫妻”。但需要注意的是，只要未到民政局进行婚姻登记，便只能算同居，同居行为并不受法律保护。另外值得一提的是，如果两位老人先长期同居，之后再进行婚姻登记，那么法律上认为婚姻关系存续期是从登记后开始的，登记后夫妻双方或一方所得的财产才符合“夫妻共同财产”，夫妻双方才有平分“夫妻共同财产”的权利。

总之，同居不等于结婚，所有的未婚同居、以夫妻名义同居、婚外同居等都是不受法律保护的。

2. 举办婚礼

很多人受传统观念的影响，认为举行了订婚、结婚等仪式，将结婚的消息向亲戚朋友们广而告之之后，便是结婚了。但从法律上来讲，是否举行结婚仪式与法律意义上的结婚毫无关系。我们不能将举办婚礼与登记结婚等同起来，而应以去婚姻登记机关办理结婚登记为准。所以我们应尽量在举行婚礼仪式前登记结婚，举行婚礼仪式前未登记结婚的也要在事后尽快前往民政局办理结婚登记。

3. 与外国人或在国外结婚

在外国结婚中国是承认的，但还需要具备以下条件：

（1）婚姻被境外法律承认；

（2）将结婚证在境外进行公证；

（3）到中国驻地使馆做认证。

那么，回国后该婚姻是被承认的，也可以受到中国法律的保护。

4. 离婚

很多老年人认为双方因为感情不和而长期分居，婚姻关系便会自动解除；还有人认为双方私下签订了离婚协议，便算是离婚了；也有人会在长期分居后再签一份离婚协议，便认为自己已经离婚了。以上是长期分居或“协议离婚”的情况，还有不少人选择去法院起诉离婚，起诉离婚的人当中有不少人认为当一审法院作出离婚判决时，双方的婚姻关系便结束了。殊不知如果一审判决尚处于15天的上诉期内或者当事人不服一审判决而处于二审期间，则双方的婚姻关系并未真正解除。只有当离婚判决生效时，两人才算真正离婚。

总之，我国法律承认的夫妻关系，仅从在婚姻登记部门办理结婚证时开始，从在婚姻登记部门办理离婚手续或法院判决双方离婚或夫妻一方死亡时终止。以上是我国法律承认的婚姻存续期，在此期间双方是夫妻，夫妻双方对“夫妻共同财产”享有平等的财产所有权。

（四）夫妻共同财产要算“对”

我国法律规定在“婚姻关系存续期间‘取得’的财产”是夫妻共同财产，值得注意的是，这里讲的“取得”，是指对财产权利的取得，而不是指对财产的实际取得。例如，如果一方在婚前获得某项财产（如稿费等），但该款项并未及时到手，出版社在婚后才支付稿费，那么这笔稿费依然属于一方的婚前财产；同理，如果出版社在婚内答应支付一笔稿费，但直到离婚也没有拿到这笔稿费，那么这笔稿费也属于夫妻共同财产，因为出版社的承诺就意味着权利人对该项财产权利的取得，款项什么时间到手并不重要。

（五）“房”钱是个麻烦事

1. 住房公积金和住房补贴

案例导入

夫妻离婚：一方请求分割另一方公积金

张大爷与黄大娘1988年初经人介绍相识、恋爱后登记结婚，婚后初期，张大爷与黄大娘夫妻感情尚可，后因经常争吵致两人感情破裂。2016年5月3日，张大爷诉至一审法院要求离婚并进行财产分割。其中，公积金分割出现争议，张大爷名下的公积金收入，在婚姻关系存续期间截至2017年2月，账户余额为221582.71元。

法院判决：离婚时，一方能够分割另一方的住房公积金。法院认为，截至2017年2月张大爷公积金账户的221582.71元应作为夫妻共同财产进行分割，由张大爷与黄大娘各半享有，故该公积金收入数额50%归黄大娘享有。考虑到公积金的提取应符合相关法律规定的条件，结合本案张大爷与黄大娘双方存在相互给付的实际情况，为便于执行，可由张大爷将221582.71元的50%即约110791.36元补偿给黄大娘，此后张大爷公积金账户中的现有余额可不再进行分割，全部归张大爷所有。

在婚姻关系存续期间，夫妻双方实际取得的住房公积金为夫妻共同财产，离婚时，一方主张分割另一方实际取得的住房公积金的，人民法院应予以支持。值得注意的是，在具体处理住房公积金、住房补贴等问题时，会严格区分取得住房公积金、住房补贴的时间是在婚后还是在婚前，只有婚内的住房公积金和住房补贴是夫妻共同财产，二人可以平分。将来的住房公积金和住房补贴不是夫妻共同财产。在具体操作上，一般会先计算出双方在婚姻期间领取的住房公积金、住房补贴的总额，再进行分割，这是因为夫妻不能以离婚为由提取住房公积金，所以通常是经过计算后，婚内领取公积金、住房补贴较多的一方根据差额给另一方补偿。

2. 父母全款为子女买房却未登记

如果一方父母在子女婚前全款为其购房，法律上认为这是一方父母对其子女一方的赠与。该房产是个人婚前财产。

如果一方父母在子女婚后出钱帮子女买房，法律上会认为这是一方父母对夫妻双方的赠与，除非有证据证明父母曾明确表示这笔钱只给自己孩子，如果不能证明这笔钱只给自己孩子的话，该房产就属于夫妻共同财产。

防患于未然最好的办法是父母、子女和子女的配偶共同签署书面协议，明确约定父母出资的性质。若为赠与，要约定清楚是只赠与自己子女，还是赠与子女夫妻双方的。如为借款，应明确约定利息及还款期限。值得一提的是，由于司法解释中所使用的是“约定”而非“父母的意思表示”，故父母单方声明不具有法律效力。

3. 父母全款为子女买房且已登记

案例导入

儿女婚后，为其全款买房

老李的儿子小李与张大娘的女儿佳佳于1999年1月登记结婚，婚后张大娘老两口全款为女儿购买一套房产，并将房产登记在女儿佳佳名下。后在小李与佳佳离婚的过程中，法院认定因双方之前签订的协议中，对于上述房屋明确表示为女方父母全资购买，应属于女方个人财产，房屋应当归女方所有。因此判决该房屋归女方。

老王的儿子小王与老李的女儿小玉在2013年登记结婚，婚后贷款购买房屋一套，首付120万元，房子登记在小王与小玉双方名下。其中，婚前老王给儿子转账30万元，老李给女儿小玉转账90万元，两个人婚后共同偿还贷款30万元。

后法院经审理认定：婚前当事人父母为双方购房的出资为对自己子女的赠与，即小王以婚前个人财产出资30万元，小玉以婚前个人财产出资90万元。婚后，当事人双方父母的各种出资，无特别证据，所以应当认定为对夫妻双方的赠与。故本案中双方父母在夫妻双方婚后无论是以装修、还贷抑或以生活补助等名义转账的钱款在法律上视为对夫妻两人的赠与。

婚前如果一方父母全款为子女买房并且将房屋产权仅登记在自己子女名下，该房产是自己子女的婚前个人房产。

婚前如果一方父母全款为子女买房并且将房屋产权登记在双方名下，则房产视为对双方的赠与。

婚后如果一方父母全款为子女买房并且将房屋产权仅登记在自己子女名下，这应当将购房款认定为只对自己子女的赠与，所以是夫妻一方的个人财产。

婚后如果一方父母全款为子女买房并且将房屋产权登记在夫妻双方的名下，法律上便将购房款认定为对子女夫妇的赠与，除非有证据显示父母明确表示了购房款只是对一方的赠与，否则的话都是按照夫妻共同房产来处理。离婚的时候就需要均等分割共同财产，在具体的离婚案例执行中，一般情况是一方取得房屋，但同时需要对另一方进行房屋价值补偿。

婚前如果双方父母出资购买房子，无论产权登记在哪方名下，都视为父母对自己子女一方的赠与，法律上认为双方按照各自父母的出资额共同所有该房产，离婚时按照各自父母的出资比例分割。

婚后如果双方父母都出钱为子女买房，无论产权登记在一方名下还是夫妻双方的名下，该钱款都被视为对夫妻双方的赠与，该房产都是夫妻共同财产，离婚时该房子按夫妻共同财产分割，即非特殊约定二人平分，另有约定的（父母明确表示赠与一方）除外。

4. 婚前一方父母付首付，婚后夫妻双方共同还贷

案例导入

儿女婚后，为其出房屋首付款

刘大爷的儿子小刘与小苏两人于2014年7月23日在民政局登记结婚。两人在婚姻关系存续期间曾于2014年7月25日购买了一套房屋，房子首付款18万元全部由刘大爷支付，其余银行贷款则由儿子、儿媳两人共同偿还，房屋所有权是登记在儿子、儿媳两人的名下。截至小刘与小苏离婚庭审，还有17万余元贷款未还。

现如今刘大爷与儿子的离婚诉求：将两人共同还贷的部分平分，并要求小苏偿还刘大爷当初付的18万元首付中的一半，也就是小苏还要额外再给他9万元。

律师认为：在本案中，房屋的产权登记人是小刘与小苏，再加上又是两人一起还贷，因此从法律意义上来说这套房子是属于小刘与小苏的共同财产，那么两人在对房屋的处置上，有着平等的处理权。而刘大爷所支付的18万元是在两人婚后支付的，并且在当时也并没有明确说明这是自己单独赠与儿子的财产，因此应当被认定是刘大爷对儿子、儿媳两人的赠与。也就是说不论是从房子首付上来说，还是双方贷款上来说，这套房屋都是属于儿子、儿媳的夫妻共同财产，那么小苏某不需要偿还刘大爷支付的房屋首付。

法院判决：最后法院根据照顾子女和女子权益的原则作出判决，这套两人在婚内共同购买的房屋的所有权归小苏享有，但小苏应该根据该房屋现价值对小刘进行经济赔偿，同时剩余贷款17万余元也由小苏负责偿还。

如果房屋登记在支付方子女名下，那么父母所出资部分属于对子女单独的赠与，当夫妻离婚分割财产时，应该剔除父母出资部分后，其余财产才属于夫妻共同财产，可以有平等的处理权。

如果房屋登记在夫妻双方名下，或者是支付方子女的配偶名下，则都被认为是对夫妻双方的赠与，受赠的财产根据法律规定是夫妻双方的共同财产，因此两人对受赠部分都有平等的处理权，像小刘与小苏两人就是一个典型的例子，房屋是登记在两人的名下，再加上也没有专门的协议表明刘大爷出的18万元首付是单独赠与儿子的，因此小苏也享有平等处理的权利。

若婚前一方父母付首付，且房产登记在自己子女名下，但婚后由夫妻二人共同还贷款。这种情况离婚时法院一般会将房子判给房产的登记方，若房子还有剩余贷款要还的话，需要由其一方继续支付剩余贷款。对于婚内共同还贷的部分，包括本金和利息以及房产本身产生的增值（属于夫妻共同财产），需要由得到房子的一方对另一方进行补偿。

若婚前一方父母付首付，且房产登记在双方子女名下，婚后由夫妻二人共同还贷款。这种情况应认定为夫妻双方的共同财产，法律上认为夫妻两人对该房产享有平等的财产所有权。如果双方有其他约定，例如约定了各自享有的份额，则按约定份额享有产权。

若婚后一方父母付首付为子女买房，无论产权登记在一方名下还是夫妻双方的名下，该钱款都被视为对夫妻双方的赠与，该房产都是夫妻共同财产，离婚时该房子按夫妻共同财产分割，即非特殊约定二人平分。另有约定的（父母明确表示赠与一方）除外。

5. 父母以自己名义签订房产买卖合同并将房产所有权过户给子女

如果在子女婚前将房产过户，显然该房产属于子女的婚前财产。如果房产过户发生在子女婚后且房产登记在自己孩子名下，则视为对自己孩子一方的赠与，所以该房产是一方的个人财产。如果在子女婚后将房产过户且将房产登记在夫妻双方名下或对方名下，该房产会被认定为夫妻共同财产。

6. 用已故配偶生前的存款或工龄优惠所购得的房产

夫妻一方去世后，如果遗产已经被继承完毕，健在的一方用自己的存款购买的住房是个人财产，购买房子时享受的“已故配偶的工龄优惠”只是一种政策性补贴，并非财产权益或财产本身，所以该住房依然只是一方的个人财产。

夫妻一方去世后，如果遗产还没有被继承完毕，那么购房款的来源决定了房屋究竟是个人财产还是夫妻共同财产，如果是用夫妻双方共同的积蓄购房，房产为夫妻共同财产，如果购房款是个人存款，则房产为个人财产。

（六）为自己和家人上一份“保险”

保险是一份保障，更是一份财产。很多人喜欢买保险，一份保险有投保人、被保人和受益人。保险中的投保人是指购买保险的人，也就是支付保险费用的人。保险中的被保人是指受这份保险保护的人，由于保险是根据被保人身体状况、年龄和生活习惯等因素计算保费，所以一般情况下被保人不能转换。保险中的受益人是指被保人身故后，根据合同有权领取保险金的人，受益人由投保人或被保险人指定，可以是投保人或被保险人本人，也可以是第三人（见图9–1）。

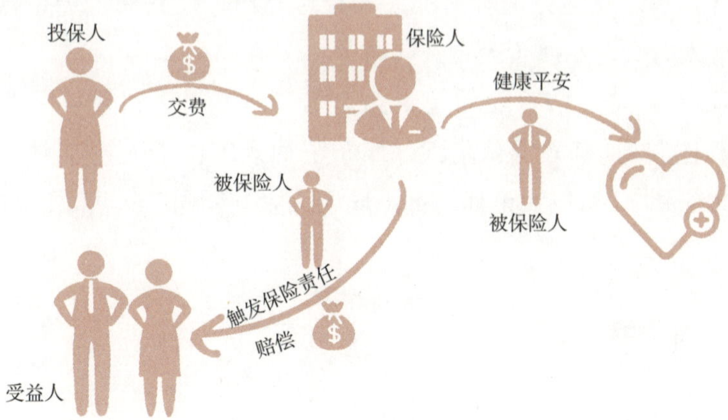

图9–1　保险关系

那么保险合同相关个人财产是否归入夫妻共有财产呢？答案是不一定，需要视具体情况而定。

离婚时争议最多的是人身保险。人身保险又可以细分为健康险、意外伤害险与寿险等。其中，寿险是最有价值的，因为人寿保险时间长，保险金额大，现金价值也大。至于健康险和意外伤害险，他们一般是短期的而且数额比较小，所以相比之下，人寿保险更有价值。

1. 健康险和意外伤害险

健康险主要包括疾病保险、医疗保险、护理保险等，是指当被保险人身患某疾病时，由保险人向其支付保险金的保险。健康保险的赔付范围通常包括收入损失、医疗费用、丧葬费及遗属生活费等。健康保险的保险金属于婚内的个人特有财产，离婚时不被分割。

人身意外伤害险主要是保障被保人因意外造成的意外伤残、意外身亡的情况，如果发生约定的意外伤残或死亡事件，保险公司就会按合约支付保险金。保险金当然归属于保险受益人，如果受益人是夫妻中一方，那么该保险金就属于夫妻一方的个人财产；如果受益人不幸身亡，我国法律规定，保险金将作为被保险人的遗产，该保险金归属于受益人的法定继承人。总之，无论何种情况，人身意外伤害险的保险金是属于夫妻一方的个人财产，不属于夫妻共同财产。

因为人身意外伤害险和健康保险是“一方因受到人身伤害获得的补偿或赔偿”，具有人身依附性，属于法律规定的个人特有财产的范畴（如上文提到），所以无论如何都不属于夫妻共同财产，离婚时也不会被分割。

2. 人寿保险

案例导入

离婚时的保费之争

2000年，张大爷和刘大妈为女儿投保了保额为100万元的生存保险，张大爷为投保人，受益人为女儿小泰，每年需缴保费3万元。2005年，张、刘离婚，由刘大妈抚养女儿小泰。此时该保单已缴纳了5年保险费，截至此时共缴纳保险费计人民币15万元。离婚后刘大妈持有此份保险单正本，并继续为该份保险缴纳保险费。不过由于离婚时双方未就保单有关权益达成协议，离婚后刘大妈在缴纳保费前，发现保单上的投保人仍然是前夫张大爷。于是刘大妈要求前夫张大爷变更投保人，双方就该保单的权益问题发生争执。

前夫诉求：该保单是夫妻共有财产，如果变更投保人，刘大妈应补偿其一半保险费。

律师认为：本案中，如果前夫张大爷提出解除此保险合同并要求退保的话，前夫张大爷可以得到其中的一半保险费或现金价值，而刘大妈可以主张其中的另一半保险费或现金价值。

所以说，这些年所缴纳的保险费无论是夫妻中的哪一方来缴纳的，缴纳了多少，在没有书面协议约定的情况下，性质上属于夫妻共同所有财产，按照现行法律中关于夫妻共同财产的规定进行处理。需要注意的是：本案的投保人是前夫张大爷，虽然保险单正本等保险凭证是由妻子刘大妈保管的，但是她如果去保险公司办理退保事宜的话，按照目前保险公司普遍的操作程序来看，她不是投保人，因此无法办理退保手续。相反，前夫张大爷可以以投保人的身份，以“保险单正本丢失”为由，去保险公司办理补发保险单正本，然后再持有保险单正本去保险公司办理退保事宜，并把退还的保单现金价值据为己有。

因此刘大妈可起诉前夫张大爷，主张其中的一半保险费或保单现金价值。

人寿保险就是我们常说的寿险，是人身保险的一种，它的保险标的是被保险人的寿命，以被保险人的死亡或生存为给付条件的保险。无论是疾病身故还是意外或自杀，寿险均可赔付，正因其保险时间长，保险金额大的特点，其也成为夫妻离婚时最有争议的保险。那么寿险是否归入夫妻共有财产呢？答案是不一定。如果保险费是个人缴纳的，保险金属于个人财产，不作为夫妻共同财产分割；但如果保险费是在婚姻关系存续期间用共同财产缴纳的（法律一般默认如此，除非有明确的证据证明是在婚内用一方的个人财产缴纳的），无论是为夫妻一方还是为夫妻双方投保，如果夫妻双方没有特别约定，都应当视为夫妻共同财产。夫妻离婚后的任何一方都有权利提出进行财产分割。

（七）万贯家产怎么办？——成立家族信托

如果老两口一辈子攒下了不少财产，想让财产安全地传给子孙后辈，现代法律体系下最好的方式就是成立家族信托。一份信托有财产委托人、信托受托人和信托受益人，三者关系如图9-2所示。财产委托人是指设立家族信托把自己的财产委托出去的人。信托受托人是指管理信托财产的管家。这是一个非常重要的角色。因为从法律上来说，财产委托人一旦设立家族信托，这些财产的所有权就从委托人转去了信托受托人。也就是说，这些财产已经不是委托人的，而是信托受托人的了。信托受益人指信托中的财产惠顾的对象。

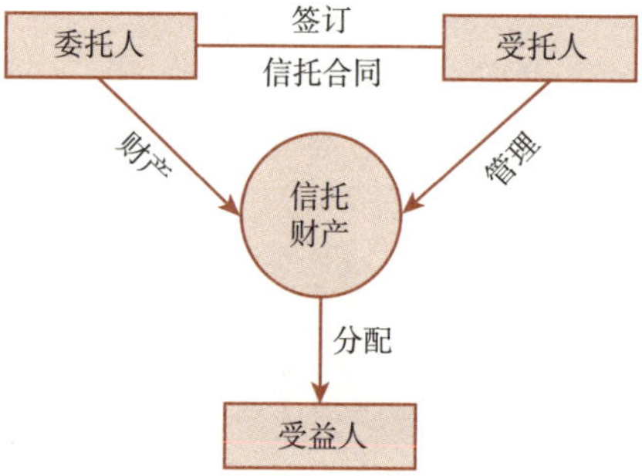

图9-2　信托财产

案例导入

富商巨贾的财产处置烦恼

李先生年届六十，妻子早逝后为照顾子女感受，一直单身，但其才华出众，还是一家上市公司的创始股东。虽然李先生一直没有再婚，但他身边的追求者不少，但李先生一直有一个顾虑，不知道她们是喜欢他这个人，还是仅仅看中他所拥有的财富。虽然我国《婚姻法》规定了婚前一方所有的财产，婚后永远属于个人财产，但同时又规定了婚前财产在婚后所取得的投资收益属于夫妻共同财产。李先生和大部分老年的高净值财产人士一样，公司股权及其他投资产品投资收益是将来的主要收入来源。

曾经有朋友建议李先生做一份婚前财产公证，但婚前财产公证必须要男女双方一同签署才有法律效力。没结婚就先考虑离婚，太伤对方感情，李先生也开不了这个口。

李先生可将婚前主要财产设立一份婚前财产隔离家族信托，受托人为信托公司，受益人是李先生自己、父母和将来的子女。如果李先生需要用钱，可以根据约定的规则向受托人申请提取。信托财产在受托期间，可以进行投资安排，但产生的收益均属于信托财产的一部分。

假如李先生将来和妻子感情不和造成分手，已经设立的信托财产及收益均不属于夫妻共同财产，无须进行财产分割，不仅如此，对将来发生的夫妻共同债务，信托财产也不用承担责任。万一李先生将来去世，信托财产不属于遗产，不受继承约束，而是按照李先生生前设定的方案管理和分配。

婚前财产隔离家族信托，只需要财产所有权人单方委托办理而无须告知对方，更不需要对方同意，既不会伤害双方的感情，也不影响自己的形象，还能确保资产安全。这就是利用了家族信托财产隔离、规避债务、灵活可控等功能的体现。不仅避免了签订婚前财产协议造成的双方尴尬，又对自己合法婚前财产进行了有效的保护。

在设立家族信托时，找对信托受托人是非常关键的环节。信托受托人可以是个人，也可以是专业的信托公司，但信托公司会更好。因为若信托受托人是个人，他生大病，或意外死亡，就会影响到信托的运作；但专业信托公司则可以保证有一个公司和团队去进行专业化的运作。

避免因离婚而带来财产分割的风险是家族信托的重要功能之一。因为在家族信托中，信托财产是独立的，不再属于委托人及（或）其配偶，所以在委托人离婚时，信托财产不会被分割。但实际情况也需要具体分析。

1. 结婚前设立的家族信托

如果家族信托是委托人在结婚前设立的，毫无疑问，信托财产来源于委托人的婚前个人财产。此时，家族信托具有很好的财产保护功能。除非委托人修改信托条款，否则，在委托人结婚后，信托财产及其收益不会与夫妻共同财产混淆。因此，即使委托人离婚，也不存在信托财产被分割的风险。

2. 婚前财产设立的家族信托，婚后产生信托收益

因为信托财产是独立于委托人和受托人的，所以这部分进入家族信托的收益却不属于夫妻共同财产，离婚时不会被分割，除非信托合同里约定了婚后产生的信托收益属于夫妻共同财产。

3. 夫妻一方隐瞒另一方，用夫妻财产设置信托理财

法庭调查环节会审查财产性质。假设是在离婚前近几年内，一方将财产大量转移到信托中，法庭会认定该方具有欺诈嫌疑，会将该信托资产从其个人财产中剥离。

4. 婚后夫妻共同财产进入信托

信托只有当受益人主体资格被消灭时，信托关系才终止，信托管理人才有权对信托财产进行再处置。在夫妻以共同财产设立信托的情境下，夫妻双方是委托人。当夫妻离婚时，如果受益人是夫妻一方，则信托财产仍由受托人管理，不存在分割或重新处置的问题；如果受益人是夫妻之外的第三人（如子女），则情况相同；如果受益人是夫妻双方，则离婚仅影响收益的分配，对信托财产本身并没有影响，也不影响信托财产的处置，因为共同受益人离婚并不意味着受益人主体资格被消灭。

总之，因为信托财产独立于委托人，所以即使委托人离婚，这份信托也不涉及分割问题，而是继续按照信托合同执行收益分配事宜。所以，如果该信托委托人和受益人均是夫妻双方，则离婚只影响收益在他们之

间的分配，而不会对信托财产进行处置。

根据上面的分析，我们可以看出，家族信托是保护个人财产在离婚时不被分割的好工具。当然，要达到这一目的，委托人最好在结婚前设立家族信托。

（八）“夕阳婚”最好的保障——财产公证

前面讲了这么多，其实对老年朋友来说最有效和简单的方法就是在“夕阳婚”前进行财产公证。

财产公证的程序：

我们将财产公证的流程分解为以下四个步骤[①]：

（1）双方当事人携带个人身份证明，例如身份证、户口簿，婚内的情况还要带上结婚证；与约定内容有关的财产所有权的证明，如房产证，未拿到产权证的朋友带购房合同和付款发票；双方草拟好的协议书，协议书的内容一般包括：当事人的姓名、性别、职业、住址等个人基本情况，财产的名称、数量、价值、状况、归属，上述财产的使用、维修、处分的原则等。一般双方当事人的签名和订约日期空缺，待公证员对协议进行审查和修改后，再亲自在公证员面前签字。

（2）准备好以上材料后，双方应一起亲自到公证处提出公证申请，填写公证的申请表格。

（3）公证申请被公证员受理后，公证员会就协议内容审查财产的所有权证明（房产证、购房合同、付款发票等），询问当事人合约的签订是否受到胁迫、欺骗或误导，此时应如实回答公证员的提问。当在配合公证员做完公证谈话笔录后，在笔录上签字确认。

（4）双方当事人在财产协议书上签名，当事人在规定日期到公证处凭收费单据领取公证书。

---

① 资料来源：财产公证流程—财产公证办理的程序怎么走—财产公证流程是什么，找法网（findlaw. cn）。

二、“夕阳婚”后财产处理要谨慎

随着社会的发展，老年人再婚已是日益普遍的社会现象。老年人再婚后容易发生：重组家庭成员争夺家庭财产控制权，财富传承目标偏离甚至落空，夫妻养老金差距较大导致家庭结构失衡，未做财产约定带来遗产继承纠纷等问题。财产处理是老年再婚过程中最敏感的话题之一，如果处理不好，可能导致再婚后双方感情再度破裂、分道扬镳。如果老年朋友在再婚之初就对双方婚前婚后财产的归属进行约定，例如约定婚前财产归各自所有，继承权不做变动等。“有言在先”可以使双方再婚后都有一块“自留地”，各自的子女也不会因财产继承问题而反对年迈的父母再婚。

（一）进行财产书面约定

案例导入

老张要再婚，孩子们都怕后妈是冲着分财产来的，于是他们给老张提出了条件：要想再婚，必须要进行婚前财产公证。孩子们觉得，只有这样做，才能达到“捍卫家产”的目的。老张再婚不久后因病去世，死后未留有遗嘱。儿子张先生认为，老父亲的“后老伴儿”只有权利分二人婚姻期间的共同财产，没有权利分他父亲的婚前个人财产。

婚前财产公证后，“后老伴”依然可以继承遗产。

再婚者即使进行了婚前财产公证，也不意味着一方去世后，什么都不能给“后老伴儿”留下。因为，进行婚前财产公证后，婚前财产那部分属于个人财产。其“后老伴儿”作为法定第一顺序继承人，有权继承张先生父亲的个人财产。

我国继承法规定：遗产的第一顺序继承人包括配偶、子女、父母。案例中，老张的婚前财产是个人财产，因老张没有留遗嘱，所以老张的婚前财产作为遗产，应首先由第一顺序继承人继承，这当然包括“后老伴”。“后老伴儿”虽然与老张都是丧偶再婚，结婚时间也比较短，但其作为第一顺序继承人（配偶），与老张的子女具有平等的继承权。

通过该案例及分析，应明确一个观念：晚年再婚的夫妻一方均为另一方的继承人之 ，对被继承人的遗产享有相应的继承权。该继承权并不取决于其是否是“原配”夫妻，也不取决于其晚年婚姻关系存续的时间。

老年人夕阳婚时，双方可以通过进行书面约定的方式来确定婚前、婚内财产的归属，常见的约定条款有：约定各自的婚前财产和婚后个人名下的财产是个人财产，死后归自己子女继承等。进行婚前婚内财产约定可以保障再婚老人的权益，避免去世后的各类遗产纷争，也可以减少老年朋友的再婚阻力。但需要注意的是，采取此类办法时，应在协议中明确各自名下的财产的种类与范围，以上信息应尽可能准确而不能笼统概述，避免将来执行协议时产生分歧。

（二）通过遗嘱的方式处分个人遗产

案例导入

张大爷与吴老太是一对晚年再婚的夫妻。张大爷婚前有一个女儿，张大爷偏心女儿，所以死前留下遗嘱，遗嘱的主要内容是：将张大爷婚前的个人财产和婚后共同财产均交给女儿继承。后老伴儿吴老太认为，张大爷的遗嘱中处分了双方的夫妻共同财产，侵犯了她的合法权益，故应全部无效，并要求一并继承张大爷婚前、婚后财产。

根据我国《继承法》规定，案例中吴老太的观点是错误的。我国

《继承法》明确肯定了遗嘱存在部分无效的情形，本案中也是该情形。本案中，张大爷遗嘱处分了与吴老太婚内的夫妻共同财产，这部分遗嘱无效，但遗嘱的其他部分有效，有效的部分依旧受法律保护。也就是说，张大爷对个人婚前财产及婚后夫妻共同财产中应属于其本人的部分的处分有效，上述部分的遗产根据张大爷的遗嘱由张大爷的女儿继承。

遗嘱的方式有代书遗嘱、自书遗嘱、公证遗嘱等多种形式，各种形式的遗嘱均有法律文件相对应，所以合法遗嘱的前提是符合我国《继承法》的有关规定，值得一提的是，经常有遗嘱因不符合法律规定被判无效。所以建议立好遗嘱后请律师看一下，确认遗嘱的合法有效，保证遗嘱在自己身后得以执行。

不是所有的遗嘱都是合法有效的，非法无效的遗嘱将来也不会得到执行。

（三）将财产交由子女保管并不一定是合法继承

案例导入

老刘中年丧偶后和李婆婆结婚，双方结婚时没有另外的财产约定。老刘婚前有一个女儿，老刘患病住院期间，将自己的身份证、银行卡、房产证等交给了自己的女儿。老刘去世后，老刘的女儿偷偷地将他的财产通过挂失等各种手段取出。后李婆婆偶然发现，一气之下将老刘的女儿起诉至法院，要求依法分割老刘的上述遗产。

这是现实生活中常见的一种情况：老人晚年再婚后由于双方感情基础薄弱、缺乏信任，通常会把自己的银行卡、工资卡、存折等交由各自的子女保管。待老人去世后，子女便将相应的遗产通过各种渠道取出，防止对方继承。本案例中，老刘和她女儿作出的这种防止李婆婆分遗产的行为是否有效呢？判断这种行为是否合法，应首先明确一个问题，即继承开始的时间。我国《继承法》规定，继承从被继承人死亡时开始。也就是说，从老人死亡的时候，继承就已经开始了，此时，其个人财产便转化为遗产了。若被继承人没有留下遗嘱，各个继承人又无法就遗产达成一致意见，任何继承人均无权将遗产擅自处理，而应请求法院依法判决。本案中，老刘女儿擅自处分老刘的遗产，该行为不受法律保护，所以老刘女儿私自占有的过世父亲的遗产最终还是得“吐出来”。

三、离婚时财产分割要仔细

婚姻自由，同样包括老年人的离婚自由，法律法规也没有扼杀老年人离婚想法，老年人离婚率逐渐上升，也说明人民的思想观念日益开放。可能有人会说，年纪都这么大了，为何还要离婚，老年人离婚通常有三个原因。一是家暴。各个年龄阶段的夫妻都会存在家暴问题，对于一些老年人夫妻同样存在。二是婚外情，老年人因为外遇离婚的也不少，外遇在另一方看来简直不可理喻。三是经济问题。这是老年人离婚最常见的问题，且该问题大都存在于再婚老年人家庭，老年人再婚必然会涉及一个问题，就是双方都有子女。老年人的婚姻如果有子女肆意干涉，也容易走向离婚。

（一）离婚时财产分割的原则

1. 离婚财产分割遵循平分的原则吗?

根据《民法典》中的规定，离婚时夫妻要协商如何分配财产，协商不成或有异议的，需由法院来判决。很多夫妻离婚时对夫妻共同财产分割还存有疑惑，不清楚应该如何分配财产，有一点是值得大家去关注的，离婚时，夫妻共同财产是平分的吗？答案是不一定。通常情况下夫妻二人平分夫妻共同财产，但依然存在一些特殊情况，以下几种情形，离婚时不平分财产。

（1）夫妻一方在婚姻存续期间有过错行为，无过错方可以多分家产。例如，在婚姻中，一方多次实施家庭暴力，虐待、遗弃家庭成员，与他人同居、重婚，或有其他重大过错导致离婚的，无过错方有权请求损害赔偿。因此，在婚姻中无过错一方需要保持冷静，必要时求助律师，离婚前尽可能多地搜集对方家暴、出轨等的过错行为的证据，这样离婚时才能为自己争取更多的权益。

（2）婚后抚育子女较多的一方，离婚时可以多分家产。我国《民法典》保护了在夫妻生活中对家庭付出较多的那一方。尤其是家庭主妇，照顾孩子非常不易，离婚前一定要收集好相关证据，离婚时可获得经济补偿。

（3）婚后照料老人较多的一方，可以多分家产。

（4）夫妻中一方隐匿财产的，另一方可以在离婚时多分家产。

知识窗

转移财产或让他人代持可以吗？

很多人在离婚前，未雨绸缪，担心自己的财产被对方分割，就提前把财产转移到己方亲属名下，或通过商业手段转由他人代持。

法律知识点：

第一，希望靠伪造债务，通过各种途径将夫妻共同财产转移为个人财产的，都是徒劳。《民法典》第一千零六十六条和一千零九十二条规定，结婚期间一方有隐藏、转移、挥霍、毁损、变卖、挥霍夫妻共同财产或伪造夫妻共同债务的，另一方可以起诉分割共同财产；且有上述行为的一方，可以少分或不分。

第二，财产让个人代持，有代持人的道德风险以及身故、婚变和债务等风险。

离婚后，另一方如果发现前夫（前妻）有隐匿财产行为的，可以向人民法院提起诉讼，请求重新分割夫妻共同财产。在实际生活中如果夫妻中一方挥霍财产，或者给第三方赠送财产、购置房屋的，另一方如果掌握证据，就可以申请多分家产。

（5）离婚时，如果一方生活困难，有负担能力的另一方应当给予适当帮助。

具体办法由双方协议；协议不成的，由人民法院判决。

2. 离婚后还能分割财产吗？有时间限制吗？

● 小案例

离婚后发现前夫藏了私房钱

老章年轻时到海南打工，1993年底，他所打工的企业因一起经济纠纷，一年多没给工人发工资，当年他便辞工回家与老家的女友阿丽结婚。后来，时过境迁，老章又跑到海南与他人合资办了一家公司，因流动资金吃紧，老章见挣钱无望，便把公司交给合伙人，回到家因为分文没给妻子带回来，1997年6月两人经法院调解离婚。

多年后，前妻阿丽得知老章当年私藏了两笔资金，一是1994年6月企业给章某补发的2万元工资；二是1997年10月合伙人把海南公司卖掉，章某分得10万元。前妻便起诉到法院要求分割这两笔资金，但老章觉得这是天方夜谭。

经法院审理认定，第一笔钱虽是婚后所得，但是婚前挣来的，应属章某个人财产，不能分割；第二笔钱虽是离婚后所得，但却是他们婚姻存续期间应该享受和得到的财产权利，因此，法院把第二笔款进行分割，两人各得5万元。

很多人关心同一个问题：能不能先离婚，之后再进行财产分割？说得更明确一点，就是如果离了婚，还能不能再要求对财产进行分割，受不受时间限制？

可以肯定的是，离婚后当然可以再对财产进行分割，对此，民事诉讼中还有一个专门的分类——离婚后财产纠纷。

离婚后还要分割的财产大致有三种情形，诉讼时效分别具体如下：

（1）不存在隐匿行为的情况下，双方在离婚时没有来得及分割的财产。根据《最高人民法院关于适用〈中华人民共和国民法典〉婚姻家庭编的解释（一）》第八十三条：离婚后，一方以尚有夫妻共同财产未处理为由向人民法院起诉请求分割的，经审查该财产确属离婚时未分割的夫妻共同财产的，人民法院应当依法予以分割。因此，只要是离婚时没有分割的财产，离婚后随时都可以要求再行分割，不受诉讼时效的限制，即使离婚100年后也能分。有些老年人可能会有疑问，为什么这种情况不受诉讼时效的限制？哪些情况下的诉讼有时效限制？比较麻烦的问题是，离婚后财产纠纷，是否受到时间的限制？

这涉及法律上的一个概念——请求权。

知识窗

请求权

通常，请求权可以分为债权请求权和物权请求权两类。理论上认为，物权（比如所有权）是一种对世的权利，可以无差别地对抗所有人。例如，我拥有一部手机，我对手机的所有权对任何人都有效，因此谁都不能抢走。基于物权产生的请求权我们称为物权请求权，物权请求权不受诉讼时效的限制。

而债权虽然也是权利，但这种权利是相对的，只在特定的相对人之间有效。基于债权产生的请求权我们称为债权请求权。为了促使当事人尽快行使权利，法律上规定了诉讼时效。

具体到我们讨论的问题，一方起诉时行使的是物权请求权还是债权请求权？大家都知道，夫妻关系存续期间，在没有特殊约定的情况下，双方对财产是共同共有的，理解为男女双方对财产都享有所有权。因此，一方离婚后再要求分割财产，行使的是物权请求权。这也就解释了，为什么此时不受诉讼的限制，任何一方即使是离婚100年后，也可以起诉要求分割没有分割的财产。

（2）其中一方隐匿的财产，另一方不知道有该财产，因此没有分割。根据《最高人民法院关于适用〈中华人民共和国民法典〉婚姻家庭编的解释（一）》第八十四条规定，夫妻一方隐藏、转移、变卖、毁损、挥霍夫妻共同财产，或伪造债务企图侵占另一方财产的，在离婚分割夫妻共同财产时，对该方可以少分或不分。离婚后，另一方发现有上述行为的，可以向人民法院提起诉讼，请求再次分割夫妻共同财产。请求再次分割夫妻共同财产的诉讼时效为三年，从当事人发现之日起计算。

因此，如果一方有隐藏、转移、毁损、变卖、挥霍夫妻共同财产的行为的话，应在发现之后及时提起诉讼。

（3）虽然离婚协议中约定分割，但是其中一方反悔的。根据《最高人民法院关于适用〈中华人民共和国民法典〉婚姻家庭编的解释（一）》第七十条规定，夫妻双方协议离婚后就财产分割问题反悔，请求撤销财产分割协议的，人民法院应当受理。人民法院审理后，未发现订立财产分割协议时存在欺诈、胁迫等情形的，应当依法驳回当事人的诉讼请求。

对于这一条，应注意除“财产分割时存在欺诈、胁迫等情形”，否则，约定好的不允许反悔。

（二）离婚时的债务分割

通常，夫妻离婚时，共同财产由双方协商分割，如果协商不成的，向人民法院起诉离婚，由法院判决。一般而言，离婚时，夫妻应当共同偿还共同债务。共同财产不足以清偿债务的或者之前夫妻二人约定过婚后财产归各自所有的，由双方协议清偿；无法达成协议的，交由人民法院判决。

● **小案例**

丈夫欠下巨额外债，妻子要替夫偿还?

老梁婚后沉迷赌博，他在2008年3月至6月期间，以借款炒股、投资为由，先后三次向同事蔡某借款共34万元，并向蔡某打了欠条。老梁的妻子唐某忍无可忍，于2008年7月23日与老梁协议离婚，为了避免离婚后还被债主找上门，唐某要求老梁书面出具了没有其他债务的保证书，并要求老梁因赌博所欠的债务通通由老梁自己偿还（此时妻子唐某还不知道老梁先后三次向同事蔡某借款共34万元的事情）。

两人离婚后，老梁没有钱偿还借蔡某的款，蔡某为要回钱，向法院提起诉讼，提出34万元借款是在老梁与前妻唐某婚姻关系存续期间所借，应由两人共同偿还。

法院判决：被告老梁向原告借款事前未与唐某商量，事后也未告知，两被告无共同举债的合意；且老梁未提供证据证明借款用于夫妻共同的家庭生活，据悉老梁在诉讼中自认借款是炒股和打牌所用。综上，根据夫妻一方未经对方同意擅自筹资进行经营活动，而所得利益又未用于家庭共同生活的，该债务应视为个人债务之原则，本案讼争借款应认定为被告老梁个人债务。

2018年1月18日最高法出台的司法解释和《民法典》第一千零六十四条重新对夫妻婚内的债务问题做了规定。原则上，共同签字或事后自己追认的债务属于夫妻共同债务；一方以个人名义为家庭日常生活需要所负的债务为夫妻共同债务；超出家庭日常生活需要，但债权人能证明用于共同生活、经营或是夫妻俩都同意的债务为夫妻共同债务。除上述三种债务外，都是个人债务，另一方不需要连带偿还。

所以，对于债务不要签字、不要承认，可保无忧。

（三）离婚时的养老金分割

1. 养老金分割原则

婚内双方实际取得或者应当取得的养老保险金都属于夫妻共同财产。

《民法典》明确规定：婚内双方实际取得或者应当取得的养老保险金都属于夫妻共同财产。这里需要强调“婚内”，若离婚时夫妻一方尚未退休、不符合领取养老保险金条件，则另一方无法请求按照夫妻共同财产来分割养老保险金；但是离婚时个人在婚内实际缴付的养老保险费的部分是可以作为夫妻共同财产分割的。

2. 司法实践中关于养老金、养老费分割的问题

（1）否认将尚未领取的养老金作为夫妻共同财产进行分割。

《民法典》否认了将尚未领取的养老金作为夫妻共同财产进行分割。这种处理方法是指：若夫妻双方离婚时一方或双方还未达到领取养老金的条件，那么在分割财产时，法律否认将尚未领取的养老金作为夫妻共同财产来进行分割。这是因为按现在的养老保险制度，将来到底取得多少养老保险金尚无法进行准确地预测，也就无法进行分割；且养老金是职工退休后领取的工资，是职工退休后生活的基本保障，并不是对其退休前工作的补偿。所以，对于离婚时尚未退休、不符合领取养老金条件的当事人，其养老金不能作为夫妻共同财产予以分割。

（2）婚内夫妻一方或双方缴纳的养老保险费要进行分割。

夫妻用工资缴纳的养老保险费要进行分割：夫妻中一方未满足领取养老金的条件时，满足领取养老金条件的一方要将已经取得的养老金的一半给对方，未满足条件者仅以自己工资缴纳的养老保险费的一半给对方；夫妻双方都没有满足养老金的领取条件时，均以自己工资缴纳的养老保险费的一半给对方。

自测题

1.（判断）李先生的私生女（非婚生子女）无权继承他留下的遗产。

答案：否

2.（判断）老李年轻时当兵负伤落下残疾，需长期服药、定期到医院复查，他所领取的伤残补助金是夫妻共同财产，如果老李和妻子离婚，那么二人将平分这笔钱。

答案：否

3.（判断）老李心疼女儿芳芳，在芳芳婚前就为女儿买房并将房子登记在女儿名下，但芳芳没有自己住该房子，而是将房子出租了出去，自己每年的租金收入能有一万元。芳芳认为这套房子是自己的婚前财产，所以即使自己结婚后，这套房产的租金收入也属于自己的个人财产，丈夫是拿不走的。

答案：否

4.（判断）李太婆是一个珠宝爱好者，一辈子攒下不少翡翠玉石。她晚年要和老伴儿离婚，老伴儿要求平等分割这些翡翠玉石，李太婆认为这些珠宝自己戴了一辈子，是自己专门的生活用品，平等分割简直是天方夜谭。李太婆说得对吗？

答案：否

5.（判断）出版社在老李婚内答应支付老李一笔稿费，但直到老李离婚也没有拿到这笔稿费，离婚后老李才拿到这笔钱。他庆幸自己离婚早，这笔稿费就不用和前妻平分，要是拿到钱再离婚的话，稿费还得分给前妻一半。老李的想法对吗？

答案：否

6.（判断）李大爷晚年要与老伴儿离婚，老伴儿没有住房公积金，只有自己有，在财产分割中，公积金的分割出现争议：李大爷认为自己有住房公积金完全是由于自己工作好，与老伴儿没有任何关系，老伴儿没有工作所以当然没有住房公积金，况且住房公积金暂时也提取不出来，所以在离婚时拒绝与老伴儿分割住房公积金。他的想法对吗？

答案： 否

7.（判断）李大爷与周大娘晚年闹离婚，李大爷退休后的养老保险金高，周大娘退休后的养老保险金低，所以订立离婚协议时，周大娘希望将来李大爷退休后，每月拿出一部分养老保险金补偿给自己，毕竟自己照顾陪伴了李大爷大半辈子，请问周大娘的诉求能得到法律支持吗？

答案： 否

8.（判断）老李与老婆离婚后，才发现老婆竟然私藏了两笔数额不小的存款，他非常懊悔，认为离婚时过于仓促草率，早知如此的话，当时应该好好调查一下老婆的财产情况再离婚。现在已经离婚了，说这些也为时已晚了。老李的想法对吗？

答案： 否

第十章 实现财务自由

一、手中有“粮”，心中不慌

（一）钱到用时方恨少

如今，人们除了感叹“书到用时方恨少”外，更多的还会感叹“钱到用时方恨少”并为此所困。一个普通人，即便有固定收入，如果仅仅是过小日子，虽然不富裕，钱似乎还够用，多少两文也无妨。而一旦大额度用钱，比如用于购房买车、大病治疗、孩子的教育培养、养老、还贷和资助亲朋等方面，那时，就捉襟见肘了。

不要说钱不重要了，没有钱才知道钱的重要，因此我们要有适当的忧患意识，不要盲目乐观，钱宁愿在生前花不完，也争取不要出现在生前把钱都花完的情形。变老并不可怕，可怕的是辛苦了一辈子，退休后钱却不够花。

要知道，在生活中，谁没有突然降临的急事呢？谁没有三长两短的灾祸呢？处理这些急事和灾祸，需要用金钱去解燃眉之急、去消灾化险。这时，才真正懂得：钱不用时，它只是纸或者只是数字；到用时，它才是钱，才是另一种“命根子”。“金钱不是万能的，没有钱却万万不能。”这句话，是一句最现实和最无奈的大实话，是对“钱到用时方恨少”的最好诠释，真就是：钱到用时方恨少，事当急处始觉慌。

退休时虽然自己攒了一些钱，但物价一天比一天贵，年纪大了，从不上医院的你偶尔也会上医院了。收入减少了，但支出一点也没少。本来计划退休后要经常出去旅游的，看样子因为钱的原因只好减少或取消了。这时你才深深体会到，钱到用时方恨少。

一个人只有在捉襟见肘、入不敷出的时候才会切身体会到：钱到用时方恨少；一个人只有在贫困潦倒又求助无门时才能真正感悟到：人到穷时方知难！

活在现实中的人们思路也很现实，穷在街头无人问，富在深山有远亲，人穷碰面不相识，鲜衣怒马笑先迎。所以学会理财，学会储蓄，是提升自己的自身修养，不要没钱还穷大方，吹大话，雷声大雨点小的夸夸其谈让人厌。

天灾人祸，出门办事，进门吃饭，亲戚走动，探望朋友。都离不开钱，储蓄钱是保证生活的基本金，不要挥霍无度变成“今朝有酒今朝醉，他日没钱喝凉水”的悲伤，细水长流方是智，钱到用时方恨少，储蓄钱财救命急，东借西挪悔当初。

拓展阅读

退休后靠什么养老靠谱?

人到退休的年龄以后，到底靠什么养老最靠谱?

年轻时攒下的本钱是养老的主要来源。我们永远不知道意外和明天哪个会先到来，随着我们年龄的不断增长，身体出现问题的可能性也就越来越大，因此我们应当留有足够的资金用于日常看护和看病就医，这不仅是老年生活的底气，更是生活的保障。

老年人的身体健康也是养老的资本。白岩松曾经说过：“相比于攒钱，健康更具有意义和重要性。”因此，发生疾病，再富裕的家庭也有可能会变得一贫如洗。

老伴儿在养老过程中发挥着巨大作用。古人云，“少年夫妻老来伴”，老伴是这个世界上除了父母最亲近的人，老伴陪着我们在年轻时历经风雨，在年老时不离不弃。儿女长大后会经营自己的生活，很有可能无法陪在自己的身边，但老伴会一直相伴左右。所以老伴是老年人在生活苦难时唯一的依靠。

老友也是养老必不可少的。随着年龄的不断增长，人们越来越需要有知己陪在身边倾诉内心，如果有三五个好友，那真的是人生的一大幸事。老年人如果长年将心事放在心里，难免会憋出疾病。相反，若能向好友倾诉，不仅不会觉得孤单，心里的苦闷也会得到缓解，生活会更有乐趣。

家是养老不可或缺的。只有有了自己的家，家门才能永远向子女敞开，而子女未必方便父母与自己同住，因此，老年人的家是安生的根本。老年人需要一个能够依靠居住的房子，在自己的居所里安心生活。

（二）存够400万才能实现"养老自由"？

目前，我国大部分人口已逐渐进入老龄化状态。出生率降低的同时，我国退休职工人数已超过1亿人。我们每个人都会有老的那一天，所以养老问题是一直受到人们的关注，每个人都希望可以"老有所养，老有所依"。现在随着时代的发展，经济水平不断提高，周围的物价、房价大多都是呈现上涨的趋势，很多年轻人都被房贷、车贷等贷款压得"喘不过气"，这些重担也都在年轻人一代的身上扛着。

每个人都希望自己老了以后可以安享晚年，不用为了钱而发愁，实现"养老自由"。想要实现"养老自由"先要有一定的经济能力，可是我们手中需要有多少钱呢？在《中国内地退休入息策略及预期统计调查》这项调查得出的结论显示，中国内地一线城市平均退休目标储蓄约为400万元。大多数受访者认为，他们的储蓄尚未达到未来既定目标。其中28%的受访者表示，"难以达成当初定下的目标"。约有61%的受访者表示他们没有开始为退休进行储蓄。而那些已经开始着手准备的受访者，只有5%的受访者认为他们可以随时退休。从中国养老金融50人论坛（CAFF）的调查报告来看。超70%的人认为养老储蓄应在100万元以内，但是超过50%的人认为养老储蓄应在50万元以上。如果50万元是2017年全国养老储蓄的平均数，那么对于生活在一线城市的人来说，未来养老储蓄至少应该在200万元。如果要实现养老自由，想去旅游就旅游的话，400万元确实是实现养老自由的基本门槛。现实生活中，不同的城市所需的“养老成本”也是不一样的，很多一二线城市要比二三线城市物价略高，需要的“养老成本”也更多一点。不过家里不需要老人帮衬的情况下，一个月两三千元也足够生活了，对于一些三四线城市，甚至是农村的老人来说，一个月能有一两千元的生活费也足够生活了，有些还能存一点。

知识窗

《中国居民养老财富管理发展报告（2022）》发布

《中国居民养老财富管理发展报告（2022）》（以下简称《报告》）从客观角度调研分析居民养老财富管理的现状和痛点，并对金融行业支持居民养老财富管理发展作出了客观评价。

《报告》调查数据显示，居民养老财富规划意识整体偏弱，年轻人尤甚；居民养老财富储备规模预期整体较高，中青年人储备预期最高，并随年龄增长逐步下降；居民养老投资期限整体较短，中高收入人群倾向拉长投资期限；从居民养老投资方式来看，多数调查对象通过多元化的养老投资方式进行养老财富储备，整体投资风险偏好倾向保守。《报告》强调，目前我国居民仍存在养老财富规划意识薄弱与全生命周期养老财务规划理念不匹配、养老财富规划需求与专业养老财富规划顾问缺位的不匹配、养老投资短期化与养老投资长期目标不匹配、养老投资收益预期与实际收益不匹配等诸多痛点。

资料来源：经济日报，2023年1月3日。

二、长袖善舞，多钱善贾

案例导入

财务自由的真谛

财务自由，是多少人的目标啊，不分男女老少，不分中外古今，跨越了代沟、种族、文化。很多人都想追求财务自由，但大多数人无奈之处是当他希望尽情享受时，财务却不自由；当他终于财务自由时，却没有能力享受了。财务自由不是说你想干什么你就可以干什么，而是你不想干什么你就可以不干什么！商业社会里，财务自由其实是一种相对自由的财务状况——资产收益可以完全覆盖花销，不工作也能维持现在的生活，财务自由的目标就是将财务的“约束力”降到最低，寻求个人身心的最大自由。

你不必为衣食的节俭而感到羞愧，因为你不需要用大腹便便来证明你的富有；你不必炫耀你的财富而得到尊重，因为你的人格已尽显光辉；你的财富只为：让你所爱的人和爱你的人过上舒适（不是奢华）和有尊严的生活。一个真正财务自由的人，必然是金钱、时间和心灵都已经自由的人，就是他有钱有闲还有一颗自由的心，这也许才是财务自由的真谛。

（一）何为“财务自由”？

现在的人喜欢谈论各种自由，从财富自由、时间自由到车厘子自由、包包自由，甚至还有结婚自由、离婚自由。而其中人们谈得最多的非财富自由莫属。常听人说，谁做生意实现了财富自由、已提前退休了。财富自由实现不了，我们还是需要达到财务平衡的目标。说到这里，有两个概念需要我们区别对待：财务自由和财富自由。这两者经常被人们混淆，而我们大多数情况下说的，其实是指财富自由。

财务自由是指人无须为生活开销而努力为钱工作的状态，简单地说，财务自由是指被动收入（通过持有能持续产生现金流的资产产生的收入，如房产租金、股息、利息、投资收益等，而我们工作产生的收入是工资性收入，不属于被动收入）足以支撑体面的生活。公认的标准是通常三口之家一年的被动收入高于自己的日常开支水平，即使没有工资性收入，也能保障正常的生活开销。如果进入这种状态，就可以称之为财务自由。但是这个状态也只是一个"动态的财务自由"，一旦你的花销短时间内急剧增加（例如突发重疾或意外伤害住院）以至于突破了这个被动收入的临界点，那么你所谓的财务自由状态就将不复存在了。

而财富自由简单说来，就是有足够多的时间和足够多的钱做你想做的事情。在基本的生活需求得到持续保障的前提下，有足够的资本可以自由地投入到想做的事情中。现在呢，网友们习惯把二者混为一体，简单粗暴地理解为：手头有足够的钱，想咋花咋花，想买啥买啥。

对普通人而言，财务自由是相对容易达到的。因为每个人的收入和开支是不同的，所以财务自由的标准也因人而异。财务自由并不是意味着我们有取之不尽、用之不竭的钱花，而是在有所节制的状态下实现的一种永续的生活方式。它意味着我们可以充分独立，不受制于他人；意味着我们可以不用为了赚钱，而去从事自己完全不喜欢的工作。在实现财务自由后，我们或将因为从事着自己喜欢的事而充满效率。

衡量财务自由不自由，概括起来要关注以下几点：

1. 不必为钱而工作

大部分人的工作都是为了"讨生活"，如果可以不必为钱而工作，而是为兴趣而工作，那你有幸在通往"财务自由"的路上迈出了重要的一步。我们认为"为兴趣而工作"是迈向财务自由的第一步。很多通过创业而成功的企业家，最初就是从"做感兴趣的事"开始的。比尔·盖茨、杨致远当初的创业都是从兴趣开始的。最初他们也不知道会获得这么大的一笔财富，金钱和财富只是他们为兴趣工作的一个意外收获。

拓展阅读

幸福的养老生活：有钱是万万不够的，没有钱是万万不能的

某小品曾说：眼睛一闭，一睁，一天就过去了；眼睛一闭，不睁，一辈子就过去了；人这辈子最痛苦的是人还在，钱没了；最最痛苦的事莫过于钱还在，人没了……有钱是万万不够的，没有健康，再多的钱都没用，没有健康，就什么都没有了。保持健康的身体，是所有一切的前提。否则，放飞自我，财务自由，都与你无关。

又有人说：钱不是万能的，没有钱是万万不能的。虽是一句调侃，但仔细想想，现实也的确是如此。钱，虽然是身外之物，但也是生活必备。家庭生计，人情来往，都需要钱来支撑维系，所以，没有钱是万万不行的。若没钱，拿什么养家，若没钱，拿什么养老，若没钱，拿什么治病，这就是要面对的现实！一个人只有兜里有粮了，经济独立起来，才能谈及精神自由，才有时间与精力去感受幸福。

但金钱其实从来没有使一个人真正地幸福过，无论过去还是将来。一个个体所拥有金钱的数量越多，他的奢求就会越多，那就像一个无底洞，永远也没有办法去把它填满。

我们需要学会的是：如何能够让我们与金钱相处的过程当中，获得幸福感，而不是被金钱所束缚，给我们的生活带来一些负面影响，甚至于让我们困在其中，被欲望被金钱所困扰。所以幸福不来自于财务自由，而来自于生活、工作中每一次小小的进步。

2. 保持财产性净收入

除了工资收入外，财产性收入是达至财务自由一个很重要的指标。财产性收入，指通过资本参与社会生产和生活活动所产生的收入。即家庭拥有的动产（如银行存款、有价证券）和不动产（如房屋、车辆、收藏品等）所获得的收入，包括出让财产使用权所获得的利息、租金、专利收入；财产营运所获得的红利收入、财产增值收益等。财产净收入中包括了利息净收入、红利收入、储蓄性保险净收益、转让承包土地经营权租金净收入、出租房屋净收入、出租其他资产净收入和自有住房折算净租金等。财产性收入，决定了你的财务自由度，随着财产性收入占比越来越大，抵御风险的能力也会不断增强，无论是对财富还是生活的支配，都会更自由。

知识窗

“十四五”规划明确了共同富裕远景目标，并提出要多渠道增加城乡居民财产性收入。

2021年，按收入来源分，全国居民人均工资性收入19629元，增长9.6%，占可支配收入的比重为55.9%；人均经营净收入5893元，增长11.0%，占可支配收入的比重为16.8%；人均转移净收入6531元，增长5.8%，占可支配收入的比重为18.6%；人均财产净收入3076元，比2012年增长149.8%，年均增长10.7%，占人均可支配收入的比重由2012年的7.5%提高到2021年的8.8%。

资料来源：国家统计局。

3. 保有一定量的净资产

家庭净资产是指家庭所拥有的能以货币计量的财产、债权和其他权利的总和减去家庭总负债的余额。

计算公式为：家庭净资产 = 家庭总资产 − 家庭负债额度。

胡润研究院发布《2021中国高净值人群家族安全报告》，将富有家庭按净资产数量分为四档：

（1）富裕家庭：拥有600万元人民币净资产的家庭；

（2）高净值家庭：拥有千万元人民币净资产的家庭；

（3）超高净值家庭：拥有亿元人民币净资产的家庭；

（4）国际超高净值家庭：拥有3000万美元净资产的家庭。

4. 保有一颗平常和自由的心

保持一颗平常心，世界就一个球，没必要把自己搞得那么复杂。保持一颗平常心，愉悦做事，开心做人！一个人要有多少资产，才能达至心灵的自由？这实在是个因人而异的问题，并没有标准答案。一个真正的“财务自由人”应该是，一个既有钱，又有闲，还保持了一个平常自由心的人。钱不一定能使人自由；但没钱，一定不自由。若要达至财务自由，既要身往之，还要心往之。修得一颗平常心，乐以忘忧，简以存真，才能深悟生命之轻，才能洞悉心灵之静，来丰富自己的生命，有道是“人间有味是清欢”，如此，就是最好的人生！

拓展阅读

财务自由的分类

财务自由主要分为两类：一类是物质上的财务自由，另一类则是精神上的财务自由。

物质上的财务自由，这是一个比较低层次的状态，说白了就是现阶段的你有足够多的金钱去满足你的物质消费欲望，这样就基本算是达到了物质上的财务自由了。这个时候你与金钱之间是主仆关系，成为金钱的主人，让它为你服务从而满足你的欲望，而不是被它所掌控。

精神上的财务自由，当你达到了物质上的财务自由之后，你已经有足够的金钱和时间去做自己真正想做的事情，去实现自己的社会责任，找到属于自己的人生价值，例如旅游、摄影、写书，或者参与公益慈善事业等。这个状态的你与金钱之间则是互相成就的关系，让金钱去帮助实现你的理想，去帮助更多需要帮助的人，去做一些造福人类和使世界更美好的事。

（二）你离“财务自由”还有多远

这个问题如果我们换一种问法，可能好回答很多，那就是“当你有多少钱，就可以选择不工作”。这么一来，想必我们就见仁见智了，千百万不嫌多，三五百万好像也可以，因人因时因地而异。所以自由难以有统一的标准，因为我们对生活的基本诉求不一样，花销不同，那么所需要的被动收入自然是不同。

大家肯定看过媒体那些夸张的数字，什么一线城市需要几个亿、多少套房才能实现财务自由。其实，相比一个固定的数字、一个固定的金额，财务自由其实是一个流动的状态。因为一个人的人生阶段不同，财务需求也不同。根据人生阶段的不同，财务自由的标准也是会发生变化的，并没有一个终生适用的固定公式。所以，不要在意别人说的，非要有几千万甚至几个亿，才算财务自由。

理论上的财务自由，总是可以通过数字计算获得答案。而真正的财务自由，除了通过理财投资既能实现被动收入，更重要的是物质、欲望和人生追求之间的平衡。大部分人焦虑的来源就是金钱，总想着如何实现财务自由，但如果每天都想着怎么实现财务自由，其实就让自己陷入了一个懒人陷阱。

因为物欲的存在，总会有下一个买不起的东西，那你这辈子都达不到财务自由。当你赚的钱和欲望能达成平衡的时候，就是财务自由。

拓展阅读

财务自由了吗？我属于心灵自由级！

胡润研究院发布的《2021胡润财富自由门槛》，如下表所示。

	财富自由门槛（万元）	常住房（平米）	第二住房（平米）	汽车（辆）	家庭税后年收入（万元）
入门级	三线城市：600 二线城市：1200 一线城市：1900	120	/	2	三线城市：20 二线城市：40 一线城市：60
中级	三线城市：1500 二线城市：4100 一线城市：6500	250	200	2	三线城市：50 二线城市：100 一线城市：150
高级	三线城市：6900 二线城市：12000 一线城市：19000	400	300	4	三线城市：250 二线城市：400 一线城市：650
国际级	35.000	600	400×3套	4	1000

资料来源：胡润研究院。

你属于哪一级？吓得我赶快打开账户，看了下余额，原来我和1.9亿，只差一个“亿”。

我属于心灵自由级！

（三）资产配置是通向财务自由的必经之路

要达到财务自由，关键是不要把关注点放在暴富的机会上，而是要把关注点放在资产未来的长期增值上。一个不懂得规划自己的资产的人，永远不可能取得财富上的成功。

所谓资产配置，就是在多种不同的渠道之间作权衡，通过不同权重的投资，来实现收益与风险的平衡。在保证资产安全的前提下，实现资产的保值增值。

资产配置主要是一种投资策略。简单来说，就是通过将自己的投资放在不同的“篮子”里，来保证用最少的风险获取最大限度的收益。同时，增加对意外风险兜底的保险投资，确保家庭资产的相对安全。即使高风险投资失败，也不至于严重影响正常的生活。“标准普尔四象限”可以作为参考，合理配置家庭资产如图10-1所示。它把家庭资产按比例划分为四个账户：要花的钱、保命的钱、生钱的钱、保本的钱，并按一定比例进行分配，通过合理的资产配置来分散风险，达到资产配置的平衡。这四个账户就好比是桌子的四条腿，长久来看，少了任何一个就有随时倒下的风险。

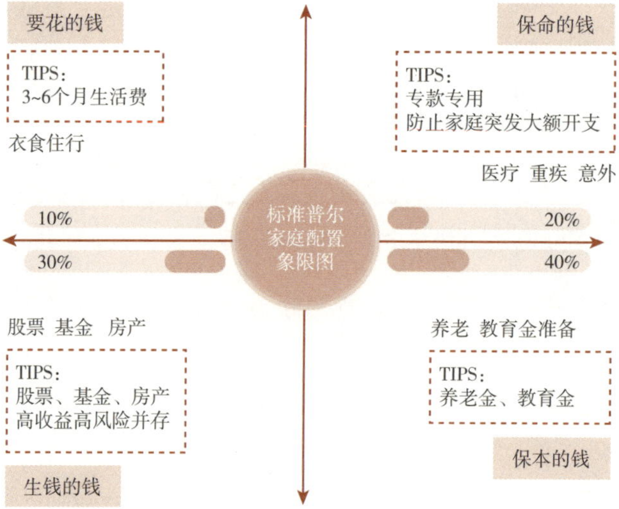

图10-1 优化资产配置的“四象限”

以上的“标准普尔家庭配置象限图”（以下简称“四象限”），为你在决定进行投资时，如何进行资产配置，提供参考的配比。

1. 要花的钱

这个账户每人都有，保障的是家庭的短期生活开销，每月基本固定的。额度最好控制在家庭资产的10%左右，如果占比过高，就没有足够钱投进其他账户了。

2. 保命的钱

人有旦夕祸福，一旦遇上意外、重疾等不幸，家庭资产可能在一夜之间灰飞烟灭。提前存好保命钱无疑是明智之举，平时看着没什么用，但到关键时刻，它能保障你不用为了钱去卖房卖车、股票低价套现、四处求人。

3. 生钱的钱

这是投资收益账户，目的就是以钱生钱，为家庭创造高收益，方式包括股票、基金、房产等。投资向来高风险高收益，所以“不要把鸡蛋放在一个篮子里”，应当多渠道投资分散风险，但也不能过于分散，可能导致不赚反亏。这个账户关键在于合理的占比，一般占家庭资产的40%，既要赚得起也要亏得起，无论盈亏对家庭不能有致命性的打击。

4. 保本的钱

这是一个长期收益账户，特点是本金安全、收益稳定、持续增长。它让我们不会走投无路，持有它的关键是要保本升值，一定要保证本金无损，其次最好能抵御通货膨胀，不要随意取出使用，不然在被消费欲望冲昏头脑时，很可能随手就花掉了。

熟悉以上“四象限”，有助于你将市面上的很多理财工具，进行一个归类，让你对在不同板块，应该投放多少资金，有一个更清晰的认知，从而提高你在资产配置时的平衡度和安全性。

合理进行资产配置，可以保障我们每一年都能得到稳定的收入，避免生活质量下降，还能够长期地维持下去，就算几十年之后通货膨胀惊人，但我们的收入依然会随着市场的增加而增加。这笔资产永远能帮我们获得自由的生活。

拓展阅读

从财务自由到安全退休

安全退休的定义，是指资产收入远远大于工资收入，并可以持续维持退休的生活。

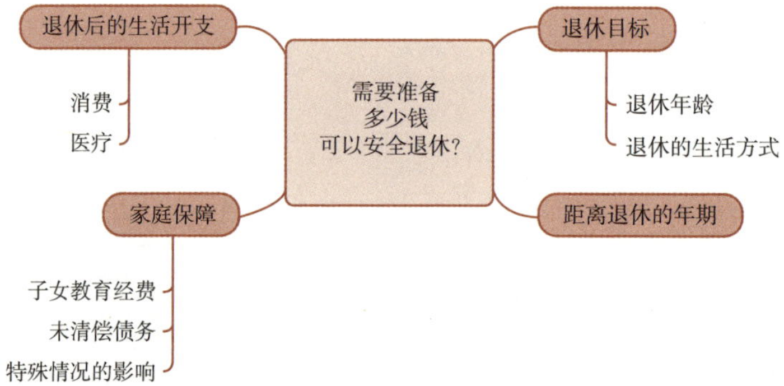

财富的积累主要是两种类型，一是靠工资，二是靠资产。一般人从无产者转变成有产者，若是白手起家，主要就是靠劳务换取工资收入，然后购买金融资产或不动产，金融资产的升值或房产的升值及租金收入带来资产收入。

三、财不外露，贵不独行

现实中，很多老人辛苦了大半辈子，赚得了些许钱财，生怕旁人不知，衣食住行讲究名牌，开口闭口就是大生意，一旦被居心叵测的人盯上，遗祸无穷。俗话说，“不怕贼偷，就怕贼人惦记”。你永远都不知道，自己一时的炫耀和显摆，会招来羡慕、嫉妒还有恨。尤其是上了一定的年纪，不能把钱亮出来。外人眼红你的钱，就会想尽办法骗走。所以，人老了，当谨记“财不外露”的古训，不要拿养老的钱去肆意挥霍，或者做高风险的投资，用低调、沉稳和谦逊来保住自己的钱财。

（一）财不露白

财不露白，这是老祖宗教给我们的一个安全常识，你出门在外，带着很多银两、财宝，能高调地展露出来吗？不可以！尤其是在不如自己的人面前更不能露白。千万别炫耀，越是富贵，越应该刻意低调，以免招致灾祸。

1. 招人嫉妒

人性的一个特征，就是嫉妒比自己强、比自己富的人。这种嫉妒之心可以说人人都有，只不过修养高的人会努力克制自己的嫉妒之心，而修养低的人则会轻易表现出这种嫉妒。见他荣贵，愿他流贬；见他富有，愿他破散。这是人类的嫉妒心在作怪，同时也是社会常态。老话讲，升米恩，斗米仇。付出得越多，有时候越招致嫉妒恨，甚至亲兄弟姐妹间也是如此。因为你付出越多，就越显得对方无能。这种无能感就会变成一种攻击的能量，受主不攻击自己，就会攻击施主。

2. 招惹窃贼

日常生活中，老年人往往因为上了年纪而变得行动迟缓，防范能力较弱，经常成为不法分子的侵害目标。不怕贼偷，就怕贼惦记，现在，你在炫富，窃贼轻易得知你家有钱，有金银首饰，有贵重物品，那么他们可牢牢地惦记上你了。

3. 容易得罪人

在这个勤劳但却很难致富的年代，大家伙对不劳而获之人有着天然的厌烦。大部分人都在为了生存奔波，累死累活加班加点地工作上班，还仅仅是赚点死工资。你却高调炫富，你穿什么名牌，戴什么名表，做生意赚了多少钱，多少钱存在银行。说实话，炫富者和大多数人之间的鸿沟，意味着巨大的社会不公。这种鸿沟会让绝大多数人感到厌烦。那么，你的一些急需用钱的熟人，难免会登门向你借钱，一个两个还好说，如果是10个、20个，你该怎么应对？

拓展阅读

一个家庭最好的炫富，是老人脸上的笑容

作家毕淑敏曾说："孝是稍纵即逝的眷恋，孝是无法重现的幸福，孝是一失足成千古恨的往事，孝是生命与生命交接处的链条，一旦断裂，永无连接。"

"树欲静而风不止，子欲养而亲不待。"这个道理大家都明白，但我们很多人却留下了遗憾。

一个家庭最好的炫富，不是拥有多大的豪宅，也不拥有多贵的豪车，而是老人脸上的笑容。

（二）财不外露是种智慧

常言道："财不外露，贵不独行。"三国时期文学家李康的《运命论》里有这样一句话："故木秀于林，风必摧之；堆出于岸，流必湍之；行高于人，众必非之。前鉴不远，覆车继轨。"过于显露自己的富有，会招来别人的争议，锋芒毕露，必定会成为众矢之的。炫耀不仅显出品质的肤浅，更是认知的狭隘，明白深藏不露的道理，才是真正的人生大智慧。

不管多亲的朋友，不管你是否富裕，保持点距离，别把你的钱挂在嘴边。世上的一切关系，都得好好谈钱，但跟别人谈论你的钱，大可不必。人跟人之间，没那么多感同身受。你钱多钱少，是穷是富，只跟自己有关。你挣钱花钱，忍耐或享受，也都是你的私事。明面上摆着你的钱，都会成为日后的麻烦。

正如网上流传着这样一句话："成年人的社交真相是，我希望你过得好，但不能比我过得好。"嫉妒之心，人皆有之。遇事张扬，是为人处世的大忌。低调谦卑，才是明智之举。

越有本事的人，越懂得不显山不露水。所以，人老了，更应当谨记"财不外露"的古训，用低调、沉稳和谦逊来保住自己的钱财，而不是贪图虚名，夸夸其谈，给他人留下愚蠢可欺的印象，最终成为被算计的对象。

（三）财不外露是最好的自我保护

有财不要露出来让别人知道，在我们的传统生活当中、在我们的文化当中，它已经成为了一种约定俗成的价值观，大家都觉得这是有道理的。千万不要小看人的贪欲，只要利益的诱惑足够大，人的贪欲往往也可能压制不住，所以，不要对任何人的人品过于高估，否则要吃大亏的。富有的人本就容易遭到别人的暗算和嫉妒，如果再喜欢炫耀就会成为被陷害的目标。天狂有雨，人狂有祸，而真正清醒的富人，都懂得深藏不露。所以，千万不要随便露财，尤其是大财，不要去激活别人内心的贪欲，否则麻烦不断。过于炫耀自己，不但不能为自己带来风光，反而容易招来别人的嫉妒。过得好，赚到钱，低调、隐藏自己，才是最好的自我保护方式。真正聪明的人，早已学会了不张扬。

四、财富是能量，财富是责任

（一）财富是什么？

你会拥有多少财富呢？每个人对财富的看法都不一样。有的人觉得财富就是指金钱和财物，比如银行存款、房产、动产等；有的人觉得是权力，是欲望，是自由，是时间，是健康；有的人却认为财富是人本身，是精神境界的提升，自我的成长。从经济学的意义上来看，财富是指一定时点上个人或组织拥有的资产存量，这些资产包括货币、债券或者其他金融工具、艺术品或者其他有价值的商品、财产和劳动技能的总和。

（二）财富与创造

1. 劳动与财富——付出才有回报

马克思说，劳动是创造价值的唯一源泉，劳动就是财富的密码。唯有劳动，唯有勤勉踏实的劳动才能托起一个又一个财富的梦想，劳动创造财富是社会、历史和国家发展的常态。美国的管理大师德鲁克提出一个词——“知识工人”，应该说在生产过程里体力劳动是很少的，主要是靠知识和脑力劳动。通过知识提高劳动者的素质，提高脑力劳动的效率，而逐渐减少体力劳动。

2. 资源与财富——共享中实现共赢

资源的有效利用会创造财富，但资源是稀缺的，如何利用有限的资源创造更多的社会财富。在信息化时代，资源共享，优势互补，共同发展，共同致富，共创繁荣，已成社会共识。以资源共享为载体的分享经济在全球范围快速发展，深刻改变了人们的生产生活方式、消费理念和就业模式，已成为不可阻挡的时代发展趋势。

3. 创业与财富——撬动财富未来

创业的最直接产物，就是财富。创业，就是要通过打造产品或提供服务，实现销售收入，并获得净利润，最终实现财富增长的活动。因此，创业与财富息息相关，实现财富最大化是创业目标的集中体现。创业可以积累财富，是撬动财富未来的杠杆。

4. 投资与财富——躺着赚钱没那么容易

投资有风险，选择需谨慎。不是所有的投资都有可观的回报，方向选择、策略制定、信息筛选、时机把握等都是投资不可避免的门槛。投资理念、投资流程、投资方法都需要通过大量的学习和积累才有效果和收获。投资致富不是简单的事情，躺着赚钱没那么容易。

5. 贸易与财富——交换创造价值

贸易创造财富，通过交换获得价值更大的东西。世界上没有绝对优势的国家，根据“两利相权取其重，两弊相权取其轻”的原则，集中生产并出口其具有“相对优势”的产品，进口其具有“相对劣势”的产品，这样才能最大限度地发挥劳动生产的效率和效益。因此，商业和交换最终促进财富和福利总量的增加。我国加入世界贸易组织以后，国民财富迅速增加，成为世界第二大经济体，国际贸易功不可没。

6. 知识与财富——停下休息时要记得别人还在奔跑

财富是许多人毕生追求的目标。但凡想要拥有财富，知识和能力便成了必不可少的重要条件，没有知识将无法获得财富。知识与财富的紧密关系已经渗透到各行各业，知识创造财富的观念正被越来越多的人接受。青少年是中华民族的未来，在青少年时期努力学习知识、技能，只有掌握服务于社会的本领，才有可能获得社会认可，创造个人财富。

7. 思维与财富——模式决定财富值

思维决定视野，如果你并不拥有财富，那么就应该逆向思维：反思现在的行为，现在的观念，现在的习惯，把思维转到一个新的方向。想要改变你的经济状况，需要首先改变你的思维方式。有时候，愚公移山适合方向正确的决策，而曲径通幽则化腐朽为神奇。

8. 道德与财富——财富不只是金钱

道德水平是一个人主观心理的反映，财富是一个人在现实生活中拥有购买力的客观现实。道德是永恒的，财富是暂时的。君子爱财，取之有道；企业经营离不开追逐利润，更离不开对道德的坚守和社会责任的履行。

知识窗

智商、情商、财商

财商是与智商、情商并列的现代社会能力三大不可或缺的素质。可以这样理解，智商反映人作为一般生物的生存能力；情商反映人作为社会生物的生存能力；而财商则是反映人作为经济人在经济社会中的生存能力。

- 情商（Emotional Quotient），简称EQ，主要是指人在情绪、情感、意志、耐受挫折等方面的品质。情商越来越多地被应用在企业管理学上。对于组织管理者而言，情商是领导力的重要构成部分。

- 智商是智力商数的简称（Intelligence Quotient），简称IQ，是人们认识客观事物并运用知识解决实际问题的能力。智力影响多个方面，如观察力、记忆力、想象力、分析判断能力、思维能力、应变能力等。所以，智力越高的人，他拥有某些过人的能力。

- 财商是一个人驾驭金钱的能力。是指一个人在财务方面的智力，是理财的智慧。财商是一个人最需要的能力，也是最容易被人们忽略的能力。财商包括两方面的能力，一是正确认识金钱及金钱规律的能力；二是正确运用金钱及金钱规律的能力。财商不是孤立的，而是与人的其他智慧和能力密切相关的。

（三）财富是责任

1. 正确的财富观：追求正当利益，实现自身价值

中华五千年文明，孕育出自身的财富观与价值观，君子追求财富，应该符合道义原则，取财必须要靠自己的辛勤劳动和汗水，财富积聚必须要遵守国家法律和市场经济的规则，体现公平公正的道德秩序。追求物质财富，希望生活富裕，是人之常情。但利欲熏心，见钱眼开，进而做出不顾国家大义、有悖人性、自私愚蠢的行为，就是错误了。

能够做到使用正当的手段获取财富，对不义之财不动心，是正确财富观的基础；发挥出自己的创造性潜质，最终实现自身的价值，才是正确财富观的关键。人的一生所应追求的财富，不应仅是物质财富，它虽能成为自由的保障，也会变成自由的牢笼，富有的人生应是物质与精神财富皆有，达到外在与内在统一。

2. 财富社会责任：取之于民，用之于民

财富的创造与积聚源起于财富主体的辛勤劳动，但本质上来源于社会，因为社会创造了条件才有可能积聚财富。所以财富从社会中来，最终也必然会回归到社会中去，这是财富积聚的价值归宿。

财富源于社会，归于社会，那么拥有财富也就必然要承担起财富的社会责任。当财富越多时，责任也就越大。责任的承当让财富变得温暖，懂得回馈让财富变得有更温度，社会发展、秩序良好，也必然为获得财富创造出更好的环境。

（1）回馈社会不代表失去财产。著名诗人歌德曾说：“你若要喜爱你自己的价值，你就得给世界创造价值。”给世界创造财富就不能计较个人的得失，因为财富是从社会上获得的，所以某种意义上，它需要回归社会。财富的失去并不能说明不幸，得到也未必幸福。面对财富，我们要正确地把握得失之道，正是舍才能够得。正如一只空杯子，如果只是往里面装东西，时间久了就会发霉变臭。只有不断地倒出再装，里面的

东西不断地更新才能常变常新。事实上，有一个道理，或许只有亲身经历了才有体会，只有懂得了回馈和舍弃，才可能得到自己更加渴望的东西。回馈，从某种意义上说，是财富拥有的开始。

（2）回馈社会也是一种修为之道。两千多年前，老子曾说："甚爱必大费，多藏必厚亡。"过度的爱惜会导致巨大的付出，过多的拥有会导致严重的损失。无论对于人还是物，爱惜过度必然耗费时间和精力、财力甚至生命和健康。所以对于财富，过多地聚积而不能很好地使用，本身就是一种浪费，不如用在需要的地方。社会给了你机会创造了财富，回馈那便是理所应当的。

现象思考

对财富持有的心态

人们在追求财富、创造财富时，通常存在以下5种需求和心态：

1. 为了生存需求——没有主动性、迫于无奈劳动、工作，成为金钱的奴隶，永远都不可能成为自己生活真正意义上的主宰者。

2. 寻求"铁饭碗"——不会因为经济的不景气而朝不保夕，也不会为下岗失业而惶惶不可终日。贪图安逸的心理太过消极，难以在工作中提升与成长。

3. 随大流——往往不缺金钱，他们的想法是：既然大家都工作，那我也找一份工作吧！循规蹈矩，不出错即可。

4. 希望获得认可——希望通过自己的努力，使别人充分认识到自己的价值，得到社会的认可和尊重；但往往自尊心太强，对金钱的态度要么不屑一顾，要么过于执着，在事业上一旦受挫便很容易气馁，常常与成功失之交臂。

5. 努力实现自身价值——希望在工作中通过不断的挑战自我，发挥出自己的创造性潜质，最终实现自身的价值。享受创造财富的过程，而非最终的结果。

自测题

一、测试：你会实现财务自由吗？

我们都知道，智商决定了你看问题的深度与广度，情商决定了你处理问题的方式与手段，除此以外，其实还有一个维度同样重要，那就是财商，它决定了你管理金钱和驾驭金钱的能力。财商，与智商、情商并称为命运三要素。指的是一个人认识金钱和驾驭金钱的能力，是一个人在财务方面的管理智慧，集中体现在一个人的理财能力上。

我们先来做一个财商测试。

1. 发下一笔奖金，你会如何犒劳自己？（单选）

A. 请自己大吃一顿（5分）

B. 买前段时间想买的贵重物品（3分）

C. 还是存着好了（2分）

D. 除了犒劳自己，也给父母或是伴侣买些东西（1分）

2. 话说有一天，你参加一场宴会，服务生端着果汁给你，而托盘里的杯子中有着不同分量的果汁，你会选择哪一杯？

A. 空杯，正准备要倒入（5分）

B. 半杯（3分）

C. 七分满（2分）

D. 全满（1分）

3. 你会经常借钱给别人吗？

A. 看要是借给什么人，做什么用，才考虑要不要借（5分）

B. 只要自己有钱，这方面还是很大方的（3分）

C. 除非是拒绝不了，不然会很少借（2分）

D. 不好意思拒绝，所以别人问，基本都会借（1分）

4. 你赞成分期付款的方式买车吗？

A. 会先考虑自己能承担的力度，再决定买什么样的车，分多少期（5分）

B. 赞成，只要是自己喜欢的，就会这么做（3分）

C. 压力太大了，比较起来我还是愿意先存钱后买车（2分）

D. 尽量先找父母赞助，剩余的再考虑分期的问题（1分）

5. 家里要进行大扫除，你首先会丢掉哪类物品？

A. 旧衣服（5分）

B. 体积过大的老电器（3分）

C. 零零碎碎的小东西（2分）

D. 过期的旧书杂志（1分）

6. 你突然想去海边散心。到了海边，你悠然地在海滩上散步，踩在柔软的细沙上面，你觉得自己会见到什么东西？

A. 星状的海星（5分）

B. 带刺的海胆（3分）

C. 弯弯曲曲的章鱼（2分）

D. 一只小海龟（1分）

7. 如果可以得到一笔一千万元的巨款，你会如何领取？

A. 根据实际需要先领一半，剩余再做考虑（5分）

B. 一次性领完一千万元（3分）

C. 按每年领，并设定多少年领完（2分）

D. 按每个月领，并设定多少年领完（1分）

测试结论提示：

A. 25~35分　财商指数95%

你头脑聪明，只要有时间就能学会实用的赚钱技能，一旦时机成熟就能令人刮目相看。并且，你天生具有很好的财富管理能力，能让财富不断增值，从而获得更好的生活享受与品质。

B. 20~24分　财商指数65%

你敢于冒险的性格有利于你快速达到赚钱目标，但还要学会控制风险，这样财富才能稳步增长。

C. 15~19分　财商指数40%

你是一个很保守的人，专注于自己所从事的工作，赚钱目标也总是客观而容易实现，但最好能在理财上多增加一点闯劲和激情。亲爱的，理财其实非常稳健。

D. 10~14分　财商指数20%

赚钱对于你来说，太容易停留在想与思考的阶段。若能付出行动，试着去正式做一些投资，尝试一些新事物，相信绝对能增加你的理财效率。

二、测试：你要多少岁才能实现财务自由

每个人都想要拥有很多的财富，因为它能让你生活质量更高，能让你达成目标的速度更快。小时候都是父母给零花钱，长大了就想自己能支配财富，实现财务自由。财务自由能让自己生活得更加潇洒一点。那你想知道要多少岁才能实现财务自由吗？快来测一测吧！

测试开始：

1. 你是不是对财富有很大的欲望？

是→→跳转至2题

不是→→跳转至3题

偶尔会→→跳转至4题

2. 你觉得自己能不能合理地使用零花钱？

能→→跳转至3题

不能→→跳转至4题

不好说，有时会制定计划→→跳转至5题

3. 你会不会把奖金交给父母？

当然会→→跳转至4题

不会→→跳转至6题

不好说，看情况→→跳转至5题

4. 目前你会不会在意被别人嘲笑工资低?

会→→跳转至5题

基本不会→→跳转至7题

不好说，看情况→→跳转至6题

5. 你是不是一个比较会自控的人?

不是→→跳转至6题

是→→跳至选项A

偶尔会失控→→跳转至7题

6. 你是不是一个喜欢把每一笔钱的用处都记得清清楚楚?

是，这样就不会乱花钱→→跳至选项B

不是，没有这个习惯→→跳转至7题

7. 你会不会把攒下来的钱都拿去理财?

会→→跳至选项C

不会→→跳至选项D

测试答案提示:

A. 你在30岁后能实现财务自由

你是一个比较能自我控制的人，遇到某些你很喜欢但又不是非买不可的东西，你会控制自己。在钱财方面，你更是做到了把每一笔钱都用在刀刃上，30岁以后实现财务自由是你的目标，你一直朝着它努力，最后通过你的努力，你30岁以后能实现财务自由。

B. 你在35岁后能实现财务自由

你是一个成熟稳重的人，对待工作也是勤勉努力，你不喜欢冒险，你觉得自己家庭比较普通，万一冒险失败了那个后果自己难以承担。所以你觉得什么事都只能靠自己，自己没有任性的资格，因为没人给自己兜底。所以你在35岁后能通过自己的努力实现财务自由。

C. 你在40岁后能实现财务自由

你是属于大器晚成的一类人，在此之前你付出很多努力，但就是失败了，不管自己怎么做都达不到自己想要的目标。但是你并没有放弃，一直都在坚持着自己想要做的事情。40岁以后的你能遇到生命中的贵人，你的付出也终于有了回报。

D. 你在退休后能实现财务自由

你是一个喜欢按部就班的人，每个阶段是什么状态你有自己的规划。你觉得年轻人就应该努力奋斗的，不要年纪轻轻就想着怎么享福。这样的你觉得退休后才是实现财务自由的时候，因为年轻的时候你努力过了，退休后就应该享受人生了。

第十一章 财富传承

案例导入

我国著名企业家牛根生于2004年创立了老牛基金会，主要目的是发展公益慈善事业。2005年1月，牛根生宣布向社会捐赠其持有的全部蒙牛乳业股份，但对股份的红利分成有一定的约定：在牛根生有生之年，该股份所得红利的51%归老牛基金会，49%归其个人所有；待牛根生天年之后，该股份红利全部归基金会所有，家人们只获得相当于北上广三地平均工资的生活费。

一、我的财富我做主

（一）千有万有不如自己有

随着经济社会的发展和物质条件的改善，人们的财富达到了一定的积累，居民养老意识提高，我们老年人对财富管理知识需求加大，预期寿命也是不断延长，我国人口老龄化进程逐渐加速。随老龄化问题而来的，还有为老龄人口服务的各种需求逐渐攀升，其中包括怎么处理自己的财富问题。

（二）儿孙自有儿孙福

从财富传承的角度来说，老年朋友应该了解“儿孙自有儿孙福，莫与儿孙作马牛”正确的打开方式，在保证自己合理角度的基础上，掌握遗产传承顺序以及合理合法分配遗产的关键，让家庭财富一直传承下去。

二、掌握遗产传承顺序

一般而言，从被继承人死亡这个法律事实发生时点开始，继承就开始了。从法律上看，死亡可分为三种：在自然情况下的死亡、被司法机构宣告死亡以及因下落不明或意外事故被推定死亡。依照我国《民法典》，我们老年人处理自己遗产的，可以依照以下三种方式：一是与特定个人签订遗赠扶养协议，二是通过遗嘱或遗赠，三是根据法律规定继承即法定继承。在效力上，遗赠扶养协议的效力大于遗嘱继承、遗赠的效力，遗嘱继承、遗赠的效力大于法定继承。

（一）契约精神优先——遗赠扶养协议

《民法典》第一千一百五十八条规定：自然人可以与扶养人签订遗赠扶养协议。遗赠扶养协议是扶养人与被扶养人之间签订的书面约定，一般该书面约定是有条件的赠与，即扶养人需要履行一定的扶养义务，例如对被扶养人的生活起居进行照顾看管，被扶养人将自己的遗产赠与扶养人。通常情况下，这里的遗赠人即被扶养人多为独立生活困难，没有子女照顾并且需要他人扶养的老人。

知识窗

扶养人的范围

根据《民法典》的相关规定，法定继承人不属于扶养人的范围，扶养人的确定是被扶养人以自己的意志来决定的，而非通过法律规定的形式，而法定继承人是法律明确规定的。从扶养人的选定范围看，一般可以指定其他亲属、街坊邻居、亲朋好友或者其他组织等。

拓展阅读

扶养人与被扶养人的权利义务

我们老年人作为被扶养人有权根据协议得到妥善照顾，保障自己晚年，但从另一个角度看，首先，被扶养人对协议中指明的财产因为已在协议中约定遗赠，因此不能享有处分权利。其次，被扶养人不能随意解除遗赠扶养协议，当然如果想要解除遗赠扶养协议的，应该要对扶养人进行合理补偿，补偿的费用是按照扶养人因照顾被扶养人期间已经支付的费用去计算的。从扶养人角度看，扶养人应当根据协议内容履行扶养义务，妥善照顾被扶养人，如因其不履行协议约定义务而导致协议解除的，一般不补偿对其已支付的扶养费用。当然，在特殊条件下，扶养人也可以要求解除遗赠扶养协议，例如，遗赠的财产因遭遇火灾或者其他自然灾害损失了，那么可以要求解除协议，同时因为前期照顾被扶养人支出的费用可以得到合理的补偿。若有其他原因扶养人需要解除协议的，则要得到被扶养人的同意。

（二）尊重被继承人意愿——遗嘱继承及遗赠

1. 遗嘱是遗赠的重要载体

《民法典》第一千一百三十三条第二款规定：遗嘱继承指自然人可以设立遗嘱将个人财产指定由法定继承人中的一人或者数人继承。遗嘱是指自然人生前在法律允许的范围内，按照法律规定的方式对其遗产或其他事务所作的个人处理，并于遗嘱人死亡时发生效力的法律行为。

遗赠是指自然人立遗嘱将个人财产赠与国家、集体或者法定继承人以外的个人。一般情况下，遗赠通过遗嘱的形式表现出来，遗嘱是遗赠的载体，遗赠是遗嘱的具体表象。

2. 遗嘱的生效要件

我们老年人做出一份有效的遗嘱需要具备四个要件：

（1）作出遗嘱的主体是完全民事行为能力人。根据《民法典》，完全民事行为能力人一般指的是满十八周岁的自然人，当然，其精神状况是正常的。满十六周岁的自然人以自己的劳动收入为主要生活来源的，也可以视为完全民事行为能力人。

（2）遗嘱的内容必须是遗嘱人的真实意思表示。所谓真实意思表示，即我们老年人作出遗嘱时，是自己真实意愿的表达，并没有受到意志上的束缚，例如受到欺诈、胁迫等，最后，若遗嘱被伪造或者是篡改的，也是无效的。

（3）遗嘱的内容应该合法。这里的合法就是要符合法律的规定，例如，应当为胎儿保留必要的遗产份额。

（4）遗嘱须符合法律规定的形式要件。根据《民法典》相应规定要求，我们老年人可以选择多种多样的遗嘱形式，觉得哪一种对于自身来说是便利的，那就可以选择哪一种。除了我们经常说到的公证遗嘱，还有自书遗嘱、代书遗嘱、打印遗嘱，如果遗嘱人手写签字存在困难的，还可以以录音录像的形式立遗嘱，在紧急情况下还可以立口头遗嘱，法律为自然人提供了不同的遗嘱形式，主要是考虑了每个个体的不同需求。当然，这些不同的遗嘱形式要符合法律规定的生效要件与形式才能生效[①]；否则，是不具备法律效力的。

---

① 《民法典》第一千一百三十四条：自书遗嘱由遗嘱人亲笔书写，签名，注明年、月、日。

第一千一百三十五条：代书遗嘱应当有两个以上见证人在场见证，由其中一人代书，并由遗嘱人、代书人和其他见证人签名，注明年、月、日。

第一千一百三十六条：打印遗嘱应当有两个以上见证人在场见证。遗嘱人和见证人应当在遗嘱每一页签名，注明年、月、日。

第一千一百三十七条：以录音录像形式立的遗嘱，应当有两个以上见证人在场见证。遗嘱人和见证人应当在录音录像中记录其姓名或者肖像，以及年、月、日。

第一千一百三十八条：遗嘱人在危急情况下，可以立口头遗嘱。口头遗嘱应当有两个以上见证人在场见证。危急情况消除后，遗嘱人能够以书面或者录音录像形式立遗嘱的，所立的口头遗嘱无效。

第一千一百三十九条：公证遗嘱由遗嘱人经公证机构办理。

3. 遗赠的生效要件

（1）形式要件。当我们老年人作出遗赠时，一份有法律效力的遗赠不仅要有我们老年人的真实意思，同时还要符合《民法典》中关于遗嘱的法定形式要件，即与遗嘱的法定形式要件相同。如不符合，那么遗赠是无效的。

（2）时效要件。有效的遗赠不仅需要我们老年人去书写符合法律形式要件的内容，同时受遗赠人也要相互配合。受遗赠人知道自己作为遗赠对象后，要在60天内向特定对象表达自己接受了这份遗赠或者不需要这份遗赠。但是根据已知的法律，并没有明确的内容去告诉受遗赠人应该怎么拒绝或者获得这份遗赠，那么通常情况下，可以向法院提起诉讼、向其他继承人或者利害关系人提出、向公证机关提出办理继承公证的申请。

（三）按照法律既定顺序传承——法定继承

所谓法定继承，即依照法律规定进行遗产继承。

根据《民法典》相应规定，遗产按照下列顺位继承。第一顺位：配偶、子女、父母。第二顺位：兄弟姐妹、祖父母、外祖父母。继承开始后，由第一顺序继承人继承，第二顺序继承人不继承。没有第一顺序继承人继承的，由第二顺序继承人继承。这里的“子女”包括婚生子女、非婚生子女、养子女和有扶养关系的继子女；“父母”包括生父母、养父母和有扶养关系的继父母；“兄弟姐妹”包括同父母的兄弟姐妹、同父异母或者同母异父的兄弟姐妹、养兄弟姐妹、有扶养关系的继兄弟姐妹。

知识窗

法定继承的原则

1.权利与义务相统一原则。在继承中，权利和义务是相统一的，继承人可以享受财产，但同时也要履行义务。如果仅享受财产带来的好处，而不承担自己的责任，是不符合法律精神的。这里的义务主要指的是，继承人在生前欠下的债务以及税款。从实践中来看，遗产债务主要包括以下几类：税费；侵权之债；合同之债；不当得利返还的债务；其他个人债务。

2.有限责任原则。法律要求继承人去偿还被继承人生前所欠下的债和税，但是这些欠款若超出继承人所获得财产的，那么超出的部分是可以不用偿还的，若是继承人自己愿意偿还，那也是可以的。

三、合理合法分配遗产

案例导入

老王与老张是夫妻，二人于1957年结婚，育有一子一女。2001年，老王以自己的名义购买了一套住房。2014年4月，老王因癌症住院，5月23日死亡。因遗产分配未明确，遂引发老张以及子女对遗产的争议，老张向法院提起诉讼，要求对老王的遗产由他们三人依法共同继承。

法院在判决中指出，谁有权继承遗产以及有权继承遗产的每个人分得多少遗产是本案的争议焦点。首先，由于此案并没有涉及遗赠扶养协议，遗赠和遗嘱，那么只能考虑法定继承。根据《民法典》法定继承的相关规定，配偶、父母、子女是第一顺位的继承人，享有继承权，本案中老张及其子女都是符合资格的继承人。其次，是如何划分财产。在本案中，属于一个共同继承财产的案件，存在数名继承人，老王死亡后，共同继承人就是老张以及子女，属于夫妻共同财产的先要分出一半给妻子，另外一半为老王的遗产，老王的子女以及老张都为第一顺位的继承人，都享有继承权，而按照均等原则，每人各占遗产三分之一的份额。最终法院判决，争议房屋归老张所有，老张向子女补偿相应对价，其他货币形式的遗产按照继承份额由三个继承人分别继承。

（一）遗产分类

遗产是自然人死亡时遗留的个人合法财产，通常包括：

（1）自然人的收入；

（2）自然人的房屋、储蓄和生活用品；

（3）自然人的林木、牲畜和家禽；

（4）自然人的文物、图书资料；

（5）法律允许自然人所有的生产资料；

（6）自然人的著作权、专利权中的财产权利；

（7）其他合法财产。

我们老年人遗产分割时，若遗产中存在夫妻共同财产的，应当先分出配偶的财产，当然，夫妻之间有约定的除外。一般情形下，当自然人死亡时，其遗产中含有配偶的共同财产，这些遗产中，应当有一半是属于配偶所有的，那么另外一半才是我们所谓的被继承人的遗产，这些遗产可以由符合资格的继承人去继承。

（二）握住遗产分配的密钥

1. 均等原则

当我们老年人去分配遗产时，同一顺位的继承人所分得的遗产份额应当是均等的，不能差别对待。

2. 兼顾特殊原则

一般情形下，遗产是均等分配的，但也存在以下五种情况，需要我们老年人兼顾特定人员：

（1）对生活有特殊困难又缺乏劳动能力的继承人，分配遗产时，应当予以照顾。在我们老年人遗产较少的情况下，均分看似公平却实质上造成了不公平，因此会对这类特殊群体予以特别对待；但如果这类特殊继承人可以分配到足以保障生活的财产，那么还是应当平均分配；若每个继承人都需要特殊照顾，那么也只能均等分配。

（2）对我们老年人尽了主要扶养义务或者与我们老年人共同生活的继承人，分配遗产时，可以多分。上述第一种情形是必须多分，而这种情形是鼓励型的，既可以多分，也可以不多分，并非强制。此处“尽主要扶养义务”，是指扶养人提供了较多的生活帮助，劳务以及经济补助。与我们老年人共同生活的继承人，通常与我们老年人长期一起起居生活，在生活上对被继承人相互照顾，可以多分遗产。

（3）有扶养能力和有扶养条件的继承人，不尽扶养义务的，分配遗产时，应当不分或者少分。该遗产分配规则具有惩罚性质。这里的“不尽扶养义务”，还没有严重到遗弃的程度。应当不分或者少分遗产应该满足一定条件：第一，继承人须尽扶养义务，即被继承人需要生活上的照顾。第二，继承人有能力去履行扶养义务但是出于主观意愿，不愿意去履行扶养义务，这个就是通常所说的有能力去照顾而不愿照顾的情形，显然是不符合法律倡导的精神也不符合道德的自我约束。但是有些继承人不履行扶养义务不是因为主观上的原因，若对他少分或者不分显然是有失公平的，因此不能少分或者不分。

（4）继承人协商同意的，也可以不均等。法律尊重每个自然人的自我决定，当然，若是全部的继承人之间达成了一个一致的约定，那么法律也没有权利去干涉继承人的决定，每个继承人可以根据全体继承人之间达成的一致约定去分配财产。

（5）遗产分割时，应该保留胎儿的遗产份额。胎儿娩出时是死体的，保留的份额按照法定继承办理，但若胎儿出生后再死亡的，应当由其继承人继承。

3. 合法兼顾合理原则

在法定继承以外，还存在酌情取得遗产的情形。主要是指继承人以外的依靠被继承人扶养的人（以下简称第一类人），或者继承人以外的对被继承人扶养较多的人（以下简称第二类人）。[①]第一类人，这种扶养关系的主体具有法定性，不以当事人的意志随意变更。在我国，扶养关系主要存在以下几种情形：夫妻之间；父母子女之间；祖孙之间；兄弟姐妹之间。[②③④⑤]根据《民法典》的相关规定可以得出，配偶、父母、子女之间为第一顺位的继承人，不适用酌情分得遗产的规定。而祖孙之间以及兄弟姐妹因顺位劣后不能继承遗产的，可以酌情分得遗产。其次是第二类人。这类人属于法定继承以外的人，这类人出于爱心、同情或者其他原因，在老年人生前，对老年人在生活上履行了较多的照顾看管义务，法律为了鼓励这种行为和美德，那么这类人也可以酌情分得适当遗产。

---

① 《民法典》第一千一百三十一条：对继承人以外的依靠被继承人扶养的人，或者继承人以外的对被继承人扶养较多的人。可以分给适当的遗产。

② 《民法典》第一千零五十九条：夫妻有相互扶养的义务。需要扶养的一方，在另一方不履行扶养义务时，有要求其给付扶养费的权利。

③ 《民法典》第一千零六十七条：父母不履行抚养义务的，未成年子女或者不能独立生活的成年子女，有要求父母给付抚养费的权利。成年子女不履行赡养义务的，缺乏劳动能力或者生活困难的父母，有要求成年子女给付赡养费的权利。

④ 《民法典》第一千零七十四条：有负担能力的祖父母、外祖父母，对于父母已经死亡或者父母无力抚养的未成年孙子女、外孙子女，有抚养的义务。有负担能力的孙子女、外孙子女，对于子女已经死亡或者子女无力赡养的祖父母、外祖父母，有赡养的义务。

⑤ 《民法典》第一千零七十五条：有负担能力的兄、姐，对于父母已经死亡或者父母无能力抚养的未成年弟、妹，有扶养的义务。由兄、姐扶养长大的有负担能力的弟、妹，对于缺乏劳动能力又缺乏生活来源的兄姐，有扶养的义务。

四、家族基金

在财富传承过程中，我们老年人不仅要考虑以家庭为基本单位去做好财富的传承，同时当一个家族的资产十分庞大的时候，我们老年人也要考虑以家族为单位去管理和传承家族资产，那么，家族基金的起源以及发展现状是如何的，我们可以怎样去做好家族基金的管理与投资，接下来的内容我们一起来分享。

（一）从哪里来到哪里去?

1. 概念及历史背景

家族基金指的是同一个家族里多个成员提供的资金总和。19世纪末20世纪初，西方的家族基金就有了萌芽，主要出现在美国的大家族中，例如洛克家族。难以想象这类家族资产的庞大性，不过一般而言，这些家族的资产是以百亿计的，按照购买力看，这些家族的才是真正的富豪。资产能够很好地传承与管理财富的方式密不可分。

美国的第一个家族基金是洛克菲勒的家族办公室。众所周知的“石油大王”约翰·洛克菲勒就是这个家族的一员。在洛克菲勒通过石油拥有巨额财富后，一部分财富做了公益慈善，一部分捐给了基金会，还有一部分就留在了家族基金。虽然在此之后这个家族再也没有出现过像洛克菲勒这样有时代影响力的人物，但是家族基金的运转与传承最终为这个家族奠定了巨大的商业基石，即使在一百多年后的今天，这个家族对于美国在各个社会经济方面仍存在巨大的影响力。

2. 发展现状

随着中国经济的发展，家族基金在我国也得到了进一步发展，例如政府精简了注册登记的流程，放宽了限制，也提供了一些配套的机制，但实现这一目标，还需要具备一些条件。

从家族基金自身角度看，必须明确和树立基金会的价值观，这是家族基金的灵魂所在。秉着崇高的理想和远大的抱负，才能更好地推动社会公益事业的发展，社会的进步。

从客观条件来看，首先，家族基金的运作需要规范化，法治化。这需要政府立足实践，出台一些法律法规来促进家族基金的发展；同时，由于家族基金发展尚未健全，因此需要规范内部治理结构，建立健全制度环境，完善内部机制。其次，需要培养人才。人才的培养关系到基金发展的未来，现代社会，抢占人才高地都是毋庸置疑的选择。给人才一个良好的培训机制、发展空间，综合考虑工薪待遇更有利于人才的引进。最后，是国际化的问题。我们不仅要考虑引进家族基金，同时引进来，走出去，也需要国际化的视野。

（二）如何管理与投资？

1. 管理模式

家族基金的管理模式一般有以下三种：第一，管家模式，由家族成员自行管理，主要缺点是由家族人员自行管理，缺乏专业性。第二，公司模式，由独立的家族管理公司进行管理，较为专业，但管理成本较高。第三，合作模式，即与第三方机构合作，主要包括资产管理公司、律所，会计师事务所等，他们能够提供系统且专业的服务。

2. 投资方式

在实践中，投资方式一般存在以下三种：第一，直接投资，比如直接投资于高科技领域、商业地产。第二，间接投资。即把家族基金投资于基金，再将基金投资于其他领域，这种投资模式的优点就是分散了投资风险，且能够取得一定的稳定报酬。第三，混合模式，既有直接投资，也有间接投资，这种模式的投资优点是兼顾风险和回报，缺点是团队的成本很高。

3. 架构设计

（1）家族基金会的成立程序。在美国，成立公益基金需要在政府机构注册，并提交章程。基金会成立之初不立即享有免税待遇，而是要在运行一年后向税务机关提出申请，材料包括章程、一年的财报和工作报告，在税务部门批准以后才可以享受免税的权利。在中国，家族基金会的成立需要符合《基金会管理条例》的一系列要求，例如要有名称、住所、章程、组织机构、专职工作人员，且原始基金不低于200万元人民币等。

（2）组织机构。根据《基金会管理条例》，我国基金会在组织架构上会通常设置理事会、秘书处，同时会根据基金会的性质或者规模设置相应的监事会或者监事。基金会的决策是要由理事会做出的，但是理事会同其他权力机构一样，它的权力行使是要依法依规，同时依照章程去行使，不能主观随意。依照我国《基金会管理条例》规定，在理事会的人选构成上，理事会理事至少5人，最多25人，任期不得超过5年，但可以连选连任；若是非公募基金会的，对有近亲属关系的理事，总人数也有一定限制。监事会或者监事其职责主要是依照章程要求的程序检查财务和会计资料，并向有关部门反映情况，也可以对理事会的决议提出质询或者建议。秘书处的工作主要安排、组织、实施会议以及根据章程享有的其他职责。

（3）财务管理。财务管理机构需要依照法律规定或者是协议约定规范使用资金。对于规模较大的基金会而言，为了保证其运作的合规性，可以配备相应的税务和法务专家，在投资方面也需要专门的投资代理人运营，以实现投资活动与日常运作的有效隔离。

● 小案例

著名企业家台塑集团创始人王永庆，生前在商界叱咤风云，积累了无数财富，但在其死亡后，因没有安排好身后事，导致其继承人因遗产纠纷闹得不可开交，各继承人因遗产纠纷所交的遗产税累计高达28亿元台币。早年，王永庆创办成立了慈善基金——长庚纪念医院，以该慈善基金作为台塑集团的控股平台，行使股东权利。长庚医院属于非营利机构，在能够给百姓提供必要的医疗保障同时，它也作为控股平台成功将控股权集于一体，不仅如此，根据台湾地区有关规定，设立慈善基金还可以免去近50%的遗产税，因此王永庆根据台湾的法律成功运用慈善基金平台成功给家族免去了高额税款。虽然王永庆生前没有留下遗嘱，但他的创业精神以及回馈社会的义举仍然留在人们的心中，像一座丰碑，永久不能磨灭，他使我们真正懂得了，个人的财富是来自于社会的，取自于社会，同时也最终将回馈给社会，造福万千人类。

五、社会捐赠

当我们老年人的财富积累到一定程度，就可以考虑做一些社会捐赠来回馈社会。在一些新闻报道中，可以了解到一些知名的企业家捐赠的消息，那么在财产捐赠的时候哪些主体可以捐赠，哪些主体可以接受捐赠，捐赠的财产需要符合哪些要件，捐赠与被捐赠主体之间需要遵守哪些约定，享有什么样的权利，同时可以借助哪些捐赠的工具，在接下来的章节中我们将一一分析。

（一）哪些“人”可以捐？

社会捐赠指自然人、法人或非法人组织出于爱心，自主不求回报地向其他主体捐赠财产的活动。社会捐赠涉及各个领域，主要包括：科、教、文、卫、体等方面的事业，自然灾害、环境保护、公共基础设施建设，以及其他福利事业等，其特点是无偿，自愿以及非交易性。

1. 自然人

这里的自然人是指完全民事行为能力人，只要符合这个条件的，都可以进行捐赠，而不论其地域出生、国籍、民族或种族。

从法律上看，捐赠是一种民事法律行为，判断该捐赠行为是否在法律上生效，需要去考究捐赠人是否具有与其行为、智力相应的民事行为能力。依据我国《民法典》的规定，完全民事行为能力可以进行捐赠活动；限制民事行为能力人[①]，要视相应情况而定，若他们进行的活动超出与其年龄、智力相匹配范围的，那么这个行为是否发生法律效力还要看他的法定代理人同不同意，如果同意，那么这个行为可以发生法律效力，否则就不能。无民事行为能力人[②]不能进行捐赠活动，因为他们的日常行为都是通过法定代理人实现的。因此，我们老年人若属于完全民事行为能力人的，是可以进行捐赠的。

2. 法人

所谓法人，即法律拟制的人，法人的最典型代表就是公司，它们通常是依法成立的，具备各种生产要素，能够独立行使民事权利，也能够独立承担民事义务的一个组织。以法人成立的目的的不同为标准，可将法人分为营利法人、非营利法人和特别法人。

3. 非法人组织

所谓非法人是指除自然人、法人以外的各类社会组织，它包括境内以及境外的各类民间组织、非政府组织、国际组织以及外国政府等。

（二）哪些“人”可以受赠?

根据《中华人民共和国公益事业捐赠法》相关规定，公益性社会团

① 限制民事行为能力人，指的是八周岁以上十八周岁以下的未成年人，以及不能完全辨认和控制自己行为的精神病人。

② 无民事行为能力人，指的是八周岁以下的未成年人以及被宣告为无民事行为能力的成年人。

体[1]和公益性非营利的事业单位[2]可以依法接受捐赠。

1. 公益性的社会团体和公益性非营利的事业单位

这里的公益性社会团体主要是指基金会和慈善机构，例如中华慈善总会、中国红十字基金会等。这里的公益事业单位，它的一个重要特征就是非营利性，与公司不同，公司成立的目的就是营利，而公益非营利事业单位其成立的初衷就是为了服务公益事业，例如图书馆、档案馆，职高中等。

但以上主体接受捐赠时需要符合法律规定。要在充分尊重当事人自愿的基础上接受捐赠，不得强迫个人、法人或者其他组织进行捐赠。当然，捐赠人在履行社会捐赠的同时，法律也赋予了捐赠人一定权利，即捐赠人依法享有有关税收方面的优惠。

2. 其他主体

根据《中华人民共和国公益事业捐赠法》规定，县级以上人民政府和民办非企业单位可以成为受赠主体，但是他不能自己享有这些捐赠的物资，而是要将这些捐赠的财物移交有权处置的主体或者用于公益事业，因此当他作为受赠主体时，应当接受大众监督，合理处分捐赠财物；民办非企业单位也可以成为受赠主体，民办非企业单位成为受赠主体需要符合两个条件：第一，它是非营利性的社会组织；第二，它从事的是公益活动。

---

① 《中华人民共和国公益事业捐赠法》第十条：本法所称公益性社会团体是指依法成立的、以发展公益事业为宗旨的基金会、慈善组合等社会团体。《基金会管理条例》第二条：本条例所称基金会，是指利用自然人、法人或者其他组织捐赠的财产，以从事公益事业为目的，按照本条例的规定成立的非营利性法人。

② 《中华人民共和国公益事业捐赠法》第十条：本法所称公益性非营利事业单位是指依法成立的，从事公益事业的不以营利为目的的教育机构、科学研究机构、医疗卫生机构、社会公共文化机构、社会公共体育机构和社会福利机构等。

（三）捐赠的财产要符合法律要件

捐赠的财产属于捐赠人有权处分的合法的财产。

1. 捐赠财产种类

捐赠财产即捐赠的标的物，在实践中主要有三类：一是款项，如发生自然灾害后，人们自主捐赠的人民币；二是实物，如贫困地区捐赠衣物，书籍等。三是项目捐赠，如邵逸夫先生为各地学校捐赠的逸夫图书馆。

2. 捐赠财产必须是合法财产

我国《宪法》对保护个人财产的合法性进行了明确规定。《宪法》第十二条规定：禁止任何组织和个人用任何手段侵占或者破坏国家的和集体的财产。《宪法》第十三条规定：公民的合法私有财产不受侵犯。这些规定明确了个人的财产是受到法律保护的，财产的取得需要通过合法途径。因此，捐赠人捐赠的财物必须是符合法律要求的，是合法占有的，一般是通过继承或者正常交易所得，而非偷盗、欺诈或者是通过其他非法途径获得。

3. 捐赠人有处分权

所谓处分权，是指所有人对财产享有依法进行处置的权利。处分权是所有权的一个内容。[①]只要捐赠人享有所有权，那么我们可以推定捐赠人拥有处分权。

（四）确保捐赠——签署捐赠协议

为了保证捐赠程序的顺利进行，我们老年人可以在捐赠过程中签署

---

① 《民法典》第二百四十条：财产所有权是指所有权人对自己的不动产或者动产，依法享有占有、使用、收益和处分的权利。

捐赠协议。签署捐赠协议的本质其实就是签署合同，可以适用《民法典》有关于合同的法律规定。

1. 捐赠协议的内容

协议内容可以由捐赠人和受赠人双方自行约定，一般包括双方的身份住所信息，捐赠的标的物，数量，何时何地通过何种方式履行、违约责任条款以及纠纷解决办法等。

捐赠是一种自愿和无偿的行为，按照合同履行的义务人是单方还是双方的合同划分，捐赠基本上属于单方合同，只需要一方履行捐赠义务即可。因此，在签署合同时，捐赠方是合同签署的主要方，由他们决定签署合同的内容，即捐赠的内容、数量、用途、履行方式等。

2. 捐赠协议的效力

根据《民法典》相关内容，赠与合同[①]是诺成合同，所谓诺成合同，指仅以当事人意思表示一致为成立要件的合同，即当捐赠协议生效时，捐赠人表示捐赠的意思表示就发生了法律效力，一旦捐赠人反悔，就要根据协议内容承担违约责任。

（五）捐赠人手中的权利

1. 虚构事实情况下的撤销权

捐赠合同一般都有特定的合同目的，即受助个人、家庭、群体仅能将受赠财物用于解决治疗疾病或维持基本生活水平等合同上约定的用途。因此，若受赠人不遵守合同约定，随意支用或者挪用，则违背了合同目的，构成违约，属于可撤销的情形，因此捐赠人可以撤销捐赠，要求返还财物。此外，受赠人隐瞒、虚构事实的行为构成了欺诈行为的，捐赠

① 《民法典》第六百五十七条规定：赠与合同是赠与人将自己的财产无偿给予受赠人，受赠人表示接受赠与的合同。

人也可以根据《民法典》第一百四十八条的规定行使撤销权。[①]因此，符合上述情形的，我们老年人作为捐赠人可以撤销捐赠。

2. 捐赠人有限的撤销权

捐赠人将财物无偿赠与受赠人本质上属于一种救济行为，也是值得弘扬的传统美德，法律上应当鼓励，而非强制，因此，若捐赠人作出捐赠承诺后没有反悔的余地，显得法律过于严苛，因此在一般情形下，捐赠人享有撤销权。但是，随着捐赠事业的日益发展，有些名人或者明星企业家为了博人眼球，对外宣传自己良好的公众形象或者维护自己的商业品牌，不惜公开诈捐，这不免踩到了公益事业的法律底线。因此，根据《民法典》的规定，若承诺的捐赠若属于救灾、扶贫、助残等公益、道德义务性质的，则不得反悔、撤销。

3. 不能用道德绑架经济状况恶化的捐赠人

捐赠行为是个人、企业或者其他组织表达爱心或者社会责任感的行为，是一种值得鼓励并非强制的举动，因此，如果承诺捐赠后我们老年人的经济状况出现恶化，继续履行捐赠行为肯定会让我们雪上加霜，背负沉重的经济枷锁与精神桎梏，既违背了捐赠的初衷，也不能体现赠与合同的公平性，可以不再捐赠。在这种情形下，我们老年人已无能力承受负荷，就不应该“打肿脸充胖子”，正所谓“穷则独善其身，达则兼济天下”，只要心中爱心之火不熄，何愁不能燎原。

---

① 《民法典》第一百四十八条规定：一方以欺诈手段，使对方在违背真实意思表示的情况下实施的民事法律行为，受欺诈方有权请求人民法院或者仲裁机构予以撤销。

知识窗

捐赠"工具"

1."基金会+慈善信托"

2016年9月份开始国内实施了《慈善法》，给慈善信托这一模式提供了明确的定义和法律依据。慈善信托可以对受托的慈善资金进行有效的保值增值，从而实现慈善事业的可持续性。比如客户设立了慈善信托，然后每年以投资收益去进行公益捐赠。另外慈善信托需要对委托人进行定期的披露和反馈，对于高净值客户来说是一个放心省心的慈善工具。慈善基金和慈善信托并不是二选一的关系。从盖茨基金会到国内的像美的集团，越来越多的高净值人士都会选择基金与慈善信托的一个双实体结构。基金会负责所有的慈善赠款项目，而信托偏向保值增值。

2. 收益捐赠

有计划把大笔资金投入慈善事业的高净值人士，可以选择通过投资公益金融产品进行收益捐赠，比如有一些慈善性质的理财产品、集合信托产品等。按照产品合同约定好的捐赠比例，把预期收益中的全部或部分收益进行捐赠。产品的发起机构除了正常的理财产品发起募集工作外，还要承担捐赠项目的工作，而且要监督慈善基金的使用情况。

3. 爱心理财

爱心理财指的是在抵御自然灾害等特殊时期，银行推出公益型理财产品，投资人将购买该理财产品所获得的投资收益捐赠给社会。例如2008年汶川大地震，建设银行推出的"建行财富·爱心公益类"人民币保本浮动收益理财产品，在产品期限内将可锁定的投资收益作为捐赠资金，在产品投资起始日以客户个人名义全部捐赠给中国红十字基金会，用于四川汶川抗震救灾。

六、适老化服务

由于当前网络、信息、电脑等技术蓬勃发展，银行的计算机系统现代化改造正在加快实施，但在普遍提高了服务有效性与便捷度的同时，我们老年人往往由于不会使用智能手机、看不懂银行的智能设备操作界面、对互联网使用没有安全感等原因，部分老年人在运用银行服务领域智能技术功能遇到了一定的困难。

（一）老年人银行网点办理业务并不难

近年来，随着我国逐渐步入老龄化社会，银行业适老金融服务和产品的改造，既是帮助我们老年人适应科技进步、共享社会发展成果的重要举措，也是银行业金融机构适应人口年龄结构变化、实现高质量发展的必然要求。

与此同时，一系列推动金融服务适老化改造的政策也频频出台。2020年12月，人民银行办公厅发布《关于提升老年人支付服务便利化程度的意见》，从完善业务保障措施、提升老年人移动支付便利化程度等方面提出多项举措，帮助老年人跨越支付领域“数字鸿沟”。2021年3月，银保监会办公厅发布《关于银行保险机构切实解决老年人运用智能技术困难的通知》，指出要进一步解决老年人在银行保险服务领域运用智能技术方面遇到的困难，让我们老年人更好共享金融业信息化发展成果。2021年12月，银保监会发布《加强金融消费者权益保护提升金融服务适老化水平》，强调大力发展适应老年人的金融科技，银行业保险业聚焦适老服务热点，为我们老年人提供贴心便利的金融服务。

知识窗

银行网点适老化改造

（1）基础设施改造。目前银行网点都配备了爱心座椅、老花镜、放大镜、轮椅等公共服务设施，将积极地给我们老年人和特定人群带来贴心、周到的服务。网点内设有爱心窗口，在柜台设置并粘贴爱心窗口标志，

优先为有特别服务需求的老年群体办理服务。

（2）现场优先取号。当我们老年人客户抵达银行营业网点，可以通过刷身份证及银行卡等介质取号。拿到凭证后可以到网点业务办理等待区休息，等待柜台叫号办理。比如建设银行针对于70周岁以上的老年朋友，还设置了优先叫号办理业务功能。

（3）银行智能机具使用。如果我们老年人在智能自助设备使用中遇到了困难，可以请网点工作人员指导操作。如遇字体太小，看不清的，可以点击设备的放大镜功能。

（二）老年人投资理财须谨慎

“你不理财，财不理你。”相信大家对这句话都不陌生。对于如今的老年人而言，大家都比较注重理财来为家庭保值财富，安度晚年。随着2022年资管新规正式落地实施，刚性兑付被打破，未来理财应该如何选？

知识窗

在资管新规实施之前在银行购买一款理财产品，5.2%的收益率，产品投资期是120天，其实这就是一个有固定封闭期间的理财产品，其本身就是一个刚性兑付的产品。

资管新规的实施，有个非常关键的词叫作“打破刚性兑付”。在打破刚性兑付之前，我们大部分老年人因为风险承受能力比较低，所以会选择保本保息但是收益比较低的理财产品。那么现在“打破刚性兑付”后，没有保本保息的产品了，对于那些风险承受能力较低的老年人，又该如何选择呢?

老年人选理财产品注意点：

第一个是做好风险测评，理财产品风险分为低风险、中低风险、中风险、中高风险、高风险五类，风险等级越高，投资风险越大。我们在购买理财产品前一定要做风险承受能力测评，根据风险测评结果购买对应风险等级的理财产品。第二个是看这个产品投向是哪里，比如国债、货币基金、地方政府债券，类似这种产品，风险较低，就比较适合稳健或者保守型投资者。

知识窗

我们老年人在购买理财产品时一定要在正规机构购买，在购买时认真阅读产品说明书，认识风险，选择适合自身风险承受能力的理财产品，千万不要被外部非法机构的高收益给诱惑，守好钱袋子，幸福享晚年。

（三）老年消费者权益要保护

随着我国老龄化趋势的不断加深，老年人金融消费者越来越占据金融市场的重要地位，也是金融业持续健康发展的推动者。保护老年人金融消费者的合法权益，就是保护金融业稳定健康发展的市场基础和环境。服务行业中有乘数效应，5%的消费者不满意，其负面影响的传播往往是成倍放大。

老年是人生历程中的一个特殊阶段，我们老年人对金融产品的消费具有明显的人生阶段特点，对金融消费的便捷性要求更高，对金融产品的安全性、流动性变现的要求更高，对心理关注和感情关怀要求更高。同时，我们老年人因金融知识缺乏、自我防范意识薄弱等原因，是金融消费权益遭受侵害的主要对象。整体上看，老年人相比中青年群体，在金融消费关系中处于较“弱”的地位，是需要重点保护的对象。

● 小案例

建设银行老年人群体金融知识教育做法

建设银行通过送金融知识进社区、编制老年人金融知识宣传手册、制作老年人金融知识宣传视频等形式开展针对老年人的金融知识普及教育活动，向老年人提示防范电信诈骗、远离非法网贷、保护个人金融信息等知识，在与老年客户的直接接触中提高老年人金融消费权益保护的责任感和敏感性，防范金融诈骗。将对老年人的金融知识教育寓教于乐。制订老年人金融宣传教育目标和计划，以网点、社区、老年群体聚集地为单位，根据宣传教育目标群体的实际需求，广泛开展针对老年人的金融教育活动。为提升宣传教育效果，分析老年人与普通金融消费者的差异，根据老年人的特点，设计相应的宣传教育内容和重点。开展宣传活动时，结合老年人群体需要解决的现实问题设置活动主题，围绕一两个知识点讲深、讲透，改变单纯说教、内容空泛、流于形式的弊病，将这些知识点与实际结合，转换为通俗易懂的身边案例，帮助老年人更好地理解、吸收金融知识。在教育形式上，注重提升趣味性，运用数字化宣教平台、金融知识讲座、海报折页等传统手段外，还通过相声、小品、快板、歌曲等艺术形式传播金融知识，达到寓教于乐的效果，让老年人群体“愿意听、记得住、用得上”。

（四）老年人要注意防范电信网络诈骗

如今，越来越多的老年人学会了使用智能手机，但防范电信诈骗的知识储备与意识还远远不足，据统计，每年发生的电信诈骗案例，受骗者多为我们老年人。为了预防、遏制和惩治电信网络诈骗活动，加强反电信网络诈骗工作，保护公民和组织的合法权益，维护国家安全和社会稳定，2022年12月1日我国出台了《中华人民共和国反电信网络诈骗法》。反电信网络诈骗法从人员链、信息链、技术链、资金链等进行全链条治理，从前端宣传预防、中端监测处置、后端惩治进行全流程治理，强化部门监管主体责任，压实企业责任，对电诈分子规定了有效预防惩处措施，严厉打击各类涉诈黑灰产行为。

知识窗

电信网络诈骗的特点

电信网络诈骗犯罪活动的蔓延性比较大，发展很迅速。犯罪分子往往利用人们趋利避害的心理通过编造虚假电话、短信地毯式地给群众发布虚假信息，在极短的时间内发布范围很广，危害面很大，所以造成损失的面也很广。

诈骗手段翻新速度很快。从群发短信发展到网络上的任意显号软件、显号电台等；从最原始的中奖诈骗、发展到绑架、勒索、电话欠费、汽车退税等。

骗术花样翻新频率很高，令人防不胜防，形式集团化，反侦查能力非常强。犯罪团伙一般采取远程的、非接触式的诈骗，犯团伙内部组织很严密，他们采取企业化的运作，分工很细，下一道工序不知道上一道工序的情况。给公安机关的打击带来很大的困难。

跨国跨境犯罪比较突出。有的不法分子在境内发布虚假信息骗境外的人，也有的常在境外发布短信到国内骗中国老百姓。还有境内外勾结连锁作案，隐蔽性很强，打击难度也很大。

防范电信网络诈骗教您“牢记四个不要”、养成八个好习惯。

牢记四个不要

1. 不轻信—遇事冷静，不被蝇头小利所诱惑，不轻信陌生人。

2. 不汇款—陌生人提到汇款，汇款必核实。

3. 不透露—个人身份信息、支付密码、验证密码等金融信息

4. 不要有“贪图便宜”“天上掉馅饼”的心理，遇到可疑事件多和家人及子女商量。

养成八个好习惯

1. 保护好个人身份证和银行卡信息，保管好不用的复印件、睡眠卡、交易流水信息。

2. 网上银行操作时，最好手工输入银行官方网址，防止登录钓鱼网站。

3. 输入密码时，用手遮挡。

4. 不随意链接不明公共Wi-Fi进行网上银行、支付账户操作。

5. 单独设立小额独立银行账户，用于日常网上购物、消费。

6. 密码要设置得相对复杂、独立，避免过于简单，避免与其他密码相同，定期更换。

7. 开通账户动账通知短信，一旦发现账户资金有异常变动，立刻冻结或挂失。

8. 下载安装“国家反诈中心”App，可以及时拦截诈骗电话。

当您遭遇电信网络诈骗该如何处理？及时报警。收集被骗过程的汇款凭证、通话记录等相关信息，前往当地派出所或拨打96110报警。

自测题

1. 关于法定继承，我们可以依据以下什么法律内容？（　　）

A. 继承法　　B. 民法典

C. 担保法　　D. 合同法

答案：B

2. 受遗赠人知道自己作为遗赠对象后，要在（　　）天内向特定对象表达自己接受了这份遗赠或者不需要这份遗赠。

A. 15　　B. 30

C. 40　　D. 60

答案：D

3. 以下选项中哪个属于遗产？（　　）

A. 抚恤费　　B. 生活补助费

C. 有受益人的保险金　　D. 公民收入

答案：D

4. 以下哪个选项不属于家族基金的管理模式？（　　）

A. 管家模式　　B. 公司模式

C. 信托模式　　D. 混合模式

答案：C

5. 以下哪种捐赠可以撤销？（　　）

A. 老李承诺捐赠100元给红十字基金会用于救灾

B. 老张承诺捐赠衣物用于扶贫

C. 老王答应送一瓶酒给小吴过生日

D. 老李答应捐赠1000元用于助残

答案：C

6.（多选）网点适老设施都有哪些？（　　）

A. 爱心座椅　　B. 老花镜

C. 放大镜　　D. 轮椅

答案：ABCD

7.（多选）银行自助设备都有哪些？（　　）

A. 智慧柜员机　　　　B. 存取款一体机

C. 个人信用报告自助查询机

答案：ABC

8.（判断）老年朋友开通电子银行后，可以将数字证书安全口令，验证码等告诉其他人。（　　）

答案：否。

9.（判断）金融机构业务人员推销某“银行理财产品”时，没有说明清楚产品“起购金额”及“投资期限”，该方式是否正确？（　　）

答案：否。

10.（判断）张女士（72岁）到银行打算购买股票型基金，考虑到风险承受能力，工作人员向其推荐了符合其风险承受能力的存款产品，请问银行员工的做法对吗？（　　）

答案：否。

11.（判断）刘女士办理银行卡时，银行工作人员提示密码不要设置为生日、连续数字等简单密码，这种做法对吗？（　　）

答案：对。

12.（判断）如果您的手机收到短信提示“恭喜您中奖了！请您点击http://***zhongjiang. com/**pz输入您的银行卡号领取奖金吧！”，此时您应该不点开链接。这样对吗？（　　）

答案：对。

13.（判断）银行工作人员在办理业务过程中发现您转账的收款方为“涉嫌诈骗账户”后随即报警，联合公安机关阻止了您的这笔转账业务，这样的做法对吗？（　　）

答案：对。

14. 李爷爷在银行办理业务，正准备输入密码时有其他人凑过来，怎么处理最妥当？

A. 用身体遮挡，继续输入

B. 请对方在一米线外等候，再遮挡输入密码

答案：B

中国老年人财经素养总测题[①]

一、财经知识

（一）财经视野

1. 通货膨胀表现为物价水平上涨，这里的“物价水平”指的是（　　）。

A. 食品类商品物价　　B. 北京市商品物价

C. 整个经济的物价　　D. 猪肉的价格

答案：C

2. 公民综合所得的个人所得税起征点是每月（　　）元。

A. 3000　　B. 5000

C. 6000　　D. 7000

答案：B

3. 关于“人民币升值”说法错误的是（　　）。

A. 出国旅游更便宜了　　B. 购买泰国的香蕉更贵了

C. 出国留学更便宜了　　D. 企业更愿意进口外国商品了

答案：B

4. 消费者预期鸡蛋的价格会上涨，则对鸡蛋当前的购买量会（　　）。

A. 增加　　B. 减少

C. 不变　　D. 以上三种情况均可能发生

答案：A

---

① 注：部分题目来自《消费者金融素养调查问卷（2021）》《消费者权益保护法知识竞赛试题》《防范金融诈骗和金融风险专题知识竞答题库》《个人金融信息保护知识竞赛题库》。

5. 对“机会成本”理解正确的是（　　）。

A. 一种费用　　B. 一种支出

C. 实际发生的收益　　D. 失去的收益

答案：D

6. 美元、欧元等外币可以直接在国内消费使用吗？（　　）

A. 任何场合都可以　　B. 部分场合可以

C. 不可以　　D. 不清楚

答案：C

7. 消费者维权投诉举报专线电话是（　　）。

A. 12315　　B. 12345

C. 12306　　D. 12363

答案：A

8. 关于“遗产”，下列说法正确的是（　　）。

A. 子女和父母是遗产的第一顺位继承人

B. 兄弟姐妹是遗产的第一顺位继承人

C. 继子女是遗产的第二顺位继承人

D. 抚恤费和人身保险金属于遗产的范围

答案：A

（二）收支平衡

9. 下列属于“刚性需求”的是（　　）。

A. 食物支出　　B. 旅游支出

C. 化妆品支出　　D. 汽车支出

答案：A

10. 申请个人住房贷款时，20年与30年的贷款期限相比（　　）。

A. 20年的总利息比30年的多

B. 20年的总利息比30年的少

C. 20年的每月还款额比30年的少

D. 不知道

答案：B

11. 您将1000元现金放在家里，未来一年居民消费价格指数（CPI）将上升3%，一年后这1000元（　　）。

A. 能买到更多的东西　　B. 能买到和现在一样多的东西

C. 能买到更少的东西　　D. 不知道

答案：C

12. 在收入水平保持不变的情况下，如果苹果价格上涨，下列说法正确的是（　　）。

A. 对苹果的购买量将会增加　　B. 对其他水果的购买量将会增加

C. 对肉类的购买量将会增加　　D. 对服饰的购买量将会增加

答案：B

13. 关于信用卡，下列说法正确的是（　　）。

A. 信用卡一般具有1个月的免息期

B. 信用卡支取现金不需要缴纳手续费

C. 信用卡不属于短期融资工具

D. 信用卡不能分期还款

答案：A

14. 关于“住房公积金”，下列说法错误的是（　　）。

A. 6月30日为住房公积金的结息日

B. 住房公积金由两部分组成，分别由职工所在单位和职工个人缴存

C. 住房公积金贷款利息与商业银行贷款利息无差异

D. 住房公积金可提前提取

答案：C

15. 消费者因经营者利用虚假广告提供商品或者服务，其合法权益受到损害，可以向（　　）要求赔偿。

A. 生产者　　B. 广告发布者　　C. 经营者　　D. 广告制作者

答案： C

16. 关于“网贷”，下列说法错误的是（　　）。

A.“网贷”对借款人资质要求较低

B.“网贷”相比传统贷款放款快

C. 蚂蚁金服“借呗”和腾讯“微粒贷”都属于“网贷”

D.“网贷”比传统贷款的利息低

答案： D

（三）财富增长

17. 假设银行存款年利率为2%，那么将100元存入银行3年后，您的账户中将有多少钱？（　　）

A. 多于102元　　B. 等于102元

C. 少于102元　　D. 不知道

答案： A

18. 通常而言，投资股票型基金和投资单只股票相比，哪个风险更大？（　　）

A. 投资股票型基金风险更大　　B. 投资单只股票风险更大

C. 风险一样大　　D. 不知道

答案： B

19. 通常来讲，下面资产波动幅度最大的是（　　）。

A. 银行存款　　B. 债券　　C. 基金　　D. 股票

答案： D

20. 关于债券，下列说法错误的是（　　）。

A. 当您买了企业债之后，表明您是债务人

B. 当您买了企业债之后，表明您是债权人

C. 国债是政府发行、国家背书、信用很高的债券

D. 公司债券的风险和利息都较高

答案：A

21. 如果您购买了A公司的股票，表示（　　）。

A. 您拥有了A公司的一部分　　B. 您借钱给A公司

C. 您为A公司的债务承担责任　　D. 以上都不对

答案：A

22. 个人投资者的公司债券、股息、红利所得应缴纳个人所得税，国债和国家发行的金融债券的利息收入（　　）个人所得税。

A. 可免缴纳　　B. 应缴纳16%

C. 应缴纳20%　　D. 应缴纳30%

答案：A

23. 下列投资心态中，正确的是（　　）。

A. 您投的基金下跌立马卖出止损

B. 您觉得股市会大涨，把自己所有的钱连同生活费都买了股票

C. 您长期坚持定投，每个月留好自己日常费用，并设定好收益

D. 您频繁买卖基金，几乎每三天就要买卖一次

答案：C

24. 下列关于私募基金的说法，错误的是（　　）。

A. 投资金额要求较高　　B. 可以进行公开的发售和宣传

C. 风险较高　　D. 运作灵活

答案：B

25. 下列关于黄金的说法，错误的是（　　）。

A. 黄金的价格受供需关系影响

B. 如果出现金融危机，黄金的价格会上升

C. 美元汇率与黄金价格基本上呈正向关系

D. 实物黄金分为金条和金币两种

答案：C

26. 下面做法中哪一个比较合理？（　　）

A. 绝对不投资，钱全部存进银行活期

B. 把钱全部投进股市，希望获得高收益

C. 每个月花光手里的所有钱

D. 投资一部分基金，一部分存银行，再购买一部分保险

答案：D

（四）风险防范

27. 一般情况下，收益越高是不是意味着风险也越大？（　　）

A. 不是　　B. 是

C. 二者没有关联性　　D. 不知道

答案：B

28. 有人拉你进微信群，向您推荐明天上午十点准时涨停的股票，您会（　　）。

A. 拒绝进群，询问对方的从业资格

B. 不太相信，但会先进群看看

C. 进群再说，能得到验证的话再跟对方下单

D. 跟着进群，买入试试看，效果好再继续

答案：A

29. 对消费者而言，保险的最基本功能是（　　）。

A. 投资增值功能　　B. 保障功能

C. 储蓄功能　　D. 节税功能

答案：B

30. 职工按月领取养老金的条件不包含（　　）。

A. 达到国家法定退休年龄，并办理退休手续

B. 个人缴费年限最低要达到15年

C. 所在单位和本人依法参加养老保险并履行缴费义务

D. 办理了个人储蓄性养老保险

答案：D

31. 若您买完保险就后悔了，可以无条件退保吗？（　　）

A. 在保险犹豫期内（10~15天）退保，可以无条件退保

B. 超过保险犹豫期，可以无条件全额退保

C. 任何情况下都不可以无条件退保

D. 不是很清楚

答案：A

32. 现行企业职工退休基本养老金计发与（　　）无关。

A. 职工退休时的年龄　　B. 缴费年限

C. 当地平均工资水平　　D. 职工性别

答案：D

33. 为避免陷入借钱容易要钱难的处境，我们做的事前预防不包括（　　）。

A. 量力而行，全面评估　　B. 事前契约，明确约定

C. 转账留痕，证据保全　　D. 欠钱不还，诉诸法律

答案：D

34. 民间借贷的基本原则不包括（　　）。

A. 救急不救穷，借短不借奢

B. 借少不借多，少借不如送

C. 不分情况，一律严词拒绝

D. 借亲不借疏，借近不借远

答案：C

35. 某保险合同条款约定“对保险事故所致合理医疗费用100元以上的部分，按90%赔付”，若客户花费1000元医疗费，则实际赔付为（　　）。

A. 900元　　B. 810元

C. 800元　　D. 710元

答案：B

36. 当消费者个人的（　　）发生变化时，应及时通过银行指定渠道办理

变更手续，确保双方信息沟通顺畅。

A. 兴趣爱好　　B. 消费习惯

C. 收入水平　　D. 账单地址及联系方式

答案：D

37. 可用于证明个人身份信息的证件不包括（　　）。

A. 社保卡　　B. 居住证

C. 储蓄卡　　D. 户口簿

答案：C

38. 以下哪些情形个人信息控制者共享、转让、公开披露个人信息时无须事先征得个人信息主体的授权同意（　　）。

A. 与国家安全、国防安全直接相关的

B. 出于维护个人信息主体生命由难以得到本人同意的

C. 与第三方利害关系人重大权益直接相关的

D. 从合法公开披露的信息中收集个人信息的

答案：C

二、财经能力

（一）财经决策能力

39. 如果您很想去新疆旅游，当您获得一笔收入之后，您最可能发生下面哪个行为？（　　）

A. 购买一张飞往新疆的机票　　B. 购买一笔理财产品

C. 购买一台电视机　　D. 购买一个奢侈品包

答案：A

40. 如果您是风险厌恶者，最近有一笔5万块钱的闲置资金，且近3年都不会使用，您最可能买的理财产品是（　　）。

A. 持有年利率为1%的活期存款3年

B. 持有预期收益率为5%的基金产品3年

C. 持有波动幅度较大但收益率为10%的股票3年

D. 年利率为2%的定期存款3年

答案：D

41. 买房或买车贷款时，如果您前期还款压力比较大，那么应选择（　　）。

A. 等额本息还款　　B. 等额本金还款

C. 等额本息和等额本金无区别　　D. 不太清楚

答案：A

42. 如果停车环境不理想，那最好购买以下哪种车险？（　　）

A. 第三者责任险　　B. 盗抢险

C. 车上人员责任险　　D. 涉水险

答案：B

（二）财经数字加工能力

43. 如果一国的居民消费为50亿元，政府消费为100亿元，投资总额为200亿元，出口总额为300亿元，进口总额为200亿元，则采用支出法核算的GDP为（　　）亿元。

A. 650　　B. 250

C. 450　　D. 350

答案：C

请根据表1王某某1月份的工资单回答44~47题。

表1

应发工资	基本养老保险	基本医疗保险	失业保险	公积金
20000元	700元	200元	100元	2000元

44. 王某某1月份的专项扣除总额为（　　）元。

A. 1000　　B. 2000　　C. 900　　D. 3000

答案：D

45. 如果王某某1月份的个人所得税税率为3%，则王某某9月份应缴纳个税（　　）元。

A. 510　　　　B. 360

C. 540　　　　D. 420

答案：B

46. 王某某1月份的实发工资为（　　）元。

A. 16640　　　　B. 16490

C. 16460　　　　D. 16580

答案：A

47. 如果王某某的父母超过了60岁且在还房贷，则他的实发工资与46题中相比（　　）。

A. 多一些　　　　B. 少一些

C. 一样多　　　　D. 不知道

答案：A

（三）财经文本加工能力

请根据图1和图2回答48~52题。

图1　2017—2021年全国居民人均可支配收入及其增长速度

资料来源：国家统计局。

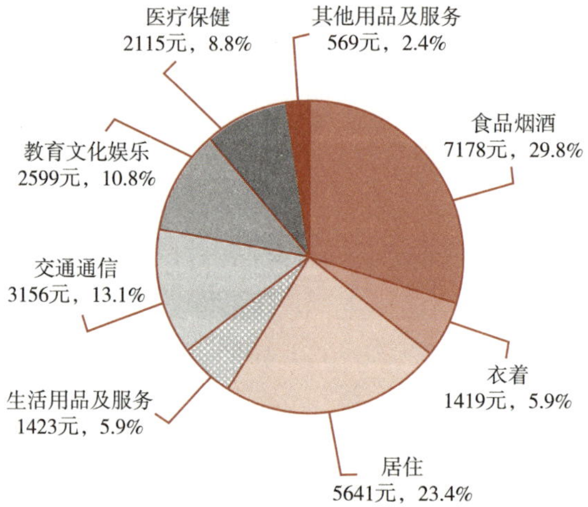

图2　2021年全国居民人均消费支出及其构成

资料来源：国家统计局。

48. 全国居民人均可支配收入增速最慢的一年是（　　）。

A. 2017年　　B. 2018年

C. 2019年　　D. 2020年

答案：D

49. 全国居民人均可支配收入最多的一年是（　　）。

A. 2021年　　B. 2020年

C. 2019年　　D. 2018年

答案：A

50. 2017—2021年全国居民人均可支配收入增速的变化趋势是（　　）。

A. 先上升后下降　　B. 先下降后上升

C. 先上升，后下降，再上升　　D. 增速无明显变化

答案：B

51. 2021年全国居民人均消费最多的两项是（　　）。

A. 食品烟酒和交通通信　　B. 居住和交通通信

C. 食品烟酒和居住　　D. 交通通信和教育文化娱乐

答案：C

52. 2021年全国居民人均消费最多的两项支出占比（　　）。

A. 未超过50%　　B. 超过了50%

C. 超过了55%　　D. 超过了60%

答案：B

三、财经价值观

（一）理财价值观

53. 当您遇到一款很喜欢但价格高昂的手表时，您会（　　）。

A. 和子女要钱以满足自己的欲望

B. 刷信用卡购买手表，不考虑自己是否能如期还款

C. 考虑自己的实际情况，量力而行

D. 通过网贷借款购买手表

答案：C

54. 具有不同理财价值观的客户的理财特点是不一样的，如果您是后享受型的客户，则（　　）。

A. 储蓄率高

B. 储蓄率低

C. 购房本息支出在收入25%以上，牺牲目前与未来的享受换得拥有自己的房子

D. 子女教育支出占一生总收入的10%以上，牺牲自己目前与未来的消费，将大部分资产考虑留给子女

答案：A

（二）财经伦理观

55. 关于缴纳个人所得税的观点，您认为下面不正确的是（　　）。

A. 缴纳个人所得税是每个公民的义务

B. 偷税漏税属于违法行为

C. 自己赚的钱，不应该上缴给国家

D. 合理避税是可以的

答案：C

56. 为了获得更多的利润和市场占有率，您会（　　）。

A. 以低于成本的价格出售商品

B. 加大研发力度，提高产品质量

C. 对产品进行虚假宣传

D. 商业贿赂政府有关部门人员，让其为自己提供便利

答案：B

57. 您认为下列说法正确是的（　　）。

A. 只有送红包才会在医疗中得到公平的对待

B. 财务人员不仅要懂得财务簿记的专业规范，还要懂得如何把账做平以合理避税

C. 停车费潜规则和消费者无关

D. 作为社会人，在追求自己利益的同时，也要兼顾他人的利益

答案：D

（三）财富价值观

58. 财富总量是一定的，因此人们可以靠不择手段地挤占别人的利益而获得财富（　　）。

A. 非常同意　　B. 比较同意

C. 一般　　D. 不同意

答案：D

59. 您对“财富是社会地位的唯一象征”这句话的态度是（　　）。

A. 非常同意　　B. 比较同意

C. 一般　　D. 不同意

答案：D

60. 下列与财富相关的描述中，您不同意的是（　　）。

A. 雁过拔毛

B. 贫而无谄，富而无骄

C. 把金钱奉为神明，它就会像魔鬼一样降祸于你

D. 君子爱财，取之有道

答案： A

参考文献

［1］李娟. 老有所乐新生活［EB/OL］.（2022-05-05）. 中国科学院心理研究所网站，http：//www. psych. ac. cn/news/cmsm/202205/t20220505_6442972. html.

［2］沈开涛. 保险产品解读［M］. 北京：北京大学出版社，2015：164-209.

［3］中华人民共和国人力资源和社会保障部. 2021年度人力资源和社会保障事业发展统计公报［Z］. 2022-06-07.

［4］尹世杰. 消费经济学［M］. 北京：高等教育出版社，2003，7：19-59.

［5］迟福林. 中国消费：构建双循环发展格局［M］. 北京：中国工人出版社，2021，4：17-100.

［6］滋维·博迪. 投资学［M］. 10版，北京：机械工业出版社，2017.

［7］斯蒂芬·罗斯. 公司理财［M］. 11版，北京：机械工业出版社，2017.

［8］中国证券投资基金业协会. 证券投资基金［M］. 北京：高等教育出版社，2017.

［9］艾玛·沈. 理财就是理生活［M］. 北京：电子工业出版社，2018.

［10］墨知行. 投资理财从入门到精通［M］. 北京：中国商业出版社，2017.

［11］黎元生，俞姗，林姗姗. 个人理财规划［M］. 北京：经济科学出版社，2018.

［12］宋蔚蔚. 个人理财［M］. 北京：人民大学出版社，2019.

［13］理财规划师（CHFP）专业委员会. 理财规划基础［M］. 6版，北京：中国金融出版社，2020.

［14］罗斌. 基金投资入门与实战技巧［M］. 北京：北京时代华文书局，2015.

［15］沈开涛. 保险产品解读［M］. 北京：北京大学出版社，2015：164–209.

［16］中国精算师协会. 国民防范重大疾病健康教育读本［M］. 2020：10.

［17］河北省人民政府. 关于印发《完善企业职工基本养老保险制度宣传提纲》的通知［EB/OL］.（2008–03–15）. http：//info. hebei. gov. cn/eportal/ui？ pageId=1979351&articleKey=3413010&columnId=330098.

［18］李永森. 特色养老金融产品助老年人“老有所养”［J］. 中国农村金融，2021（9）：75–76.

［19］陆颖柳. 农业银行G分行养老金融业务客户需求调查研究［D］. 广西大学，2020. DOI：10.27034/d. cnki. ggxiu. 2020. 002004.

［20］本刊编辑部. 谨防延时还款导致个贷逾期——金融消费者权益保护纠纷典型案例二则［J］. 中国银行业，2020（6）：98–100.

［21］徐英荣. 改变贷款用途并骗得撤销抵押权构成骗取贷款罪［N］. 中国商报，2018–06–28（007）.

［22］图解公积金贷款买房的好处与限制［J］. 记者观察，2018（1）：54–56.

［23］卢锦薇. 发展住房反向抵押贷款对老年居民收入与消费的影响分析［J］. 经贸实践，2017（19）：71–72.

［24］姚兵，等. 以“养老贷”破解被征地农民养老难［N］. 湘声报，2017–08–12（002）.

［25］席月民. 我国当前民间借贷的特点、问题及其法律对策［J］.

政法论丛，2012（3）：61–68.

［26］杜本峰，李一男．老年人消费与投资行为特征和金融产品创新——以北京市调查为例［J］．经济问题探索，2007（3）：175–177.

［27］李时华．住房反抵押贷款：扩大老年消费需求的新途径［J］．消费经济，2007（1）：64–67.

［28］汪华亮．民间借贷纠纷实用法律手册［M］．北京：中国法制出版社，2015.

［29］王海萍．民间借贷案件审判要点［M］．北京：法律出版社，2016.

［30］王海萍．千万别借钱［M］．北京：中国时代经济出版社，2006.

［31］马泽华．离婚案件中的养老金分割研究［D］．河南大学，2018.

［32］刘海涛．夫妻共同债务应以“为夫妻共同利益”为前提［N］．人民法院报，2013-07-04（006）.

［33］宁波市金融消费者权益保护协会．老年人金融一本通［M］．北京：中国金融出版社，2021：2–12.

后 记

“万化相寻绎，人生岂不劳？从古皆有没，念之中心焦。”自古至今，面对时间的流逝，人们难免焦虑与伤感。“尊老爱幼”的文化基因与“未雨绸缪”的性格特色，使我们中国人总会提早为养老做准备。但是面对即将到来的深度老龄化时代，妥善解决养老问题依旧十分迫切且艰巨。

2023年2月25日，博鳌亚洲论坛副理事长、第十二届全国政协副主席周小川在“第五届全球财富管理论坛——经济重构中的财富管理态势”上指出，“不要认为养老问题还有拖延的机会，以后再做选择会更艰难”。近年来，国家层面系列养老政策陆续出台，在为我们能够安享晚年做着规划与建设。但从自身出发，真正要做到享受晚年生活，第一步是要建立稳定的经济基础。规划好个人以及家庭的财富，不仅是一种生活时尚，更是一种健康科学的生活态度。活出精彩的晚年，需要具备较高水平的财经素养。清楚自己的财富，规划好自己的财富，不仅可以保障我们的余生安乐、富足，为子女、家庭、社会减轻养老压力，更可以将自己的财富保值、增值地传承下去。

本书是首本以老年人为主的财经生活服务读本，通过十一章的内容，从安度晚年、刚需养老、合理消费、理财知识、理性投资、保险保障、贷款选择、钱财出借、家庭财产、财务自由、财富传承方面解读了新时代的养老方式，通过“中国老年人财经素养总测题”强化财经素养能力。希望读者阅读本书后，能够坦然面对养老问题、敏锐规避财经风险，理性看待财富传承，从经济层面积极为晚年生活做准备。这本书不仅是为两亿多老年人准备的大礼包，也是给也会老去的自己准备的伴手礼。让我们成为生活的强者，让生命之花绽放光彩。

在本书编写之初，为确保视角的全面，和保证权威性与可用性，我们邀请经济学界、企业界、金融界、教育界等多方专家从不同视角和专长领域给予讲述和解读。其中，第一章由中央财经大学李俊峰教授编写；第二章由咸宁职业技术学院方旭教授编写；第三章由对外经济贸易大学屈满学教授编写；第四章由北京联合大学李丽君教授编写；第五章由北京财贸职业学院杨宜教授编写；第六章由江泰保险经济股份有限公司崔敬编写；第七章由北京联合大学刘微教授编写；第八章由上海财经大学任晓辉教授编写；第九章由中国民生银行刘猛编写；第十章由洪泰基金河北分公司高步云和咸宁职业技术学院方旭教授编写；第十一章由中国建设银行股份有限公司建行研修中心（研究院）高姗姗、孙涛等编写；中国老年人财经素养总测题由教育部职业教育发展中心汤霓副研究员、北京财贸职业学院王梦醒博士编写，并协助审稿工作；全书由教育部职业教育发展中心曾天山研究员策划、组织、审稿和统稿。

在本书编写过程中，我们参阅了大量文献资料，从中受到不少启发和帮助；中国财政经济出版社的领导和编辑为本书的出版和发行倾注了极大的热情和努力，在此一并表示诚挚的感谢！由于时间和作者水平有限，书中难免有纰漏和不足之处，恳请读者批评、指正！

编写者

2023年10月